第五卷

冯契文集

中国古代哲学的逻辑发展（中）

增订版

冯 契 ○ 著

华东师范大学出版社

·上海·

冯契与夫人赵芳瑛（1947 年）

在四明山劳动锻炼，后排右二冯契（1958 年）

1 在"中国哲学范畴讨论会"上（西安，1983 年 11 月）。从左至右
依次为汤一介、王明、杜维明、冯契、张岱年、肖萐父、庞朴

2 《中国古代哲学的逻辑发展·中》初版书影

与华东师范大学原校长袁运开（左）合影（1994 年）

冯契与夫人赵芳瑛（1995 年 1 月 28 日）

提　要

　　本书论述秦汉至隋唐的中国哲学发展过程。

　　在汉代,哲学论争的中心是宇宙论上的"或使"、"莫为"之争和"形神"之辩。董仲舒提出了神学目的论的"或使"说;《淮南子》以机械论的"或使"说反对目的论的"或使"说;杨雄虽然提出了"莫为"说,但他以形式因为第一因,未跳出"或使"说的藩篱;王充在批判天人感应论中反对了各种"或使"说,发展了"莫为"说,以"气自变"的观点,肯定质料因是第一因,天地万物都是自己运动的。

　　到了魏晋时期,围绕着"有无(动静)"之辩而展开本体论的探讨。王弼的"贵无"说和裴颜的"崇有"论各自强调一面,有独断论倾向。《庄子注》的"有而无之"用相对主义反对形而上学的本体论。僧肇由此发展出"非有非无"的学说,是更极端的相对主义;范缜则由此以体用不二的原理提出了"形质神用"的观点,对"形神"之辩作了较好的总结。

　　魏晋南北朝以后,"心物"之辩成了论争的中心。隋唐佛教各宗派都主张"心外无物",所不同的是它们各自夸大"心"的某个侧面：天台宗强调内省；法相宗注重感觉经验；华严宗以为理性思维是唯一实在；禅宗则用自我意识吞没一切。同时，自嵇康向宿命论挑战以来，"力命"之争作为"天人"之辩的一个侧面而受到考察。到唐代，在禅宗和李筌极端夸大主观意志力量之后，柳宗元、刘禹锡在气一元论基础上考察天人的辩证关系，对"力命"之争作了批判总结，在更高阶段上向荀子"明于天人之分"的观点复归。韩愈、李翱则在以儒排佛的旗号下，援佛入儒，成为理学的先驱。

Summary

This volume concentrates on the development of Chinese Philosophy from the Qin and Han Dynasties to the Sui and Tang Dynasties, which is the first half of Part Two of the whole book, or the Part on the Chinese philosophy during period from the Qin-Han Dynasties down to the beginning of the Opium War in Qing Dynasty.

During the Han Dynasty the Chinese philosophers were mainly involved in the debate on "*huo shi v. mo wei*" and the debate on "*xing v. shen*" ("body v. soul"). Dong Zhongshu developed a doctrine of "*huo shi*", which is characterized by theological teleology, and the book of *Huai Nan Zi* combated the theological version with a mechanic version of the doctrine of "*huo shi*". In opposition to both, Yang Xiong advanced a version of "*mo wei*", which, however, fails to go beyond the doctrine of "*huo shi*" because of its taking the formal instead of the material course as the primary cause. Wang Chong, who opposed all forms of the doctrine of "*huo shi*" while attacking on the theory of interactivation between Heaven and Man, developed a version of "*mo wei*", which affirms the material cause to be the primary cause, and advocated an idea of "self-transformation of the material force", according to which everything in the world is self-motive.

Down to the period of the Wei and Jin Dynasties, Chinese ontology developed mainly through the debates on "*you v. wu*" ("being v. nonbeing") and "*dong v. jing*" ("movement v. tranquillity"). Both Wang Bi's doctrine of "*gui wu*" ("valuing non-being") and Pei Wei's doctrine of "*chong you*" ("esteeming being") had a tendency of dogmatism in their overwhelming emphasis on one side of the pair of "*you*" (being) and "*wu*" (non-being).

Against this *The Commentary on the Zhuang Zi* developed a sort of relativism according to which "when there is being, there is also non-being". From this Seng Zhao developed a more radically relativist thesis of "neither being nor non-being". On the basis of the principle of inseparability of *ti* (substance) and *yong* (functioning), Fan Zhen put forth his view that "the body is the material substance of the soul and the soul is the functioning of the body", and made a better summing-up of the debate on "*shen* (soul) v. *xing* (body) ".

　　After the period of the Wei, Jin, Southern and Northern Dynasties the debate on "*xin v. wu*" ("mind v. matter") became a focus of attention. All Buddhist sects in the Sui and Tang Dynasties maintained that "there is nothing outside the mind". Their difference lied only in the fact that each of them overstated one of the aspects of the mind: The *Tian Tai* School stressed the method of reflection; the *Dharma-Character* School was much concerned with perceptual experience; the *Hua Yan* School recognized conceptual thinking as the sole reality; and the *Zen* School regarded self-consciousness as the all-absorbing principle. Following Ji Kang's challenge to fatalism, meanwhile, was discussed the relationship between *li* (human efforts) and *ming* (fate), as an aspect of the debate on "*tian v. ren*" ("Heaven v. Man"). In the Tang Dynasty, *Zen* School and Li Quan radically argued for the importance of the subjective will-power. After that Liu Zongyuan and Liu Yuxi, on the basis of the monism of *qi* (the material force), examined the dialectical relationship between Heaven and Man and made a critical summing-up of the debate on "*li v. ming*" (human efforts v. fate). This, actually, is a returning to Xun Zi's view of "understanding the distinctive functions of Heaven and Man" on a higher stage. Han Yu and Li Ao, lastly, made a struggle against Buddhism while accepted some of its elements into Confucianism, and thus became forerunners of Neo-Confucianism in the Song and Ming Dynasties.

目 录

第二篇
秦汉—清代（鸦片战争以前）（上）

第七章
儒、道、释的相互作用与合流 ················· 244

THE LOGICAL DEVELOPMENT OF ANCIENT CHINESE PHILOSOPHY
(Volume 2)

Contents

第二篇

秦汉—清代（鸦片战争以前）（上）

··

　　本书第二篇论述从秦汉至清代（鸦片战争以前）的中国哲学的逻辑发展。因为内容较多，考虑到与上册篇幅的平衡，所以将它分为中册与下册：中册自汉迄唐，下册从宋至清（鸦片战争以前）。

第五章
独尊儒术与对儒家神学的批判

第一节　独尊儒术以及哲学论争中心的转变

公元前 209 年（秦二世元年），爆发了中国历史上第一次声势浩大的农民革命战争——陈胜、吴广起义。由此激起的浪潮，很快冲垮了秦王朝。接着建立的是西汉王朝。

秦王朝首尾十五年，为何覆灭得如此之快？这是西汉统治者经常讨论的问题。汉高祖刘邦同秦始皇一样，希望他的子孙能够"世世奉宗庙无绝"①。他对陆贾②说：

> 试为我著秦所以失天下，吾所以得之者何，及古成败之国。③

---

① 班固：《高帝纪》，《汉书》第 1 册，中华书局 1962 年版，第 71 页。
② 陆贾（约公元前 240 年—前 170 年），汉初的政论家和辞赋家，原为楚人，协助汉高祖刘邦统一全国。官至太中大夫。其事载《史记·郦生陆贾列传》。著作有《新语》一书。又有赋 3 篇，已失传。他力主提倡儒学，并辅以黄老"无为而治"的思想。
③ 司马迁：《郦生陆贾列传》，《史记》第 8 册，中华书局 1963 年版，第 2699 页。

就是要陆贾总结历史经验，特别是吸取秦王朝失败的教训，作为自己维持长久统治的殷鉴。陆贾说：

> 秦非不欲为治，然失之者，乃举措暴众、而用刑太极故也。①
> 汤武逆取而以顺守之，文武并用，长久之术也。②

"逆取"是指武力夺取政权，"顺守"是指采用德治教化的手段守住政权。汤、武文武两手并用，故使商朝、周朝能保持长久，而秦王朝之所以失败，就在于只知"逆取"而不知"顺守"，武力、刑法那一手用得太过分了。到汉文帝时，贾谊③写了著名的《过秦论》，在肯定秦始皇历史功绩的同时，指出：为什么"一夫作难而七庙堕"，陈胜一举义旗，就使得连续强盛了七代（从秦孝公到秦始皇）的秦王朝覆灭了呢？其原因是"仁义不施④，而攻守之势异也"⑤。就是说，秦始皇不施行仁义，不了解夺取政权和巩固政权的策略是不同的。他只知"攻"即用武力夺取政权，而不知"守"即用仁义教化巩固政权，这是秦王朝失败的关键所在。这和陆贾的观点是相同的。

---

① 陆贾：《无为》，王利器校注：《新语校注》，中华书局 2012 年版，第 71 页。
② 司马迁：《郦生陆贾列传》，《史记》第 8 册，第 2699 页。
③ 贾谊（公元前 200 年—前 168 年），洛阳人。西汉政论家和文学家。汉文帝初，召为博士，后迁太中大夫，以后被谪为长沙王太傅。其事载《汉书·贾谊列传》。著作有《新书》10 卷，又有赋 7 篇。他批评时政的上疏，如著名的《治安策》，都保存于《汉书·贾谊列传》中。
④ 清卢文弨抱经堂本作"仁心不施"。此据《史记·陈涉世家》的记载。——初版编者
⑤ 贾谊：《过秦论》，阎振益、钟夏校注：《新书校注》，中华书局 2000 年版，第 3 页。

地主阶级夺取政权以后，专政的主要对象是农民，如何"顺守"的问题，实质上就是如何对待农民的问题。陈胜、吴广起义表明，农民阶级是有力量推翻封建王朝的。所以，地主阶级的首要任务就是不让农民阶级推翻自己的统治。贾谊《治安策》中提到的"权势法制"，虽然包含有打击残余奴隶主势力和限制诸侯王割据活动的内容，他所谓"仁义恩厚"也有调节地主阶级内部关系的意义，但封建社会的主要矛盾是地主阶级和农民阶级之间的矛盾，所以，地主阶级的法制和所谓"德教"主要是用以对付农民，使封建地主政权不被农民推翻的两手策略。贾谊说：

> 故夫民者，大族也，民不可不畏也。故夫民者，多力而不可适（敌）也。呜呼，戒之哉！戒之哉！与民为敌者，民必胜之。①

正是陈胜、吴广领导的农民起义狠狠地打击了地主阶级，才使得贾谊得出了"民不可不畏"的结论，并再三警告封建王朝统治者："戒之哉！戒之哉！"②当然，地主阶级按其阶级本性总是要用武力镇压人民的，贾谊只不过是慑于农民的力量，才主张封建统治者使用武力要有所节制。贾谊又说：

> 闻之于政也，民无不为本也。国以为本，君以为本，吏以为本。故国以民为安危，君以民为威侮，吏以民为贵贱，此之

---

① 贾谊：《大政上》，《新书校注》，第341页。
② 同上注。

谓民无不为本也。①

贾谊说"民无不为本"，同孟子说"得乎在民而为天子"一样，都是强调政治统治以保住劳动力为前提，是从地主阶级立场出发说的话。在贾谊眼中，劳动人民是"多力"的，然而是无知的。他说：

> 夫民之为言也，暝也；萌之为言也，盲也。故惟上之所扶而以之，民无不化也。②

他认为劳动人民是蒙昧的群氓，是瞎子，只有靠统治者扶持、教化，才能走上正道。而他所谓的"化"，实际上是实行愚民政策。他说：

> 知巧诈谋无为起，奸邪盗贼自为止，则民离罪远矣……故曰"使民③愚而民愈不罹县网"。④

就是说，使劳动人民什么都不懂，无智无巧，他们就不会触犯法网，不会造反了。可见，封建地主阶级对农民实行的就是这种一面设置法网，一面进行愚弄欺骗的两手策略。汉宣帝说：

---

① 贾谊：《大政上》，《新书校注》，第 338 页。
② 贾谊：《大政下》，《新书校注》，第 349 页。
③ "民"字，据明正德何孟春刻本和明万历周子义辑《子汇》本补。——初版编者
④ 贾谊：《瑰玮》，《新书校注》，第 104 页。

　　汉家自有制度,本以霸王道杂之。①

王霸(即仁义和武力)杂用,这是汉代统治者从总结历史经验中获得的结论,也是以后的封建统治阶级防止自己被农民推翻的基本策略。

　　封建统治者的策略由秦代的主张法治转为汉代的王霸杂用,这是阶级斗争发展的结果。法家的法治学说即地主阶级专政理论,实际上并没有被抛弃,而是采取"王道"、"仁政"的形式,变得更为隐蔽。西汉统治者在选择"王道"、"仁政"的形式时,又经历了一个由推崇黄老到独尊儒术的过程。在西汉初期,"黎民得离战国之苦,君臣俱欲休息于无为"②。主张"无为而治"的黄老之学,经曹参、陈平、窦太后等人的提倡,在文景时期曾风行一时(1973 年长沙马王堆汉墓出土的黄老帛书多种,可以说明这一点)。经过数十年的休养生息,国力强盛了,统治者便又不满足于"无为而治",于是董仲舒等人向汉武帝提出了"独尊儒术"的口号。从这以后,地主阶级意识形态演变的总趋势,就是公开打着儒家的旗号来实行王霸杂用、儒法糅合(其中还吸取阴阳家、道家的一些成分)。当然,在地主阶级内部也还有矛盾斗争:与董仲舒同时,《淮南子》继续倡导黄老之学;在汉昭帝时召开的盐铁会议③

---

① 班固:《元帝纪》,《汉书》第 1 册,第 277 页。
② 司马迁:《吕太后本纪》,《史记》第 2 册,第 412 页。
③ 盐铁会议:汉昭帝始元六年(公元前 81 年),召集各地推举的贤良、文学 60 多人到京城举行会议,"问民间所疾苦"。贤良、文学从反对盐铁官营、均输、平准开始,对政府的政策进行了全面批评,并和御史大夫桑弘羊等反复辩论。内容涉及政治、经济、军事、文化等各个方面。这次会议的情况记录在西汉桓宽编著的《盐铁论》一书中。

上，桑弘羊①公开打出法家旗号来驳斥那些迂腐的儒生。然而这些并不改变儒术独尊的总趋势。

封建统治者为什么要"独尊儒术"即公开打出儒家的旗号呢？因为地主阶级专政的政治内容，只有采取了儒家的思想形式，才算比较完整地建立起封建统治的上层建筑体系（从政治、法律到道德、哲学等）。儒家从奴隶社会带来的丰富的传统思想资料，只要稍加改造，就可以为地主阶级所用，这是它比其他各家优越之处。历史上，封建制代替奴隶制是一种剥削制度代替另一种剥削制度的社会变革。在中国，当奴隶制度崩溃时，由氏族血缘关系发展起来的宗法制度虽受到了冲击，但依然根深蒂固。不仅封建专制制度和宗法制度密切联系着；而且地主经济以小农经济为条件，小农的自然经济也正是家长统治和宗法制度的天然土壤。所以，儒家那一套从奴隶社会传下来的思想，包括维护等级制的正名学说和体现氏族血缘关系的孝悌、仁义等道德规范，只要作适当的改造（先秦儒家已经开始这样做了），就可以为维护封建统治服务。

同时，儒家的学说又特别适合封建统治阶级巩固政权的需要。一方面，儒家的仁知统一学说，强调在社会伦理关系中运用教育手段来提高人的自觉性，确实有助于国家的长治久安。另一方面，为了对付农民违背天命、犯上作乱的行为，也正用得上儒家

---

① 桑弘羊（公元前 152 年—前 80 年），西汉政治家，洛阳人。武帝时，任治粟都尉，领大司农。制订和推行盐铁酒类的官营专卖，设立平准、均输机构控制全国商品，增加了政府的财政收入。曾组织 60 万人屯垦，以备御匈奴袭击。昭帝年幼即位，他任御史大夫。始元六年，在盐铁会议上，他坚持盐铁官营等政策，推崇商鞅、李斯等法家的思想。（见《盐铁论》）次年，因被指控为谋废昭帝，被杀。

的天命论和复古主义。所以，"独尊儒术"的口号的提出决非偶然，而是由阶级斗争的形势所决定的。

先秦的"百家争鸣"固然不适合封建专制制度的需要；秦始皇焚书坑儒，用暴力手段来禁绝私学，其结果也不理想。直到汉武帝独尊儒术，才在一定程度上达到了统一思想、罢黜百家的目的。儒家被定于一尊所带来的后果具有两重性：一方面，有了统一的指导思想，从而促进了国家的统一和社会的安定，使生产和科学获得了较大发展；另一方面，以儒经为教条的学风和经院式的哲学取得了支配地位，生动活泼的百家争鸣气氛被窒息了。

在先秦，墨家与儒家并称显学，名家也很盛；而到汉代，墨家、名家等逐渐地被人遗忘了。这是什么原因呢？当然首先需要从阶级关系的变化和物质生产的发展来加以分析。墨家代表的奴隶制下的自由平民阶层已趋消灭，其中多数已转化为封建制下的小生产者，而散漫的小生产者则寄希望于封建皇帝的统治。墨家讲"兼爱"，同宗法制相违背，所以不符合封建统治者的需要。同时，在中国封建制度下，自然经济占主要地位，统治者实行重农抑商的政策，因此在中国首先发展的是与农业相联系的科学，如天文、历法、医学、农学等，而墨学与这些科学却联系较少。这些，可能是墨家衰微的主要原因。但罢黜百家，在很大的程度上取消了学术上的争鸣，辩论术和逻辑问题遭到忽视，这也是促使墨辩和名家趋于衰落的原因。墨学衰微，既使儒家失去了一个理论上的主要对手，也使墨家的逻辑学和原子论思想未能得到长足的发展，这是很惋惜的。

儒术独尊也使得儒学神学化。封建统治者把儒学同政权、神权结合,助长了宗教迷信的泛滥。秦汉以后,宗教迷信不是削弱而是大大发展了。首先,汉代封建统治阶级大力提倡宗教迷信,把自己的统治说成是天命和神的意志,以此愚弄人民;其次,在封建制度下,小生产者无力抵御天灾人祸,不能掌握自己的命运,因此很容易产生迷信,以为有一种超人间的力量在支配人们;第三,从思想的发展来看,从战国到秦汉,儒生和方士,儒家和阴阳家、神仙家等趋于合流,逐步形成一个庞大的唯心主义和宗教迷信相结合的神学体系,这就增强了儒学的力量。儒学神学化导致了儒学独尊,而儒学独尊又进一步促进了它的神学化。董仲舒的今文经学,就是这种神学化的儒学。

但物质生产的发展以及先秦哲学的成就,也促进汉代科学技术的进步。在西汉时,已出现了《黄帝内经》、《九章算术》等具有世界意义的科学著作,天文、历法、农学、冶炼技术等方面都取得了很大成就。到东汉,又产生了张衡这样的大科学家。科学的成就要求作出哲学上的概括,以指导科学反对宗教迷信的斗争。这种科学反对宗教迷信的斗争,使哲学论争的中心在汉代发生了变化。

在两汉,宇宙论的问题和形神关系问题成了哲学论争的中心。宇宙万物是由神创造的还是物质演变的结果?形体和精神孰主孰从?这两个问题同天文学和医学有着最密切的联系,并具有直接的反对宗教迷信的意义。前者是关于宇宙的本源和形成的问题,或者说,属于天道观上的"道"和"物"的关系问题。后者则主要是认识论的问题。这两个问题也体现了哲学的根本问题,即思维和存在的关系问题。与这两个问题相联结,"天人"、"名实"之辩这时也仍然继续着,并有了新的特点。例如,从宇宙论来看人生,对"命"(天命)与"性"(人性)的讨论深入了;把名言看作是精神(思想)见之于形(表达出来),言与意的关系问题越来越受到了重视。

天道观上关于"道"和"物"的关系问题,认识论上关于"形"和"神"的关系问题,先秦哲学都已提出来了,但没有充分展开,到汉代才发展成为哲学论争的中心。这首先是和科学反对迷信的斗争相联系的。汉代哲学和自然科学的紧密联系,是其突出的优点之一。汉以后的唯物主义思想家从桓谭、王充、张衡到王夫之、戴震等在认识论、自然观上的成就,以及他们在反对唯心主义斗争中一次又一次的胜利,都是和物质生产及科学的发展分不开的。从总体上说,哲学作为精神生产和文化的一个部门,归根到底是由物质生产来推动的。在物质生产的基础上,又产生阶级斗争。可以说,在社会发生变革时期,阶级斗争(通过政治思想斗争)对哲学发展的推动作用比较显著;而在社会比较稳定发展时期,哲学的发展则更多地依赖于生产和自然科学的发展。

西汉哲学论争中心的转变对以后哲学的发展产生了深远影响。

关于"道"和"物"的关系问题的论争,在汉代通过"或使"、"莫为"之争而展开("或使"与"莫为"之争在先秦时就有了,但没有充分展开①),由王充的唯物主义的"莫为"说("气自变")达到总结。到魏晋时期,这一论争便演变为本体论上的"有无(动静)"之辩,它经过长期论争,到北宋由张载作了总结,以后则演变为"理气

---

① 参见本书上册(即《冯契文集》第 4 卷)第 172—174 页。

（道器）"之辩。"形神"之辩经汉魏晋到南北朝，由范缜作了总结，以后演变为心物关系上的论争，到北宋与"知行"之辩密切结合。"理气（道器）"之辩和"心物（知行）"之辩就成了宋明时期的哲学论争的中心，后来到明清之际由王夫之作了总结，使朴素唯物主义和朴素辩证法的统一达到了一个更高的阶段。

与上述论争相联系，"名实"之辩作为逻辑学上的论争，由汉到魏晋演变为"言意"之辩，到宋明又进而讨论"象"和"道"的关系问题，王夫之提出"言、象、意、道"统一的理论，可说是继荀子之后对"名实"之辩作了再一次总结。至于作为"天人"之辩继续发展的关于"命"和"性"的讨论，王充学说中所包含的矛盾因素（命、遇与人力之间的矛盾，"性成命定"与学习之间的矛盾）后来得到了展开：到魏晋，"力命"之争突出了，它由唐代柳宗元、刘禹锡作了总结；到宋明，"性习"之争突出了，它由王夫之作了总结。

自汉代哲学论争中心转变之后，大体说来，到明清之际的王夫之、黄宗羲、顾炎武达到全面总结阶段，完成了中国古代哲学的逻辑发展的第二个大的圆圈，仿佛是向荀子、《易传》复归。

这一个大的圆圈（螺旋）又是由若干小的圆圈（螺旋）组成的，这一章（两汉部分）可说是第一个小的圆圈。

第二节 董仲舒："道之大原出于天"
——神学目的论的"或使"说

西汉王朝经过"文景之治"，到汉武帝时达到极盛阶段。武帝即位后，诏举"贤良方正直言极谏之士"，亲自策问古今治道，对者百余人。其中董仲舒的对策受到汉武帝的重视。

董仲舒(公元前179年—前104年),广川(今河北枣强县广川镇)人,专治《春秋公羊传》,曾任博士、江都相和胶西王相。他是西汉今文经学的大师,并建立了一个神学唯心主义和形而上学的体系。流传至今的著作主要有《举贤良对策》①和《春秋繁露》②。

董仲舒在《对策三》中说:

> 《春秋》大一统者,天地之常经,古今之通谊也。今师异道,人异论,百家殊方,指意不同,是以上亡以持一统;法制数变,下不知所守。臣愚以为诸不在六艺之科、孔子之术者,皆绝其道,勿使并进。邪辟之说灭息,然后统纪可一而法度可明,民知所从矣。③

他把《春秋公羊传》中重视"一统"的思想说成是天地间永恒的道理,以为百家异说只能造成思想混乱,危害统一。所以,主张独尊孔子之术,而对于其他各家则"勿使并进",以巩固"一统",加强封建专制主义的国家政权。这充分表明:董仲舒的儒学,是为封建主义的中央集权统治服务的。

---

① 《举贤良对策》:共3篇,讲述天人关系等问题,后人称之为"天人三策",保存在《汉书·董仲舒传》中,并收入清严可均辑的《全汉文》。

② 《春秋繁露》:董仲舒哲学著作的汇辑。《汉书·艺文志》著录:"董仲舒百二十三篇","公羊董仲舒治狱十六篇"。《隋书·经籍志》著录:"《春秋繁露》十七卷","董仲舒《春秋决事》十卷"。《春秋决事》已佚。现存《春秋繁露》17卷,共82篇(内缺文3篇,实为79篇)。注解主要有清凌曙的《春秋繁露注》(原刻本为《龙溪精舍丛书》本),并有中华书局1975年新印本),清苏舆的《春秋繁露义证》(清末长沙刻本)。

③ 班固:《董仲舒传》,《汉书》第8册,第2523页。

一、"王道之三纲，可求于天"

为了维护封建统治秩序，董仲舒提出了"三纲"说。他说：

> 君臣父子夫妇之义，皆取诸阴阳之道。君为阳，臣为阴；
> 父为阳，子为阴；夫为阳，妻为阴。①
> 王道之三纲，可求于天。②

董仲舒认为，君和臣、父和子、夫和妻都是阳和阴的关系，阳居主导地位，阴居从属地位；君臣、父子、夫妇之间的主从关系或"阳尊阴卑"关系，是上天的安排，是永恒不可改变的。所谓"王道之三纲"，即"君为臣纲，父为子纲，夫为妻纲"③，体现了封建等级制度中的被统治者对统治者的从属关系。这显然是孔子的"君君、臣臣、父父、子子"的"正名"学说的发展，但也是先秦法家固有的学说。韩非曾说过："臣之所闻曰：臣事君、子事父、妻事夫，三者顺则天下治，三者逆则天下乱。此天下之常道也。"（《韩非子·忠孝》）董仲舒把王道的"三纲"归于天，这样就在封建的政权、族权、夫权的基础上再加一个神权。毛泽东同志说："这四种权力——政权、族权、神权、夫权，代表了全部封建宗法的思想和制度，是束缚中国人民特别是农民的四条极大的绳索。"④董仲舒的儒学，正是这

---

① 董仲舒：《基义》，钟肇鹏等校释：《春秋繁露校释》，河北人民出版社 2005 年版，第 788 页。
② 同上书，第 791 页。
③ 《三纲六纪》，陈立编著，吴则虞点校：《白虎通疏证》，中华书局 2007 年，第 373—374 页。
④ 毛泽东：《湖南农民运动考察报告》，《毛泽东选集》第 1 卷，人民出版社 1991 年版，第 31 页。

四种权力的理论表现。

"三纲"与"五常"合称为"纲常"。"五常"即仁、义、礼、智、信。以"五常"配"五行",把它们说成是五种永恒不变的道德规范,这可能始于子思之儒,但董仲舒作了进一步的发挥:

> 夫仁、谊、礼、知、信五常之道,王者所当修饬也。五者修饬,故受天之佑,而享鬼神之灵,德施于方外,延及群生也。[1]

他给"五常"涂上了神秘主义色彩,说王者推行"五常"之道,就能受上天的保佑。他以为"五常"的中心是"仁",而"仁"本来就是天的属性。他说:"仁之美者在于天。天,仁也。"[2] 在他看来,天之"仁"就表现在天覆育万物,并且用万物来奉养人。他又说:

> 王者承天意以从事,故任德教而不任刑。[3]

他认为天对人类充满爱心,秉承天意的"王者亦常以爱利天下为意"[4],必然是重视德教而不是一味强调刑罚。

董仲舒认为德治、教化是巩固封建主义中央集权的最好手段。他也提出了一些经济上的改良措施,主张"限民名田","塞兼并之路","去奴婢,除专杀之威;薄赋敛,省徭役,以宽民力"。[5] 其

---

① 班固:《董仲舒传》,《汉书》第 8 册,第 2505 页。
② 董仲舒:《王道通三》,《春秋繁露校释》,第 732 页。
③ 班固:《董仲舒传》,《汉书》第 8 册,第 2502 页。
④ 董仲舒:《王道通三》,《春秋繁露校释》,第 735 页。
⑤ 班固:《食货志》,《汉书》第 4 册,第 1137 页。

目的是为了缓和阶级矛盾，防止农民起义，以巩固封建统治。但是董仲舒又说："教，政之本也，狱，政之末也，其事异域，其用一也，不可以不相顺，故君子重之也。"①在他看来，刑罚也是重要的，刑与教的目的是一致的。他用《春秋公羊传》的教条，来附会汉朝的法律，判决了许多案子，并为此写了《公羊董仲舒治狱十六篇》。由此可以看到，董仲舒的儒学已掺入了刑名之学，已是儒法合流了。

二、天人感应论与"天不变，道亦不变"的形而上学

董仲舒的"春秋公羊学"的哲学思想可用他自己的话来概括：

道之大原出于天，天不变，道亦不变。②
《春秋》之道，奉天而法古。③

就是说，天是世界的第一原理，天道永恒不变，所以孔子在《春秋》中阐明的"道"，就是要求遵奉"天命"和效法古代圣王。我们知道，孔孟的唯心主义的天命论和复古的旗号，早在先秦时就已被荀子抛弃了。所以，汉武帝在策问时也引用了荀子的名言："盖闻善言天者，必有征于人，善言古者，必有验于今，故朕垂问乎天人之应。"④但董仲舒的回答却与荀子的这一思想大相

---

① 董仲舒：《精华》，《春秋繁露校释》，第176页。
② 班固：《董仲舒传》，《汉书》第8册，第2190页。
③ 董仲舒：《楚庄王》，《春秋繁露校释》，第25页。
④ 班固：《董仲舒传》，《汉书》第8册，第25页。

径庭:

> 臣闻天者群物之祖也,故遍覆包函而无所殊,建日月风雨以和之,经阴阳寒暑以成之,故圣人法天而立道,亦溥爱而亡私,布德施仁以厚之,设谊立礼以导之……由此言之,天人之征,古今之道也。孔子作《春秋》,上揆之天道,下质诸人情,参之于古,考之于今。故《春秋》之所讥,灾害之所加也;《春秋》之所恶,怪异之所施也。书邦家之过,兼灾异之变,以此见人之所为,其美恶之极,乃与天地流通而往来相应,此亦言天之一端也。[1]

在这里,董仲舒不仅把天和万物之间的关系同圣君和百姓之间的关系进行比附,而且说天人之间互为征验,是古今一贯的道理。他以为,孔子已把天道和人情、往古与现今全都考察了;《春秋》所讥刺、所憎恶的人事,也就是上天施加灾害、怪异的对象;《春秋》写了国家的过失,同时也写了自然的灾变,从中可以看出人们行事的好坏是和天地相沟通而互相感应的。这是天人感应论和神学目的论,不只是反对了荀子的"明于天人之分"的唯物主义的自然观,而且比之《论语》中所说"子不语怪力乱神"也大为倒退了。

不过,董仲舒不是简单的倒退,而是把儒家的唯心主义天命论同阴阳五行说结合起来,并利用和歪曲当时的自然科学资料,构造了一个宇宙形成论体系。这是先秦儒家所没有的。

---

[1] 班固:《董仲舒传》,《汉书》第 8 册,第 2515 页。

董仲舒谈到天地万物的本源问题时说：

> 谓一元者，大始也。①
> 唯圣人能属万物于一，而系之元也……元犹原也，其义以随天地终始也……故元者，为万物之本，而人之元在焉。安在乎？乃在乎天地之前。②

他主张一元论，认为万物都渊源于"元"，"元"在世界之前就存在，而又始终伴随着天地万物和人类。那么，这个"元"是什么呢？董仲舒作了解释："元犹原也"，"道之大原出于天"。可见其所谓的"元"就是"天"。他还使用了"天元"③一词，他又说：

> 天者，万物之祖，万物非天不生。④
> 天执其道为万物主。⑤

这里所谓的"天"是万物的祖先，而又始终掌握着道，主宰着万物。这样的"天"当然就成了人格化的神，即上帝或造物主。所以他又说："天者，百神之大君也。"⑥

---

① 董仲舒：《玉英》，《春秋繁露校释》，第121页。
② 董仲舒：《重政》，《春秋繁露校释》，第310页。"前"字，他本无，此据凌曙说增补。——初版编者
③ 《春秋繁露·重政》："故人虽生天气及奉天气者，不得与天元本天元命而共违其所为也。"疑句中有错字，不过董仲舒使用"天元"一词是可以肯定的。
④ 董仲舒：《顺命》，《春秋繁露校释》，第940页。
⑤ 董仲舒：《天地之行》，《春秋繁露校释》，第1056页。
⑥ 董仲舒：《郊语》，《春秋繁露校释》，第911页。

董仲舒从"元"出发来考察宇宙的构造。他说：

> 《春秋》之道，以元之深，正天之端；以天之端，正王之政。[1]

> 何谓天之端？曰：天有十端，十端而止已。天为一端，地为一端，阴为一端，阳为一端，火为一端，金为一端，木为一端，水为一端，土为一端，人为一端，凡十端而毕，天之数也。[2]

意思是说，《春秋》从深邃的宇宙本源来正确地把握"天之端"，而所谓"天之端"，就是构成宇宙万物的十个基本范畴，包括天地、阴阳、五行和人类。这里说的与"地"相对的"天"，是指自然之天，天地合称，亦即宇宙。董仲舒以为，宇宙万物就是由上述"十端"构成的。他说：

> 天地之间，有阴阳之气，常渐人者，若水常渐鱼者也。所以异于水者，可见与不可见耳。[3]

> 天地之气，合而为一，分为阴阳，判为四时，列为五行。行者，行也，其行不同，故谓之五行。五行者，五官也，比相生而间相胜也。[4]

> 天、地、阴、阳、木、火、土、金、水，九，与人而十者，天之数

---

① 董仲舒：《二端》，《春秋繁露校释》，第 338 页。
② 董仲舒：《官制象天》，《春秋繁露校释》，第 489 页。
③ 董仲舒：《天地阴阳》，《春秋繁露校释》，第 1089 页。
④ 董仲舒：《五行相生》，《春秋繁露校释》，第 833 页。

> 毕也……毕之外谓之物，物者，投所贵之端，而不在其中，以
> 此见人之超然万物之上，而最为天下贵也。人下长万物，上
> 参天地。故其治乱之故，动静顺逆之气，乃损益阴阳之化，而
> 摇荡四海之内。①

这里讲到了天地、阴阳与五行的关系，自然界和人的关系，"十端"
和万物的关系。认为天地之气分为阴阳，列为五行，五行"比相生
而间相胜"，这是持阴阳五行学说的科学家和哲学家的共同主张；
而董仲舒的特点则在于：他利用和歪曲了当时的科学资料，把阴
阳五行作为世界的模式，认为自然界和人事按这模式互相感应，
正体现了天意或天命。这就成为神学了。

　　我们不拟在这里讨论董仲舒的神学天道观的细节，不过我们
应该探讨一下，其中究竟有什么理论思维的教训。这可以从董仲
舒如何运用逻辑范畴（"类"、"故"、"理"）的角度来说明。

　　董仲舒说他讲《春秋公羊传》的方法是：

> 伍其比，偶其类。②
> 是故为《春秋》者，得一端而多连之，见一空而博贯之，则
> 天下尽矣。③

即用类比的方法，抓住一端，见到一孔，便进行比附，无限制地推

---

① 董仲舒：《天地阴阳》，《春秋繁露校释》，第 1085 页。
② 董仲舒：《玉杯》，《春秋繁露校释》，第 50 页。
③ 董仲舒：《精华》，《春秋繁露校释》，第 186 页。

广开去。这显然是主观主义的方法。

董仲舒认为，从类的观点看，天人是相通的。他说：

> 天亦有喜怒之气、哀乐之心，与人相副，以类合之，天人一也。春，喜气也，故生；秋，怒气也，故杀；夏，乐气也，故养；冬，哀气也，故藏。四者天人同有之。[①]

在他看来，春、秋、冬、夏就是天的喜、怒、哀、乐，喜、怒、哀、乐也就是人的春、秋、冬、夏；人是天的副本，是一个缩小了的宇宙，而宇宙也可以说是个放大了的人；人的活动是有意识、有目的的，自然的变化也是天有意识、有目的的活动，"阳"体现了天的恩德，"阴"体现了天的惩罚，自然界的春、夏、秋、冬分别体现了天的庆、赏、罚、刑，等等。

董仲舒又认为，凡是同类的事物，彼此能互相感应。他说：

> 故气同则会，声比则应，其验皦然也。试调琴瑟而错之，鼓其宫，则他宫应之；鼓其商，而他商应之。五音比而自鸣，非有神，其数然也。美事召美类[②]，恶事召恶类，类之相应而起也，如马鸣则马应之，牛鸣则牛应之。[③]

这里，董仲舒把牛马同类相召唤，弹奏乐器会发生共鸣，都看作是

---

① 董仲舒：《阴阳义》，《春秋繁露校释》，第 767 页。
② 此句在《春秋繁露校释》中无"类"字。——增订版编者
③ 董仲舒：《同类相动》，《春秋繁露校释》，第 809 页。

自然现象，是可以用"数"来解释的，而并非神秘莫测。这种观点当然并不算错。问题在于，他以为在同类相动的现象背后，还有一个外在的动力，一切事物的变化都是由这个实在的力量促使的，而这个实在的力量又是无形的。他说：

> 故琴瑟报，弹其宫，他宫自鸣而应之，此物以类动者也。其动以声而无形，人不见其动之形，则谓之自鸣也。又相动无形，则谓之自然，其实非自然也，有使[①]之然者矣。物固有实使之，其使之无形。《尚书传》言：周将兴之时，有大赤乌衔谷之种，而集王屋之上者，武王喜，诸大夫皆喜。周公曰："茂哉！茂哉！天之见此以劝之也。"[②]

是说，琴瑟共鸣并非自鸣，而是由一个无形的声"使之然"，事物的一切变化均非"自然"，而都有"使之然者"。归根到底，这"使之然者"就是天意。他举了武王见赤雀预示周朝兴盛的例子，正是为了说明事物变化是天意的表现。

如前所述，在先秦时就已有了"或使"与"莫为"两种学说的争论。所谓"或使"，是指有一个外部的实在的力量推动事物的变化运动，有一个超越的实体作为事物的动力因。不过，对于动力因可以用唯物论的观点来解释，如《管子》和《淮南子》；也可以用唯心论的观点来解释，如董仲舒。董仲舒把天意看作最终动力，以为自然界的万事万物都是天有意识、有目的的安排，是天的意志

---

① 他本"使"字后有"人"字。此据凌曙说删。——初版编者
② 董仲舒：《同类相动》，《春秋繁露校释》，第814页。

的体现。因此,董仲舒所说的促使"同类相动"的动力因其实就是目的因,这是神学目的论的"或使"说。他以为,在世间万物之中,人是最高贵的;天的有目的的活动,就表现在"天地之生万物也,以养人",例如,天用可吃的东西来养人的身体,用可以表现威严的东西来做人的装饰和衣服,等等。① 这种说法,正如恩格斯所嘲笑的那样:"猫被创造出来是为了吃老鼠,老鼠被创造出来是为了给猫吃,而整个自然界被创造出来是为了证明造物主的智慧。"②

董仲舒以为,天意虽然"使之无形",难以把握,但它体现在阴阳五行的运动中。他说:"天意难见也,其道难理。是故明阴阳入出,实虚之处,所以观天之志;辨五行之本末,顺逆、小大、广狭,所以观天道也。"③这里的"天道"就是指天的有意志的活动,它可以在阴阳入出、实虚之处,五行之本末、顺逆等关系之中来考察。天道又如何体现于阴阳呢? 他说:

> 天之常道,相反之物也,不得两起,故谓之一。一而不二者,天之行也。阴与阳,相反之物也,故或出或入,或右或左。④

就是说,阴阳作为相反之物,总是分布在不同的时空之中,从时间上说,它或出或入,从空间上说,它或右或左,所以根本不会构成

---

① 参见董仲舒:《服制象》,《春秋繁露校释》,第 331 页。
② 恩格斯:《自然辩证法》,《马克思恩格斯选集》第 4 卷,人民出版社 1995 年版,第 265 页。
③ 董仲舒:《天地阴阳》,《春秋繁露校释》,第 1089 页。
④ 董仲舒:《天道无二》,《春秋繁露校释》,第 776 页。

矛盾。这就是他所谓"一而不二"的天道。显然，董仲舒是用静止的、孤立的观点看世界，把形式逻辑的同一律绝对化作为世界观的基本原则，导致了典型的形而上学。

当然，董仲舒也承认相反之物的相互结合。他说："阴者阳之合，妻者夫之合，子者父之合，臣者君之合。"[1]还举上下、左右、前后、表里、美恶、顺逆、喜怒、寒暑、昼夜等为例，说"此皆其合也"[2]。但这并不表明他承认矛盾，因为辩证法不只是讲矛盾的双方互相依存，同时还讲矛盾的双方在一定条件下互相转化，而董仲舒是不讲矛盾的斗争和转化的。他说：

> 阳之出也，常县于前而任事；阴之出也，常县于后而守空处。此见天之亲阳而疏阴，任德而不任刑也。[3]

意思是说，在阴与阳的结合中，阳永远处于主导地位，阴永远处于从属地位，双方的地位不能转化，这是由天意决定的。他还认为在自然界和人类社会中阳尊阴卑是固定不变的，所以"三纲"也是永恒的。

总之，从逻辑范畴（"类"、"故"、"理"）来看，董仲舒虚构体系的方法是：抓住一端或一孔，进行牵强附会的类比（特别是拿天和人进行比附）；把天意说成是一切现象的动力和原因，用"或使"说（外因论）来论证神学目的论；把同一律绝对化，说"一而不二"是

---

[1] 董仲舒：《基义》，《春秋繁露校释》，第 788 页。
[2] 同上注。
[3] 同上书，第 791 页。

"天之常道"，根本否认对立统一原理。正是用这样的形而上学方法，董仲舒构造了"天不变，道亦不变"的神学唯心主义体系，以适应封建专制主义统治的需要。

三、"顺命"、"成性"与"防欲"

董仲舒的"天不变，道亦不变"的天道观是同他的打着"法古"旗号的人道观紧密联系着的。

他以为，不论天道还是人道，都是永恒不变、古今一贯的，所以主张"复古"，反对"变古"（"易常"）。他说：

> 《春秋》之于世事也，善复古，讥易常，欲其法先王也。①

董仲舒虽然也主张"新王必改制"，不过他所谓"改制"，不是"改其道"，而是将历史上的改朝换代，看作是按黑、白、赤"三统"依次循环，以为一个新王朝出现，就要迁都、改变称号，同时，在历法上改正朔，将衣服旗号变换颜色（黑、白、赤依次轮换）等等，而"若其大纲、人伦、道理、政治、教化、习俗、文义，尽如故"。所以他说："王者有改制之名，无易道之实。"②

那么，所谓不变的"大纲"或"道"主要是什么呢？他说：

> 故《春秋》变古则讥之。天令之谓命，命非圣人不行；质朴之谓性，性非教化不成；人欲之谓情，情非制度不节。是故

---

① 董仲舒：《楚庄王》，《春秋繁露校释》，第 27 页。
② 同上书，第 29 页。

> 王者上谨于承天意，以顺命也；下务明教化民，以成性也；正
> 法度之宜，别上下之序，以防欲也。脩此三者而大本举矣。①

他以为，千古不变的"举大本"的办法是三条：承天意以顺命；明教化以成性；正法度以防欲。这里讲到"天命"、"人性"、"情欲"三者之间的关系，虽是先秦儒家已反复讨论过的，但董仲舒所说，又有其新的内容。

"顺命"，本来是孔子的学说。后来孟子也讲"莫非命也，顺受其正"，但他以为求取仁义礼智与天道，则是"命也，有性焉，君子不谓命也"。荀子则把天命解释为自然规律，提出"制天命而用之"的论点，以反对"顺命"（宿命论）的主张。

董仲舒却不同于孔、孟、荀。他所谓的"天"是有意志的天，所谓的"命"就是上天的命令；就像臣子从君主那里接受命令一样，君主从上天那里接受命令。他说：

> 天子受命于天，诸侯受命于天子，子受命于父，臣妾受命
> 于君，妻受命于夫。诸所受命者，其尊皆天也，虽谓受命于天
> 亦可。②

他认为，君为臣之天，父为子之天，夫为妻之天，归根到底，处于臣妾地位的都可说是受命于天。不过，"人于天也，以道受命；其于

---

① 班固：《董仲舒传》，《汉书》第 8 册，第 2188 页。
② 董仲舒：《顺命》，《春秋繁露校释》，第 947 页。

人,以言受命"①。人对人,用语言传达命令;天不说话,天命就体现在"道"之中,而"道"是永恒不变的。董仲舒的这套理论,是要处于臣妾地位的人们顺天命、畏天命,服从封建专制主义的统治。所谓"天子受命于天",则是为"君权神授"说提供了理论根据。君权与神权相结合,皇帝就可以把自己的一切都说成是按天意办事,这样,君权便成了无限的绝对的东西了。

董仲舒把"天"放在天子之上,似乎也有利用神权来限制君权的意思。他说,帝王有过失,天就降灾害谴告他;如不醒悟,天就以出现怪异现象来惊骇他;如还不知畏恐,那就可能有大祸来临,等等。这种利用"灾异"来告诫帝王的办法,几乎使董仲舒自己被处死刑②,可见它实际上并不能起到限制君权的作用。

董仲舒认为,从人类普遍"受命于天"这一点来说,"为人者天也……天之副在乎人,人之情性有由天者矣"③。就是说,人是天的副本,人的性情都是天赋予的:

> 天地之所生,谓之性情……身之有性情也,若天之有阴阳也。④
>
> 人之诚,有贪有仁。仁、贪之气,两在于身。身之名取诸天,天两,有阴阳之施;身亦两有贪、仁之性。⑤

---

① 董仲舒:《顺命》,《春秋繁露校释》,第 944 页。
② 《汉书·董仲舒传》记载:"辽东高庙、长陵高园殿灾,仲舒居家推说其意,草稿未上,主父偃候仲舒,私见,嫉之,窃其书而奏焉。上召视诸儒,仲舒弟子吕步舒不知其师书,以为大愚。于是下仲舒吏,当死,诏赦之。仲舒遂不敢复言灾异。"
③ 董仲舒:《为人者天》,《春秋繁露校释》,第 702 页。
④ 董仲舒:《深察名号》,《春秋繁露校释》,第 670—671 页。
⑤ 同上书,第 663 页。

这里，董仲舒把他的宇宙结构理论类推到人身上，认为性生于阳，情生于阴，阴气贪而阳气仁，所以说"身亦两有贪、仁之性"。（贪仁之性的"性"是广义的，包括性情二者而言。）

但是，董仲舒既不赞成"性恶说"，也不赞成"性善说"，以为人性可以分为三个等级："圣人之性"纯乎善；"斗筲之性"全是贪；"中民之性"则"仁贪之气两在于身"，通过教化可以使之为善。这就是"性三品说"。他又说：

> 名性，不以上，不以下，以其中名之。性如茧、如卵。卵待覆而为雏，茧待缫而为丝，性待教而为善。[1]
>
> 性有似目，目卧幽而瞑，待觉而后见。当其未觉，可谓有见质，而不可谓见。今万民之性，有其质而未能觉，譬如瞑者待觉，教之然后善，当其未觉，可谓有善质，而不可谓善。[2]

董仲舒在这里区别了可能性与现实性，认识到只有具备了某种条件，可能才变为现实，正如鸡蛋要经孵化才成为小鸡，蚕茧要经缫制才成为生丝一样，人性（指中民之性）也要经教育才成为善；人的眼睛在睡着时虽然也具有"见质"，但只有当睡醒后才能看见事物；同样，人生来虽具有善质，但只有经过教育，觉悟了，才叫作"善"。董仲舒的这种"教化成性"的理论，是继承了先秦儒家的传统，强调了自觉原则，肯定道德是可以通过教育形成的，因而有其合理之处。

---

[1] 董仲舒：《深察名号》，《春秋繁露校释》，第 673 页。
[2] 同上书，第 667 页。

　　不过，董仲舒主张德教与刑法两手并用，既要"明教化以成性"，又要"正法度以防欲"。他提出：既然性与情是阳和阴的关系，而天总是亲阳而禁阴，那么人"安得不损其欲而辍其情以应天?"所以他说："天有阴禁，身有情欲桎，与天道一也。"[①]他要求"损欲"、"防欲"、"禁欲"，以为道德行为应该是"正其谊不谋其利，明其道不计其功"。[②] 虽然他反复讲"任德不任刑"，但是他所谓的德教，目的也是为了"防欲"。他说：

> 　　夫万民之从利也，如水之走下。不以教化堤防之，不能止也。是故教化立而奸邪皆止者，其堤防完也；教化废而奸邪并出，刑罚不能胜者，其堤防坏也。[③]

很显然，这种"以教化为堤防"和"正法度以防欲"的提法，正反映了汉代的封建统治者和人民（"万民"）处于尖锐的对立地位，所以统治者要用教化和刑罚两手来设"堤防"，以防止人民为追求利欲而犯上作乱。在此以前，先秦儒家只讲"寡欲"、"节欲"，而不讲"防欲"，更不讲对人民设堤防之类。例如，孟子说："公刘好货"、"大王好色"，他们推己及人，使得"居者有积仓，行者有裹粮"，"内无怨女，外无旷夫"。先秦儒家这种"与百姓同之"的态度，在董仲舒的儒学中却不见了。关于在伦理关系中培养理想人格的问题，先秦儒家在强调理性自觉原则的同时，也指出了道德行为要出于

---

① 董仲舒：《深察名号》，《春秋繁露校释》，第663页。
② 班固：《董仲舒传》，《汉书》第8册，第2454页。
③ 同上书，第2503页。

自愿（出于内心的自然要求、意志的自主选择），而且从孔子经孟子到荀子，宿命论倾向逐步得到了克服。而董仲舒讲"教化成性"，虽也有要求经过教育而养成自觉德性的意思，但他的"成性"和"顺命"、"防欲"相结合，自愿原则完全被漠视了，宿命论处于支配地位。这样的所谓"教化"，无非是教育人民"自觉"地服从封建统治秩序和命运的安排罢了。

四、"形神"之辩上的"尊神"

汉代哲学论争的中心，一个是宇宙形成论（道和物的关系问题），另一个是形神关系问题。儒家的著作《礼记》提出了一套祭祀的理论，认为人死后，"魂气归于天，形魄归于地"（《礼记·郊特牲》）。因为"形"是阴，所以归了地，最后就消灭了，而精神是阳，所以归了天，"无不之也"，永恒存在，于是就可以成为崇拜和祭祀的对象。

董仲舒在谈祭祀时也说："祭然后能见不见。见不见之见者[1]，然后知天命鬼神。知天命鬼神，然后明祭之意。"[2]是说，天命鬼神虽"不见"其形，然而祭祀却能使人察见那"不可闻见者"，使祭者与天命鬼神相交通。董仲舒是有神论者，他称"天"为"百神之君"，形容"天"是"藏其形所以为神也"。[3]

就人身来说，董仲舒也认为心脏是精神的居处，即所谓"神明

---

[1]　此句他本作"见者见不见"，此据凌曙说校改。——初版编者
[2]　董仲舒：《祭义》，《春秋繁露校释》，第 1019 页。
[3]　董仲舒：《天地之行》，《春秋繁露校释》，第 1064 页。

皆聚于心"。① 他同《管子》一样，也用君臣关系来比喻心神与形体
的关系，说："一国之君，其犹一体之心也；隐居深宫，若心之藏于
胸；至贵无与敌②，若心之神无与双也。"③但董仲舒又不同于《管
子》，他从神学的观点出发强调心神是本原的，形体是从属的。在
谈到养生时说：

> 故生之大者，乃在爱气，气从神而成，神从意而出。心之
> 所之谓意，意劳者神扰，神扰者气少，气少者难久矣。故君子
> 闲欲止恶以平意，平意以静④神，静神以养气。气多而治，则
> 养身⑤之大者得矣。⑥

这里讲的"养气"，是指培养身体中的中和之气，以保持身体健康，
精力充沛。董仲舒认为，形气从属于心神，所以养气在于平意、静
神。当然，他也承认形体要影响心神："形体之静而心得以安"，
"形体妄动而心为之丧"。⑦ 但是，他说："心不可以不坚，君不可以
不贤，体⑧不可以不顺，臣不可以不忠。"⑨正如臣必须忠君一样，形
体必须顺从精神。所以他一再强调"尊神"、"贵神"。

　　董仲舒认为，圣人之所以不同于常人，就在于他们能"盛其精

---

① 董仲舒：《天地之行》，《春秋繁露校释》，第 1070 页。
② "敌"，他本作"遍"，此据凌曙说校改。——初版编者
③ 董仲舒：《天地之行》，《春秋繁露校释》，第 1069 页。
④ "静"，他本作"净"，下同，此据凌曙说校改。——初版编者
⑤ "身"，他本作"人"，此据凌曙说校改。——初版编者
⑥ 董仲舒：《循天之道》，《春秋繁露校释》，第 1048 页。
⑦ 董仲舒：《天地之行》，《春秋繁露校释》，第 1070 页。
⑧ "体"，原误作"礼"，据武英殿聚珍版校改。——初版编者
⑨ 董仲舒：《天地之行》，《春秋繁露校释》，第 1070 页。

而壹其阳……以致其神"。[1] 圣人只需要返观本心，就能认识天道。他说：

> 故聪明圣神，内视反听，言为明圣，内视反听故独明圣者，知其本心。[2]

意思是说，圣人有无比的聪明智慧，他"内视反听"，从自己的本心来认识天意，所以说出的话就是圣言。他还以为圣人能根据"同类相动"的道理，"欲致雨，则动阴以起阴；欲止雨，则动阳以起阳"[3]，并能从自然界的祥瑞与灾变来测知国家的治乱，等等。

圣人还能代天立言。董仲舒说：

> 天不言，使人发其意；弗为，使人行其中。名则圣人所发天意，不可不深观也。[4]

他以为圣人所制定的名，"无有不皆中天意者"。在圣人那里，名言和天意（真意）是统一的。圣人引用这些名来称号事物，就使事物的是非、曲直得以辨明。他说：

> 名生于真，非其真，弗以为名。名者，圣人之所以真物

---

① 董仲舒：《立元神》，《春秋繁露校释》，第 386 页。
② 董仲舒：《同类相动》，《春秋繁露校释》，第 814 页。
③ 同上注。
④ 董仲舒：《深察名号》，《春秋繁露校释》，第 647 页。

也……欲审曲直,莫如引绳;欲审是非,莫如引名。名之审于
是非也,犹绳之审于曲直也。①

　　《春秋》别物之理以正其名。名物必各因其真,真其
义也。②

这是对儒家的"正名"学说所作的唯心主义和形而上学的发挥。
说它是唯心主义,是因为董仲舒讲"正名"是以名正实,把名所代
表的真意(天意)视为第一性的;说它是形而上学,是因为董仲舒
在这里把事物、名言和真意(天意)三者的关系看成是直接符合
的,如说:"故事各顺于名,名各顺于天。天人之际,合而为一,同
而通理。"③这里需要指出的是:逻辑思维要求名言、概念(真意)与
事实具有对应关系,也就是要求在一定论域中遵守同一律,这无
疑是正确的。但是若把这种对应关系绝对化,以为事无不顺乎
名,名无不顺乎天(天意),而不把名与实、言与意的统一看作是一
个矛盾运动的过程,那便是形而上学。董仲舒的"正名"学说即是
如此。

　　董仲舒的"正名"学说也掺杂了黄老刑名之术。他说:"为人
君者居无为之位,行不言之教","以臣言为声,以臣事为形"。④ 认
为君主要冷静地观察臣子的言行产生了什么影响,"擥⑤名考质,

---

① 董仲舒:《深察名号》,《春秋繁露校释》,第 658—659 页。
② 董仲舒:《实性》,《春秋繁露校释》,第 687 页。后一"真"字原脱,据武英殿聚珍版增
补。——增订版编者
③ 董仲舒:《深察名号》,《春秋繁露校释》,第 651 页。
④ 董仲舒:《保位权》,《春秋繁露校释》,第 399 页。
⑤ "擥",他本作"责",据凌曙说校改。——初版编者

以参其实,赏不空施①,罚不虚出,是以群臣分职而治,各敬其事,争进其功"②。这里所说,同黄老与法家讲的"形名参同"没有什么区别。而且,董仲舒讲人君的"建治之术"在于"贵神",实际上也近乎黄老的阴谋权术。他说:

> 为人君者其要贵神。神者,不可得而视也,不可得而听也,是故视而不见其形,听而不闻其声……不见不闻,是谓冥昏,能冥则明,能昏则彰。能冥能昏,是谓神人。君贵居冥而明其位,处阴而向阳,恶人见其情,而欲知人之心。是故为人君者,执无源之虑,行无端之事,以不求求,以不问问……故终日问之,彼不知其所对;终日求之,彼不知其所出。吾则以明,而彼不知其所亡。故人臣居阳而为阴,人君居阴而为阳;阴道尚形而露情,阳道无端而贵神。③

这里所说的专制君主"居阴而为阳",也就是阳儒而阴法,既要公开讲孔子之道,又要"能冥能昏","执无源之虑,行无端之事",故弄玄虚,耍手腕,令人莫测高深。这完全是黄老和申韩的语言。

综上所述,董仲舒独尊儒术的主张,是适应封建专制主义需要的产物,它同封建专制主义一样,有其历史的理由。董仲舒在政治上强调"大一统",强调德治、教化,提出了一些改良措施,在当时有一定的积极意义。在哲学上,他建立神学目的论的"或使"

---

① "施",原作"行",据武英殿聚珍版校改。——初版编者
② 董仲舒:《保位权》,《春秋繁露校释》,第 206 页。
③ 董仲舒:《立元神》,《春秋繁露校释》,第 199—200 页。

说,包含有重要的理论思维的教训;其个别论点(如"教化成性")也有其合理之处。但是从总体上看,董仲舒提出"道之大原出于天,天不变,道亦不变"的哲学理论,以天命论作为纲常教义的根据,用"受天命"来神化专制君主,又用"顺天命"来麻痹人民群众,这种"宿命论"加上"法古"的旗号,再加上"居阴而为阳"的统治术,形成了一整套唯心主义和形而上学的理论结构,在中国封建社会中起了持久的阻碍进步的消极作用。

第三节　《淮南子》与西汉儒道之争
——机械论与目的论的对立

与董仲舒差不多同时,出现了《淮南子》一书。[①]《汉书·艺文志》把这部书列为杂家的著作。它与《吕氏春秋》相似,近乎百科全书,保存了不少自然科学资料,但有折衷主义色彩。从主要倾向说,《淮南子》可以代表西汉时的黄老之学,是具有机械论倾向的阴阳五行学说。我们只就其主要倾向来加以论述。

在西汉文、景和武帝初年,黄老和儒家的斗争颇为剧烈。例如,因窦太后好黄老之术,儒者辕固生对她说《老子》书是"家人言"(老生常谈),便被罚"下圈刺豕";推崇儒术的赵绾、王臧触犯

---

① 《淮南子》:又名《淮南鸿烈》,是在汉初淮南王刘安(公元前 179 年—前 122 年)主持下,由他和他的门客苏飞、李尚、伍被等集体编著的。此书可能于景帝时写成,到武帝时献上。《汉书·艺文志》记载,原有内、中、外篇。现流传下来的只有内篇 21 卷。据《隋书·经籍志》记载,《淮南子》21 卷有汉许慎注和高诱注。据考证,今本《淮南子注》中,《原道》等 13 篇是高诱注,《缪称》等 8 篇是许慎注(详见余嘉锡《四库提要辨证》卷十四,中华书局 2008 年版。近人刘文典有《淮南鸿烈集解》,中华书局 2013 年版)。

了她,都被革职关进监牢,后皆自杀。① 诸如此类的斗争,我们且不管它。以下,拟把《淮南子》和《春秋繁露》进行比较来说明:西汉的黄老与儒家之争,在哲学上就是机械论的"或使"说与目的论的"或使"说的对立。

西汉前期道家的面貌,正如司马谈在《论六家要旨》中概括的:"其为术也,因阴阳之大顺,采儒、墨之善,撮名、法之要,与时迁移,应时变化,立俗施事,无所不宜,指约而易操,事少而功多。"②可见,道家已经注意吸收各家学说之所长,为自己所用。《淮南子》正反映了这一情况。它说:

> 百川异源而皆归于海,百家殊业而皆务于治。③
> 百家之言,指奏相反,其合道一体也。譬若丝竹金石之会乐同也,其曲家异而不失于体。④

它把诸子百家比作丝竹金石多种乐器合奏曲子,虽然奏出来的调子各有不同音色,但都不违反合奏曲的总体基调,汇合在一起便可以成为和谐的音乐。所以,它主张对诸子百家采取宽容的态度。

在古今关系问题上,《淮南子》说:"法与时变,礼与俗化","故变古未可非,而循俗未足多也。"⑤这是法家与黄老的学说,是反对董仲舒"奉天而法古"的主张的。但是《淮南子》和董仲舒同样主

---

① 参见司马迁:《儒林列传》,《史记》第 10 册,第 3121—3122 页。
② 司马谈:《论六家要旨》,司马迁:《太史公自序》,《史记》第 10 册,第 3288 页。
③ 刘安:《氾论训》,何宁校释《淮南子集释》,中华书局 1998 年版,第 922 页。
④ 刘安:《齐俗训》,《淮南子集释》,第 799—800 页。
⑤ 刘安:《氾论训》,《淮南子集释》,第 922 页。

张对人民采取仁义和法度的两手策略。它说："治之所以为本者，仁义也；所以为末者，法度也……本末，一体也。"①可见，当时地主阶级内部在运用两手策略上是没有分歧的。

《淮南子》有比较多的科学精神。其中《天文训》是一篇关于天文、历法、音律的重要科学著作；《精神训》等讨论形神问题，和医学有密切联系。正是哲学和科学的这种联系，使得《淮南子》有比较鲜明的唯物主义色彩，而与董仲舒的神学形成对立。

《淮南子》也讲阴阳五行学说。它试图概括当时天文历法的成就，提出它的宇宙形成论体系。董仲舒认为天是万物之祖，而《淮南子》说："无形者物之大祖也。"②万物不是天产生的，而是生于"无形"，亦即"有生于无，实出于虚"③。这是道家的学说，不过，《淮南子》说的"无形"或"虚无"和老、庄说的又不一样。

《庄子·齐物论》中有一段话："有始也者，有未始有始也者，有未始有夫未始有始也者。有有也者，有无也者，有未始有无也者，有未始有夫未始有无也者。"庄子是从人的认识角度讲的，认为人的认识可以不断地向前追溯，追溯到"始"，又可再往上推到"未始有始"等等。他最后得出了神秘主义的结论。《淮南子·俶真训》引用庄子的这段话，作了许多发挥，则是用它来论述宇宙形成论。《俶真训》说的"有始"，是指天地开辟的时候，还没有物类；"未始有有始"，是指天地开辟之前，"天气始下，地气始上"④；"未

---

① 刘安：《泰族训》，《淮南子集释》，第 1422 页。
② 刘安：《原道训》，《淮南子集释》，第 57 页。
③ 同上书，第 59 页。
④ 刘安：《俶真训》，《淮南子集释》，第 92 页。

始有夫未始有有始"①，是指虚无寂寞的浑沌状态。它说的"有"，
即有万物；"无"，即无形无象；"未始有有无"，指作为有无之根的
"大通混冥"②，"未始有夫未始有有无"，指"天地未剖，阴阳未判"
的浑沌状态。《淮南子》的这些话是在讨论宇宙的起源问题，而不
是说人对宇宙起源的认识问题，所以不同于庄子。

再看《淮南子·天文训》中所说：

> 天地未形，冯冯翼翼，洞洞漏漏，故曰太始③。道始于虚
> 霩，虚霩生宇宙，宇宙生气，气有涯垠。清阳者薄靡而为天，
> 重浊者凝滞而为地。清妙之合专易，重浊之凝竭难。故天先
> 成而地后定。天地之袭精为阴阳，阴阳之专精为四时，四时
> 之散精为万物。④

意思是说，在天地未形之前的浑沌状态叫做"太始"。从道来说，
开始于虚廓，然后有宇宙，有气。清阳的气，抟合快，先成为天；重
浊的气，凝聚慢，后成为地。然后才有四时的变化，万物的产生。
《天文训》接着又讲"积阳之热气生火，火气之精者为日；积阴之寒
气为水，水气之精者为月"⑤。并说"天之偏气怒者为风，地之含气
和者为雨，阴阳相薄，感而为雷，激而为霆，乱而为雾"⑥。还说，飞

---

① 刘安：《俶真训》，《淮南子集释》，第 91 页。
② 同上书，第 93 页。
③ "太始"，原作"太昭"，据王引之说改。——初版编者
④ 刘安：《天文训》，《淮南子集释》，第 165—166 页。
⑤ 同上书，第 166—167 页。
⑥ 同上书，第 170 页。

行的鸟类属于阳,蛰伏的虫类属于阴,等等。这种宇宙论体系与当时的自然科学水平是密切相联系的,但是在科学还很幼稚的时候,哲学要描绘宇宙形成过程,总免不了用幻想的联系来代替尚未知道的现实的联系。《淮南子》这种对宇宙的原始状态及其演变阶段的描绘,在整体上当然只能是虚构的体系。

但是《淮南子》的宇宙形成论否认天意,否认上帝的创造,因此与董仲舒的神学目的论不一样。董仲舒说天地万物都是天意的体现,他用神学目的论来解释各种现象,说世界上可吃的东西是天为了养人的身体而创造的;世界上可穿的东西也是天为了给人作衣服而创造的。而《淮南子》却认为自然界的变化,并不是天有目的的活动,而是自然而然的。

> 故阴阳四时,非生万物也;雨露时降,非养草木也;神明接,阴阳和,而万物生矣。故高山深林,非为虎豹也;大木茂枝,非为飞鸟也;流源千里,渊深百仞,非为蛟龙也。[①]

在它看来,雨露不是为了养草木,深林不是为了藏虎豹。同样,自然现象的变化,也不是为了人类的目的。又说:

> 天有明,不忧民之晦也,百姓穿户凿牖,自取照焉。地有财,不忧民之贫也,百姓伐木芟草,自取富焉。[②]

---

① 刘安:《泰族训》,《淮南子集释》,第 1380 页。
② 刘安:《诠言训》,《淮南子集释》,第 1022 页。

即是说，天上有阳光，地上有物资，并不是上帝对人的恩赐，人们只要付出劳动就可加以利用。

不过，《淮南子》虽然不是用神学目的论来解释世界，但其主张的也是一种"或使"说：

> 夫物类之相应，玄妙深微，知不能论，辩不能解。故东风至而酒湛溢，蚕咡丝而商弦绝，或感之也；画随灰而月运阙，鲸鱼死而彗星出，或动之也。故圣人在位，怀道而不言，泽及万民。君臣乖心，则背谲见于天，神气相应征矣。[①]

这里举的"东风至而酒湛溢"、"蚕咡丝而商弦绝"、"画随灰而月运阙"、"鲸鱼死而彗星出"这些例子并不科学。所说的"或感之"、"或动之"，即承认有一种超越的（玄妙深微的）力量使物类相感应而发生变化；并且认为自然界和人类之间相感应的现象，是一种"神气"，即一种精微的神妙的气在起作用。"阳燧取火于日，方诸取露于月……阴阳同气相动也。"[②]就是说，阳气与阳气、阴气与阴气互相作用，使得万物同类而感应。而"阴阳相薄，感而为雷，激而为霆，乱而为雾"[③]，则是说阴气与阳气也能互相感应，互相作用。又如天将要刮风时，草木虽未动而鸟却先飞，天将要下雨时，鱼就开始浮到水面透气。这也是"以阴阳之气相动也"[④]。

---

① 刘安：《览冥训》，《淮南子集释》，第 450—452 页。
② 同上书，第 454—456 页。
③ 刘安：《天文训》，《淮南子集释》，第 170 页。
④ 刘安：《泰族训》，《淮南子集释》，第 1374 页。

《淮南子》的"或使"说和《管子》相似,它把变化的原因归结到阴阳之气,即归结为质料因。以为阳燧取火、方诸取水是阴阳"同气相动",雷霆是"阴阳相薄",这种"相动"、"相薄"显然是一种机械作用;对具体的物来说,是一种外来的力量。《淮南子》排除了唯心论的目的因,但却把质料因看作是外因。它说:

> 夫大生小,多生少,天之道也。故邱阜不能生云雨,荥水不能生鱼鳖者,小也。牛马之气蒸生蚊虻,蚊虻之气蒸不能生牛马。故化生于外,非生于内也。①

不能从小邱生云雨、从雨水生鱼鳖,而从牛马身上则能生出蚊虻,这些都是当时人们日常生活中的经验。但是《淮南子》对这些经验不加分析,便由此概括出"大生小、多生少"和"化生于外"的一般原理。这种根据表面现象作论证的方法是不科学的,它认为从广大的气蒸生出小物,是"化生于外",这就把运动变化归之于外力的机械作用了。

这种外因论是不可能把唯物论贯彻到底的。从外因论出发来寻求第一因,推到"有生于无,实出于虚"②,以虚无为世界第一原理,就不可避免地陷于唯心论。同时,由于科学水平的限制,当时的人还不可能把握许多事物的类的本质,所谓"物类相动",就免不了牵强附会。《淮南子》也把天与人看作同类,也讲"天人感应",说:"天之与人,有以相通也。故国危亡而天文变,世惑乱而

---

① 刘安:《泰族训》,《淮南子集释》,第 1381 页。
② 刘安:《原道训》,《淮南子集释》,第 59 页。

虹霓见，万物有以相连，精浸有以相荡也。"①认为国家危亡混乱，天象就会有变化，出现怪异现象。虽然它是用精气相荡来解释自然变化和社会治乱，不同于董仲舒把一切都归之天意，但这种说法，仍然要导致迷信。

在形神之辩上，董仲舒肯定有鬼神作为祭祀和崇拜的对象，而《淮南子》则继承黄老、《管子》的"神为精气"的理论，并作了更为详细的考察。《精神训》说：

> 烦气为虫，精气为人。是故精神天之有也，而骨骸者地之有也；精神入其门，而骨骸反其根，我尚何存？②

是说人与其他的物一样，都由气构成，只是精粗不同而已；精神则是一种特别精微的气，人死后，构成精神的气就回到元气中去了，而骨骸则在地下腐烂，哪里有"我"的存在呢？认为人死后精气不会成为鬼神，这是无神论的观点，是与《礼记》和董仲舒的说法不同的。

《淮南子》又讲了形、气、神三者的关系。它说：

> 夫形者生之舍也，气者生之充③也，神者生之制也，一失位则三者伤矣……今人之所以眭然能视，瞥然能听，形体能抗，而百节可屈伸，察能分白黑，视丑美，而知能别同异，明是

---

① 刘安：《泰族训》，《淮南子集释》，第 1375 页。
② 刘安：《精神训》，《淮南子集释》，第 504 页。
③ "充"，原作"元"，依王念孙说校正。——初版编者

非者,何也? 气为之充而神为之使也。①

就是说,形体是生命的住所,在有生命的形体中,充满了气,而精神(精气)则是主宰者。三者之中如有一个失位,就使三者都受损伤。人的形体能屈伸,耳目能视听,通过观察能分白黑,运用思维能明是非,人为什么有这些能力呢? 就是因为气充满形体而精神为形体的主宰。神和形有主从关系,这种关系不能颠倒。"以神为主者,形从而利;以形为制者,神从而害。"②主张"以神使形",而不应"以形制神",这和董仲舒是一样的。所不同的是,《淮南子》以为"神使形"是靠物质的作用,这是机械论的观点,但它和《管子》一样,以气之精粗来区分神与形,并未能克服形神二元论。

《淮南子》根据当时的医学理论,也认为精神聚居心脏之中。它以为五脏六腑与五官是互为表里的,脏腑又以心为主,"而神者心之宝也"③人不能让耳目、声色来支配,去追求外在的东西,而应做到清心寡欲,使脏腑充满精气,五脏从属于心,这样就会具有"神明"。它说:

> 是故血气者,人之华也,而五脏者,人之精也。夫血气能专于五脏而不外越,则胸腹充而嗜欲省矣。胸腹充而嗜欲省,则耳目清,听视达矣。耳目清听视达谓之明。五脏能属于心而无乖,则教志胜而行不僻矣。教志胜而行不僻,则精神盛而气不

① 刘安:《原道训》,《淮南子集释》,第82—85页。
② 同上书,第87页。
③ 刘安:《精神训》,《淮南子集释》,第520页。

　　散矣。精神盛而气不散则理，理则均，均则通，通则神，神则以
　　视无不见也，以听无不闻也，以为无不成也。①

这是说，使胸腹充满精气，节制嗜欲，就可以使耳目明亮，有清楚
的知觉，这就叫做"明"。使五脏由心主宰，克服敉乱的情志，精神
旺盛专一，这样就可以把握规律性的认识，达到"通则神"的地步。
这基本上是《管子》的"洁其宫，开其门，去私毋言，神明若存"思想的
发挥。

　　《淮南子》以为，具有神明的圣人能够"无为而无不为"。"所
谓无为者，不先物为也；所谓无不为者，因物之所为。所谓无治
者，不易自然也；所谓无不治者，因物之相然也。"②意思是说，"无
为"就是完全顺物之自然，因物之相宜（相然），而不凭主观先物而
动。因此，"无为"并不是什么事情都不做。《淮南子》说：

　　　　夫地势水东流，人必事焉，然后水潦得谷行；禾稼春生，
　　人必加功焉，故五谷得遂长。听其自流，待其自生，则鲧、禹
　　之功不立，而后稷之智不用。若吾所谓无为者，私志不得入
　　公道，嗜欲不得枉正术，循理而举事，因资而立功，推自然之
　　势③，而曲故不得容者。事成而身弗伐，功立而名弗有，非谓
　　其感而不应，攻而不动者。④

────────

① 刘安：《精神训》，《淮南子集释》，第 510—511 页。
② 刘安：《原道训》，《淮南子集释》，第 48 页。
③ "因资而立功，推自然之势"，本作"因资而立权自然之势"，依王念孙说校改。——初版
　编者
④ 刘安：《修务训》，《淮南子集释》，第 1322—1323 页。

这段话反对了自流论。其所谓"无为"，就是指按客观规律办事，凭借物质条件来建立功业，顺着自然趋势向前推进，而不容许拿主观片面的东西作根据。这就把道家推崇自然的思想向唯物主义方向推进了一步。

但《淮南子》以为一个人达到"神明"，就可以"无不见"、"无不闻"、"无不为"；这样的神人形体消灭了，精神并不死。它说：

> 故形有摩而神未尝化者，以不化应化，千变万抮而未始有极。化者复归于无形也，不化者与天地俱生也。夫木之死也，青青去之也，夫使木生者，岂木也？犹充形者之非形也。故生生者未尝死也，其所生则死矣。化物者未尝化也，其所化则化矣。①

这是说，形体磨灭，而精神不死，可以成为与天地俱生的神人；使树木青青的不是树木，而是气；使人的形体有生命的不是形体，而是神气；神作为"生生者"，作为"形之使"，不随形体的死亡而死亡。这样，由于不能克服形神二元论，《淮南子》最终导致割裂形神的"神不灭论"了。同时，它说"充形者非形，生生者不死"②，这也近乎神仙家的语言。《汉书·艺文志》记载《淮南子》还有中篇八卷（现已失传），"言神仙黄白之术"。由此可见，《淮南子》的黄老之学，已掺入了神仙家学说。

---

① 刘安：《精神训》，《淮南子集释》，第 530—531 页。
② 同上注。

第四节　《易纬》与杨雄的象数之学

西汉后期，土地兼并剧烈，豪强大地主势力恶性发展，阶级矛盾越来越尖锐，各地不断爆发农民起义。于是封建统治者便更加提倡"独尊儒术"，并大力宣扬宗教迷信来麻痹人民。经过董仲舒改造的儒学，这时进一步发展成为谶纬神学。"谶"即符谶、图谶，是一种"诡为隐语，预决吉凶"的宗教预言；"纬"即纬书，多数是用宗教迷信来比附儒家经典著作，不过其中也保存了一些科学资料和哲学思想。"谶纬"的基本思想仍然是董仲舒的天人感应论、君权神授论以及三纲五常的教条等，只不过它比董仲舒的说教更加荒诞，编造了许多有关孔子的神话，把孔子吹捧成通天教主，使儒学成了名副其实的"孔教"。

各种纬书现在仅存一些片断，唯《易纬》①中的《乾凿度》和《乾坤凿度》等比较完整，它们是纬书中讲象数之学的主要著作。

"取象"、"运数"（度量）以进行"比类"，是当时各门科学所广泛运用的方法，所以象数在中国古代科学中有其重要地位。但《易纬》中的象数之学，则是以为用《易》的象和数可以解释一切，只要运用思辨的方法，取象进行类比，运数进行推测，就可以范围天地之化，预测吉凶祸福，这是一种先验主义和神秘主义的哲学

---

① 《武英殿聚珍版全书》所收《易纬》包括：《乾坤凿度》2卷，《乾凿度》2卷，《稽览图》2卷，《辨终备》1卷，《通卦验》2卷，《乾元序制记》1卷，《是类谋》1卷，《坤灵图》1卷。

学说。《易传》讲象数，本已具有神秘色彩，到西汉后期，孟喜[①]、京房[②]等专以象数说《易》，用八卦和阴阳之数预言灾异。《易纬》可能是孟喜、京房一派学者的著作。

在天道观上，《易纬》也提出了一个宇宙形成论。《乾凿度》说：

> 易者，易也，变易也，不易也。管三成为道德苞籥。易者以言其德也……变易也者，其气[③]也……不易也者，其位也……故易者天地之道也。乾坤之德，万物之宝。至哉易，一元以为元纪。[④]

《易纬》也主张一元论。它以为宇宙的本源就是易道，而易有三义：首先是易之德，即神明之德或乾坤之德；其次是易道或易之德表现为变易之气；第三是在气的变易中有不易之位，如"天在上，地在下"等。三义统一于一元，易道是天地之元、万物之纲（纪）。

那么，宇宙万物是怎样从这个"元"开始和演变出来的呢？

---

① 孟喜，西汉今文易学"孟氏学"的开创者。字长卿，东海兰陵（今山东苍山兰陵镇）人。与施雠、梁丘贺同学《易》于田何的再传弟子田王孙。汉宣帝时立为博士，以 64 卦分配气候，以卦气言《易》。著作已失传，清马国翰《玉函山房辑佚书》、黄奭《汉学堂丛书》及孙堂《汉魏二十一家易注》均有辑录。

② 京房（公元前 77 年—前 37 年），西汉今文易学"京氏学"的开创者。律学家。本姓李，字君明，东郡顿丘（今河南清丰西南）人。曾学《易》于孟喜的门人焦延寿，以通变说易，好讲灾异。汉元帝时立为博士。在乐律方面，认为"竹声不可以度调"，创 13 弦准以定律，并根据八卦原理，用"三分损益法"，将 12 律扩展为 60 律。著作今存《京氏易传》3 卷，清马国翰《玉函山房辑佚书》另辑有《周易京氏章句》1 卷。

③ "其气"，原本作"其变"，此从钱叔宝校改。——初版编者

④ 《乾凿度》，赵在翰辑，钟肇鹏、萧文郁点校，《七纬》，中华书局 2012 年版，第 30—31 页。

《乾凿度》说：

> 夫有形生于无形，乾坤安从生？故曰：有太易，有太初，有太始，有太素也。太易者，未见气也；太初者，气之始也；太始者，形之始也；太素者，质之始也。气形质具而未离，故曰浑沦。浑沦者，言万物相混成而未相离，视之不见，听之不闻，循之不得，故曰易也。①

这里所说，显然是黄老之学与《易传》思想的结合。《易纬》以为在天地未形成之前，有太易、太初、太始、太素四个阶段。太易无形象、无声气，"视之不见，听之不闻，循之不得"②；经太初、太始，达到太素，已具有气、形、质，但尚未分化，所以太素是"浑沦"，亦即《老子》说的"有物混成"。这是讲宇宙的起源。

关于宇宙的演变和结构，《乾凿度》说：

> 易始于太极，太极分而为二，故生天地。天地有春秋冬夏之节，故生四时。四时各有阴阳刚柔之分，故生八卦。八卦成列，天地之道立，雷风水火山泽之象定矣……八卦之气终，则四正四维之分明，生长收藏之道备，阴阳之体定，神明之德通，而万物各以其类成矣。③

---

① 《乾凿度》，《七纬》，第33—34页。
② 同上注。
③ 同上书，第31—32页。

这基本上是对《系辞传》的"易有太极，是生两仪，两仪生四象，四象生八卦，八卦定吉凶，吉凶生大业"一段话的发挥。《易纬》以为太易经太初、太始、太素这些阶段，于是"太易始著，太极成。太极成，乾坤行"①。这便是"太极分而为二，故生天地"。更进而有四时、八卦。《易纬》以震、离、兑、坎配东、南、西、北，为"四正"；以艮、巽、坤、乾配东北、东南、西南、西北，为"四维"。同时，以震、离、兑、坎分主四时，八卦方位也体现春生、夏长、秋收、冬藏的时间顺序。在这个时空秩序中，随阴阳之气的消长，自然界万物各按种类而形成了。

这个宇宙形成论，概括地说就是：

> 易起无，从无入有，有理若形，形及于变而象，象而后数。②

《易纬》说"从无入有"，这和《淮南子》相似。但《淮南子》讲阴阳五行学说，而《易纬》则是讲象数之学，二者是不同的。可以说，《淮南子》以质料因为动力，而《易纬》则以形式因为动力。"有理若形"即"有理乃形"，先有原理，后有形质，原理（形式）是第一性的，形质（质料）是第二性的。它还说：

> 乾坤者，阴阳之根本，万物之祖宗也。③

---

① 《乾坤凿度》，《七纬》，第 1 页。
② 同上书，第 12 页。
③ 《乾凿度》，《七纬》，第 35 页。

　　　　圣人设卦以用蓍……运天地之数，万源由也。①

　　就是说，阴阳之气和天地万物是从乾坤的原理派生的；圣人用蓍草排列组合，就可以得到卦象和天地之数，而象、数就是万物的本源。这当然是先验主义。

　　汉代的《易》学家中有一部分人对《易》作朴素唯物主义解释。例如王充提到的"说《易》者曰：元气未分，浑沌为一"等。但我们从现存《易纬》的总体来看，认为它是一个先验主义的体系，并且充满神秘主义色彩。《易纬》讲到了许多数，如《乾坤凿度》说："天数：一，九，二十五，三万九千七百五十五"，"地数：二，六，三十，八万六千四百二十"②等等，都含有神秘意味。《易纬》的象数之学也已吸收了阴阳家的学说，用八卦和五行、五常相配。《乾凿度》说："至德之数，先立木金水火土德，合三百四岁，五德备，凡一千五百二十岁，大终复初。"③这样的数，就为符谶提供了根据，成了迷信。

　　《易纬》一方面与迷信相联系，另一方面也有科学因素。《乾凿度》说：

　　　　阳动而进，变七之九，象其气之息也。阴动而退，变八之六，象其气之消也。④

────────

① 《乾坤凿度》，《七纬》，第11页。
② 同上书，第12—13页。
③ 《乾凿度》，《七纬》，第58页。
④ 同上书，第45页。

这话实际上是说,可以用数量的变化来说明阴阳之气的消长。在中国古代,象数之学和历法、乐律两种科学有特别密切的关系。中国古代科学家认为,律与历可以用共同的数量关系来说明。而象数之学则以为,这共同的数量关系是从《易》推演出来的。《易纬·乾凿度》说:

八卦错序,律历调列。[①]

《汉书·律历志》说:

其数以《易》大衍之数五十,其用四十九,成阳六爻,得周流六虚之象也。夫推历、生律、制器,规圆矩方,权重衡平,准绳嘉量,探赜索隐,钩深致远,莫不用焉。[②]

就是说,根据《易》的象数,可以推衍历法、规定乐律、制作器物,并订立度、量、衡的制度等等。以《易纬》为代表的象数之学以为,自然界和人类活动的一切奥秘,都可以用《易》的"取象"、"运数"的方法来把握;而把握了这种象数的秩序,就是认识了必然的"数"或"命",就能预测未来。这里面包含有合理的成分,即要求从数量关系来考察对立力量(阴阳)的消长。这一思想对中国古代科学的发展曾起了积极作用。但《易纬》把这点夸大了,说"大衍数

---

① 《乾凿度》,《七纬》,第 30 页。
② 班固:《律历志》,《汉书》第 4 册,第 956 页。

五十，所以成变化而行鬼神也"①，以为《易》的象数范围天地，神妙莫测，那就成了唯心主义和神学了。

但也不能把象数之学和谶纬神学混为一谈。纬书中有象数之学，象数之学却不等于"纬"，更不同于"谶"。孟喜、京房一派今文易学虽好讲灾异，但他们用象数研究历法、乐律，却是有贡献的。《汉书·律历志》则基本上是西汉末刘歆②的学说，较少迷信色彩。与刘歆同时代的杨雄，也讲象数之学，他是个无神论者。

杨雄（公元前 53 年—公元 18 年），字子云，蜀郡成都（今属四川）人。杨雄生活在西汉末和新莽时期，政治上很不得意。他不满于当时流行的谶纬神学，公开提出批评。他是个博学的人，在语言学和天文学上有贡献。又是个文学家，写过几篇有名的赋。在哲学上，他模拟《论语》作《法言》③，模拟《易经》作《太玄》④。

《太玄》也提出了一个宇宙形成论。杨雄把宇宙的第一原理称为"玄"，说：

---

① 《乾凿度》，《七纬》，第 35 页。
② 刘歆（？—公元 23 年），西汉末年古文经学派的开创者、目录学家、天文学家。字子骏，后改名秀，字颖叔。刘向之子。沛（今江苏沛县）人。承父业，校群书，撰《七略》，主要内容保存在《汉书·艺文志》中，对中国目录学的建立有一定贡献。王莽时任"国师"，后谋诛王莽，事泄自杀。著有《三统历谱》，造有圆柱形的标准量器，据算，其用的圆周率是 3.1547，有"刘歆率"之称。原有集，已失传，明人辑有《刘子骏集》。
③ 《法言》：共 13 卷，内容以儒家传统思想为中心，具有无神论倾向。关于《法言》的注释，流行的有晋李轨《杨子法言注》（清刻本）、北宋司马光《杨子法言集注》、清末汪荣宝《法言疏证》（1911 年排印本）及《法言义疏》（1933 年排印本）。
④ 《太玄》：亦称《太玄经》，共 10 卷。内容是儒、道、阴阳 3 家的混合体。全书以"玄"为中心思想，相当于《老子》的"道"和《周易》的"易"。关于《太玄》的注释，主要有晋范望《太玄经注》（《四部丛刊》本）、北宋司马光《太玄经集注》（清嘉庆刻本）、清陈本礼《太玄阐秘》（清末刻本）。

> 玄者,幽攡万类而不见形者也。资陶虚无而生乎规,攡
> 神明而定摹,通同古今以开类,摛措阴阳而发气。一判一合,
> 天地备矣。①

就是说,玄是无形无象的,它在幽冥之中开展了万事万物。它取
给于虚无而生天象(规),通过神明来规定度数(摹),贯通古今以
区分物类,使阴阳之气得以运动起来(发气),阴阳一分一合,天地
万物就形成了。这也无非是"有生于无"的意思,不过,杨雄没有
像《淮南子》和《易纬》那样去猜测天地未形成之前经历了哪些阶
段,他摹仿"易"建立了一个象数体系,但不同于《易纬》的二分法,
而是用三分法构造了一个"一玄、三方、九州、二十七部、八十一
家"的世界图式。

从总体上看,《太玄》的象数之学和《易纬》一样,以形式因为
第一因,是先验主义的体系。但杨雄又不同于《易纬》,他明确地
反对神学,说:

> 神怪茫茫,若存若亡,圣人曼云。②

他恢复了孔子的"不语怪力乱神"的理性主义的态度,不过又说:
"玄者,神之魁也。天以不见为玄,地以不形为玄。"③"天地,神明

---

① 杨雄:《玄摛》,司马光集注,刘韶军点校:《太玄集注》,中华书局 2013 年版,第 214 页。
② 杨雄:《重黎》,汪荣宝疏证,陈仲夫点校:《法言义疏》,中华书局 1987 年版,第 327 页。
③ 杨雄:《玄告》,《太玄集注》,第 250 页。

而不测者也。"①他认为"玄"作为"神"之首,即体现在天地神明之中,"玄"是通过天地神明来规定象数的。这是一种泛神论思想。杨雄又说:

> 或问"天"。曰:"吾于天与,见无为之为矣。"或问:"雕刻
> 众形者匪天与?"曰:"以其不雕刻也。如物刻而雕之,焉得力
> 而给诸? 老子之言道德,吾有取焉耳。及摧提仁义,绝灭礼
> 学,吾无取焉耳。"②

杨雄以儒自居,但他赞成《老子》的天道观,认为天道自然无为,并不有目的地雕刻万物。假如万物都需要雕刻而成,哪来这么多的力气呢? 把自然界的造化看作是同人的作为一样,显然是荒谬的。杨雄在这里用"莫为"说反对"或使"说,成为王充批判谶纬神学的先驱。

杨雄和《易纬》一样,认为可以用数量关系来说明阴阳的消长,并且把象数和历法、乐律联系起来。他说:

> 奇以数阳,偶以数阴,奇偶推演,以计天下,玄术莹之。六
> 始为律,六间为吕,律吕既协,十二以调,日辰以数,玄术莹之。③

在他看来,以一、三、五、七、九为阳数,二、四、六、八、十为阴数,用

---

① 杨雄:《问神》,《法言义疏》,第 137 页。
② 杨雄:《问道》,《法言义疏》,第 114 页。
③ 杨雄:《玄莹》,《太玄集注》,第 220 页。

这些奇偶数进行推演，以计量天下万事万物，就是用"玄术"说明世界。他还以为，以六阳律间以六阴吕，把它们和十二月、十二辰相配，把自然界描绘成一个日月往来、一寒一暑、律吕协调、不失数度的图景，这也是"玄术"。

杨雄在运用数量关系来说明阴阳的消长时，表达了一些朴素辩证法思想。他说：

> 阳不极，则阴不萌。阴不极，则阳不牙。极寒生热，极热生寒。信道致诎，诎道致信。其动也，日造其所无，而好其所新。其静也，日减其所为，而损其所成。故推之以刻，参之以暑。反覆其序，轸转其道也。[1]

这里讲了阴阳、寒热、屈伸等对立的互相转化，并指出运动则每日创造出新鲜事物，而静止则每日损失其已有成就，发挥了《易传》的"变化日新"的思想。他以为，这种对立的转化和消长过程，是可以用数量关系来把握的；例如，人们用漏刻计算时间，用日暑度量日影，就能把握昼夜反复、寒暑轮转的秩序。杨雄还指出，这个对立双方的消长和转化的秩序，是"因"和"革"即继承和变革、连续和间断的统一。他说：

> 夫道有因有循，有革有化……夫物不因不生，不革不成。故知因而不知革，物失其则。知革而不知因，物失其均。革

① 杨雄：《玄摘》，《太玄集注》，第 217 页。

> 之匪时，物失其基。因之匪理，物丧其纪。因革乎因革，国家
> 之矩范也。矩范之动，成败之效也。[①]

一个事物的生成总是有继承又有变革。只因而不革，事物就不发展了；只革而不因，事物就失去均衡。革要合乎时，不能无根据地乱变；因要合乎规律，不能不合理地因循不变。杨雄这一因和革的思想，固然是对《易传》的发挥，但比《易传》说得更明确了。而在西汉末年作为"国家之矩范"提出来，是具有现实意义的。

不过杨雄也和《易纬》一样，过分夸大了象数的作用。他说："方州部家，八十一所，画下中上，以表四海，玄术莹之。一辟、三公、九卿、二十七大夫、八十一元士，少则制众，无则治有，玄术莹之。"[②]他以为他的"一玄、三方、九州、二十七部、八十一家"的象数体系可以囊括天下事物，国家政府也应按这个三分法体系建立。这当然都是牵强附会。

在形神之辩上，杨雄继承了《管子》、《淮南子》的观点。《法言·问神》中说：

> 或问"神"。曰："心。""请问之。"曰："潜天而天，潜地而地……神在所潜而已矣。"[③]

他也认为，神就在心里，但为什么心的神明能够潜天潜地呢？他

---

① 杨雄：《玄莹》，《太玄集注》，第 221—222 页。
② 同上书，第 220 页。
③ 杨雄：《问神》，《法言义疏》，第 137 页。

解释说："人奥思虑，含至精也。"①就是说，心是由至精之气构成的，所以能深藏思想。杨雄又用泛神论观点来讲人的精神，说：

> 天神天明，照知四方；天精天粹，万物作类。人心其神矣乎？操则存，舍则亡。能常操而存者，其惟圣人乎？圣人存神索至，成天下之大顺，致天下之大利，和同天人之际，使之无间也。②

他以为，人心的精神就是天赋予的精粹之气所具有的神明，操守之则存，舍弃之则亡；只有圣人能恒常地保存精神，探索至理，使万事和顺，天下得利，达到天和人融合无间。那么，圣人是怎样"存神索至"的呢？杨雄说：

> 欲知不可知，则拟之以乎卦兆。测深摹远，则索之以乎思虑。二者其以精立乎！③

这是说，心灵运用两种方式求知：一是通过卜筮，看卦兆拟议事物的变化；二是运用思虑，借推断以测知幽深之理。这两点，都要靠精诚才能做到。这种象数之学的方法，凭卦兆和思虑以求所谓至理，当然是唯心论的。不过杨雄说："幽必有验乎明，远必

① 杨雄：《玄告》，《太玄集注》，第 250 页。
② 杨雄：《问神》，《法言义疏》，第 140—141 页。
③ 杨雄：《玄莹》，《太玄集注》，第 220 页。

有验乎近，大必有验乎小，微必有验乎著。无验而言之谓妄。"①
这样强调对立面的比较和进行验证，却可使唯心论得到一定程度
的克服。

形神关系也包括如何使神（思想感情）见之于形（表达出来）
的问题，也就是意和言的关系问题。杨雄说："言，心声也；书，心
画也。声画形，君子小人见矣。声画者，君子小人之所以动情
乎？"②以为君子小人的精神面貌，通过语言文字而见之于形，同时
也影响到他人，文辞虽重要，却是第二位的。"文以见乎质，辞以
睹乎情。"③文辞是用以表达实质、真情的手段，形式应适合内容。
他指出，著作家首先应在内容上有所遵循而体现自然，其次再从
辞藻上进行加工。这是唯物主义的态度。

第五节　王充对谶纬神学的批判
　　——唯物主义的"莫为"说反对"或使"说

西汉末年，阶级矛盾更为激化。王莽利用图谶为自己作皇帝
造舆论，依据周礼进行所谓的改制。随后爆发了全国规模的绿
林、赤眉起义，推翻了王莽的"新王朝"。代之而兴的是东汉王朝。
光武帝刘秀正式"宣布图谶于天下"，变本加厉地提倡谶纬神学。
汉章帝时召开了大规模的经学讨论会——白虎观会议，编写了

---

① 杨雄：《问神》，《法言义疏》，第 159 页。
② 同上书，第 160 页。
③ 杨雄：《玄莹》，《太玄集注》，第 221 页。

《白虎通义》①这部法定的、神学的儒家著作,把谶纬神学与封建纲常教义合而为一。

不过,随着生产的发展,科学反对迷信、唯物论反对唯心论的斗争一直没有停止过。西汉末年,杨雄反对讲神怪。东汉初年,桓谭②公开抨击图谶,被光武帝称为"非圣无法"。到白虎观会议时,王充举起"疾虚妄"的旗帜,对神学化的儒学进行全面的批判。

王充(公元 27 年—100 年),字仲任,会稽上虞(今浙江上虞)人。出身在一个以"农桑贾贩"为业的"细族孤门"的家庭。曾到京师受业太学,师扶风班彪。好博览而不守章句。当过几年小县吏,政治上代表了中小地主的利益,反对世家豪族操纵朝政和"田宅兼并"。晚年弃官在家,但"居贫苦而志不倦",致力于写作,著有《讥俗》、《政务》、《论衡》、《养性》等,但保留下来的只有今本《论衡》③一书。

---

① 《白虎通义》:又称《白虎通德论》,凡 4 卷,东汉班固等编撰。记录章帝建初四年(公元 79 年)在白虎观会议上经学辩论的结果。系汉代谶纬神学的著作,引述了《纬》书的许多文句,并对"三纲五常"有明确的说法。故既是董仲舒以来今文经学派的唯心主义和神秘主义哲学思想的延伸和扩大,也是今文经学的政治学说的提要。关于《白虎通义》的版本,主要有清卢文弨校本(辑入《抱经堂丛书》,内附庄述祖《白虎通义考》和《白虎通阙文》)及《四部丛刊》影印本。另有清陈立《白虎通疏证》(清刻本)。
② 桓谭(公元前? —公元 56 年),东汉哲学家,经学家,字君山,沛国相(今安徽濉溪西北)人。官至议郎给事中。博学多闻,非毁俗儒,坚决反对谶纬神学。哲学上提出"以烛火喻形神"的著名论点,断言精神不能离开人之形体而独立存在。对以后无神论思想发展有影响。著作有《新论》29 篇,早佚。今传《新论·形神》一篇,收入南朝齐梁时僧祐编的《弘明集》中。《新论》辑本有清孙冯翼《桓子新论》(未收《论形神》)、清严可均《全后汉文》辑本。
③ 《论衡》:据《后汉书·王充传》云,王充"著《论衡》八十五篇,二十余万言"。今存 84 篇。《招致》一篇有篇目无正文。关于《论衡》的注释,主要有黄晖《论衡校释》(商务印书馆排印本)、刘盼遂《论衡集解》(北京古籍出版社刊本)。

一、《论衡》的批判精神

王充在《论衡》中多次谈到他的写作意图：

> 《诗》三百，一言以蔽之曰：思无邪。《论衡》篇以十数，亦一言也，曰：疾虚妄。①

> 《论衡》细说微论，解释世俗之疑，辩照是非之理，使后进晓见然否之分……俗传蔽惑，伪书放流，贤通之人。疾之无已……是反为非，虚转为实，安能不言？……浮妄虚伪，没夺正是。心溃涌，笔手扰，安能不论？论则考之以心，效之以事，浮虚之事，辄立证验。②

他满怀愤激之情，对当时泛滥成灾的"俗传"、"伪书"、"奇怪之语"、"虚妄之文"，感到痛心疾首，无法容忍。于是就写作《论衡》一书，用逻辑论证（"考之以心"），用事实检验（"效之以事"），务求使是非、然否、虚实、真伪得到正确的衡量。所以他说："《论衡》者，所以铨轻重之言，立真伪之平，非苟调文饰辞，为奇伟之观也。"③

王充是一个勇于为真理而斗争的思想家，也是一个很博学的人。《论衡》一书，引用了丰富的科学资料，"细说微论"，从多方面对谶纬神学进行分析批判，把朴素唯物论的认识论和自然观向前推进了一步。

---

① 王充：《佚文》，黄晖校释：《论衡校释》，中华书局 1990 年版，第 870 页。
② 王充：《对作》，《论衡校释》，第 1183 页。
③ 同上书，第 1179 页。

在孔子已被抬上"素王"、"元圣"的宝座以及《论语》已经成为"圣经"的时候，王充写了《问孔》，揭露孔子的言行是"上下多相违"，"前后多相伐"，并说"苟有不晓解之问，追难孔子，何伤于义？诚有传圣业之知，伐孔子之说，何逆于理？"①这在当时是非常大胆的言论，体现了唯物主义的战斗精神。例如，孔子对子贡说，治国要足食、足兵，并取信于民，三者之中必不得已而去，那便去兵、去食，因为"自古皆有死，民无信不立"（《论语·颜渊》）。王充批评说："使治国无食，民饿，弃礼义。礼义弃，信安所立？"②而且，孔子也曾对冉有说过："既庶矣，富之；既富矣，教之。"（《论语·子路》）王充说："语冉子先富而后教之，教子贡去食而存信"③，这不是自相矛盾吗？这样的批评是有说服力的。同时，王充还写了《刺孟》，批评孟子说的"五百年必有王者兴"是"信浮淫之言"，与"俗儒无殊"。④ 不过，王充并不一概地反对儒家，对儒家的某些主张也加以吸收，例如所谓"养德"，即是从儒家的"仁政"、"德治"发展而来。同时，王充对法家也有所批判。他写了《非韩》，批评韩非只讲"明法尚功"、"以法为教"、"以吏为师"，而轻视礼义，鄙弃儒生，指出这种政治主张是"危亡之术"。⑤ 但也吸收了法家的"贵耕战"、"明赏罚"的主张，提出了"养力"思想。在此基础上，王充提出："治国之道，所养有二：一曰养德，二曰养力。"⑥主张德教和武

① 王充：《问孔》，《论衡校释》，第 397 页。
② 同上书，第 422 页。
③ 同上书，第 423 页。
④ 王充：《刺孟》，《论衡校释》，第 458 页。
⑤ 王充：《非韩》，《论衡校释》，第 440 页。
⑥ 同上书，第 438 页。

力两手并用，也就是"王霸道杂"的意思。就这一地主阶级的基本政治立场而言，王充和董仲舒没有多大差别。

但王充反对董仲舒的"奉天而法古"。他批评俗儒"好长古而短今"，美化尧、舜、三代，以为非汉代所能及。他指出，"汉有实事，儒者不称；古有虚美，诚心然之"①，这也是虚实颠倒之一例。并说："《春秋》为汉制法，《论衡》为汉平说。"②就是说，他要为汉代辩护，他写了《宣汉》、《恢国》等篇，称颂"汉国在百代之上"③。

王充《论衡》"疾虚妄"的批判精神，对后世的唯物主义哲学家和进步的思想家产生了积极的影响。正如章太炎在《訄书·学变》中说：王充作《论衡》，"趣以正虚妄，审乡背；怀疑之论，分析百端，有所发擿，不避孔氏。汉得一人焉，足以振耻"④。这个评价基本上是正确的。

二、"自然之道，非或为之"

就世界的本源问题来说，王充继承发展了《管子》、《淮南子》的唯物主义气一元论。他认为天地万物是由物质性的元气构成的，说：

> 天地，含气之自然也。⑤

---

① 王充：《须颂》，《论衡校释》，第 856 页。
② 同上书，第 857 页。
③ 王充：《恢国》，《论衡校释》，第 824 页。
④ 章太炎：《訄书重订本·学变》，沈延国等点校：《章太炎全集》第 3 卷，上海人民出版社1984 年版，第 144 页。
⑤ 王充：《谈天》，《论衡校释》，第 437 页。

元气，天地之精微也。①

人，物也，万物之中有知慧者也。其受命于天，禀气于元，与物无异。②

意思是说，自然界（"天地"）以"元气"为其精微的本质；"元气"是世界的统一原理，是万物的本源，万物乃至人类都是从"元气"派生出来的。

但王充对《淮南子》的宇宙形成论并不完全赞同。他说：

说《易》者曰：元气未分，浑沌为一。儒书又言：溟涬濛涊，气未分之类也。及其分离，清者为天，浊者为地……儒书之言，殆有所见。然其言触不周山而折天柱，绝地维，消炼五石补苍天，断鳌之足以立四极，犹为虚也。③

他把《淮南子·天文训》中所说的"共工怒触不周山"的神话称作"虚言"，同时又认为《淮南子》和《易纬》等关于天地从混沌状态产生的说法是"殆有所见"。但是，实际上他并不赞成宇宙起源于"浑沌"或"虚廓"的说法，他也不认为天地有一个开始。他在《道虚》中说：

天地不生，故不死；阴阳不生，故不死。死者，生之效；生者，死之验也。夫有始者必有终，有终者必有始。唯无终始

---

① 王充：《四讳》，《论衡校释》，第 975 页。
② 王充：《辨祟》，《论衡校释》，第 1011 页。
③ 王充：《谈天》，《论衡校释》，第 473 页。

者，乃长生不死①。

他以为，天地与阴阳之气是不生不死，无始无终的；如果讲宇宙有一个开始，那就得有结束，这样宇宙就成了有生有死的一物了。物之生，是由于气的积聚，物之死，是由于气的消散；物有生死，有始终，正是以气无生死、无始终为前提。所以，王充不讲元气有虚廓、浑沌的阶段，也没有像汉代其他哲学家那样去冥想宇宙的起源与演变。就这点来说，王充是高明的。

不过，在宇宙结构学说上，王充的见解在当时并不算先进，因为他主张盖天说，认为天是有形体的。他说：

　　夫天者，体也，与地同。天有列宿，地有宅舍，宅舍附地之体，列宿著天之形。②

就是说，天是一个实体，地也是一个实体，星辰附着在天上，就像房子附着在地上。天盖在上空，与地相去甚远，但是可以用里数计算。这是当时宇宙结构学说中比较陈旧的学说。在汉武帝时，落下闳已讲浑天说，以此为根据来制浑仪。后来杨雄、桓谭也讲浑天说，对盖天说进行驳难。浑天说是比盖天说更为进步的学说，而王充却持盖天说并对浑天说进行诘难。在这一点上，他比杨雄、桓谭倒退了。不过，他也是从唯物主义的观点出发，认为天和地都是物体。"天复于上，地偃于下，下气蒸上，上气降下，万物

---

① 王充：《道虚》，《论衡校释》，第 338 页。
② 王充：《祀义》，《论衡校释》，第 1047 页。

自生其中间矣。"①这是一种直观的宇宙结构学说。

王充在天道观上的贡献,尤其表现在他批判了从董仲舒到《白虎通义》的那一套天人感应论,用唯物主义的"莫为"说反对了神学目的论的"或使"说。他说:

> 自然之道,非或为之也。②

这话明确地否认在自然之外有一个推动力,否认天意作为外因来促使自然界的变化。又说:

> 天动不欲以生物,而物自生,此则自然也。施气不欲为物,而物自为,此则无为也。谓天自然无为者何?气也。恬淡无欲,无为无事者也。③

这里讲了万物的产生是自然而然的;气是无欲望无作为的,"天动施气",并非是有目的的活动,这就批判了神学目的论。王充又说:

> 儒者论曰:天地故生人。此言妄也。夫天地合气,人偶自生也;犹夫妇合气,子则自生也。④

---

① 王充:《自然》,《论衡校释》,第782页。
② 同上书,第779页。
③ 同上书,第776页。
④ 王充:《物势》,《论衡校释》,第144页。

他认为天地间产生人类，并非出于天地有目的的作为，而是由于天地间气的相互交合，人类自然产生出来，就像夫妇的气相交合，孩子就自然生出来一样；人非"故生"，物也非"故生"，万物都是"因气而生，种类相产。万物生天地之间，皆一实也"①。既然万物都是天地合气而自然生成，又按种类而一代一代传下去，那么像董仲舒那种"天地之生万物也以养人"的说法就完全是错误的。王充还说："或说以为天生五谷以食人，生丝麻以衣人，此谓天为人作农夫桑女之徒也，不合自然。"②就是说：天并非农夫桑女，并不"故生"五谷丝麻以为人之衣食。实际的情况是："天者，普施气万物之中，谷愈饥而丝麻救寒，故人食谷衣丝麻也。"③

　　王充自称他讲天道自然无为是"违儒家之说，合黄老之义"④，可见他的理论是黄老唯物主义的发展。但从《管子》到《淮南子》的"或使"说都把气看作是一种基质，所以是外因论。《淮南子》以为第一因是超越万物之上的，主张"有生于无，实出于虚"，这当然就要认为宇宙有一个开始。它还用"物类相动，本标相应"的机械作用来解释天人关系，这也可能导向天人感应论。如《淮南子·天文训》说的"人主之情上通于天，故诛暴则多飘风，枉法令则多虫螟，杀不辜则国赤地，令不收则多淫雨"⑤等等。董仲舒认为自然界的一切是天有目的的活动，所以和人的作为同类。《淮南子》认为自然界和人之间互相感应是阴阳之气相动，也把天人看作同

————————

① 王充：《物势》，《论衡校释》，第 144 页。
② 王充：《自然》，《论衡校释》，第 775 页。
③ 同上注。
④ 同上书，第 785 页。
⑤ 刘安：《天文训》，《淮南子集释》，第 177 页。

类。可见"以类合之，天人一也"，是董仲舒和《淮南子》的共同观点。王充则针锋相对地指出："天道无为"，"人道有为"，①必须把二者区分开来。

王充在《自然篇》中把"谴告"、"寒温"、"变动"、"招致"合称"四疑"（即四种关于天人感应论的迷信），并说"谴告于天道尤诡"。② 他批评说：

> 夫天道，自然也，无为；如谴告人，是有为，非自然也。③
> 夫天无为，故不言。灾变时至，气自为之。夫天地不能为，亦不能知也。④

意思是说，人的作为、认识以及用语言谴告等等是人的有意识的活动，而自然界的变化却是无意识的。神学目的论的天人感应说把自然界的灾变说成是上天对人的谴告，那就是把无为当作有为了。《论衡》中有好多篇批评了讲"灾异"的迷信，指出：日食、月食、地震、雷雨等等都是自然现象，决非上天的谴告。那么，产生谴告之类的迷信的原因是什么呢？ 王充说：

> 凡言谴告者，以人道验之也。人道，君谴告臣；上天谴告君也，谓灾异为谴告。⑤

---

① 参见王充：《说日》，《论衡校释》，第 502 页。
② 王充：《自然》，《论衡校释》，第 785 页。
③ 王充：《谴告》，《论衡校释》，第 636 页。
④ 王充：《自然》，《论衡校释》，第 785 页。
⑤ 同上书，第 784 页。

> 末世衰微，上下相非，灾异时至，则造谴告之言矣……谴
> 告之言生于今者，人以心准况之也。[①]

王充在这里既讲到了产生谴告的社会条件（"末世衰微"），也揭示
了它的认识论根源。他指出：宣扬"谴告"之类迷信的人，都是以
人道作证的；按照人道，君主要谴告臣子，于是进行类比，便说上
天也要谴告君主，把自然界的灾异现象说成是谴告了；其实，这无
非是用主观去比附客观（"人以心准况之也"）而得出的结论。从
中我们可以看到，王充反对把主观成分强加于客观世界，反对把
自然界拟人化，要求按照自然界的本来面目来了解它，这是鲜明
的唯物主义观点。

　　在"四疑"之中，"谴告"完全是神学目的论的谬说。至于"寒
温"、"变动"、"招致"三者，则是董仲舒和《淮南子》共有的主张。
这三种说法认为："人君喜则温，怒则寒"[②]，"人君以政动天，天动
气以应之"[③]，都属于"同气共类，动相招致"[④]。这种所谓的"招致"
既可以作神学目的论的解释，也可以作机械论的解释。而王充则
以为，不论作何种解释，都是不对的。因为：

> 人不能以行感天，天亦不随行以应人。[⑤]

---

① 王充：《自然》，《论衡校释》，第 784 页。
② 王充：《寒温》，《论衡校释》，第 626 页。
③ 王充：《变动》，《论衡校释》，第 649 页。
④ 王充：《寒温》，《论衡校释》，第 627 页。
⑤ 王充：《明雩》，《论衡校释》，第 665 页。

就是说,人的意识活动和政治行为并不能使自然界随之发生感应。但持"寒温"说者却以为:人君的喜气和赏赐属阳,阳气温;人君的怒气和刑戮属阴,阴气寒。天人之间以类相招致。所以统治者的喜怒、赏罚可以直接引起气温的变化。王充反驳说:春温、夏暑、秋凉、冬寒,是自然界的变化,而非人所为。

> 然则寒温之至,殆非政治所致。然而寒温之至,遭与赏罚同时,变复之家,因缘名之矣。①

是说,人君的赏与自然界的温,人君的罚与自然界的寒,曾经偶然地同时发生,而那些神秘主义者却说这是"因缘",即二者有因果关系。王充认为,这是由于他们把偶然遭遇作为根据,以此来论证天人之间具有同类相应的关系,从而把主观臆断强加于客观,得出了荒谬的结论。王充在这里进一步揭露了天人感应论的认识论根源,既反对了董仲舒的神学目的论,也批判了《淮南子》的机械感应论。

王充还批评了象数之学所讲的"卜筮"之类的迷信。他说:

> 夫钻龟揲蓍,自有兆数,兆数之见,自有吉凶,而吉凶之人,适与相逢……夫见善恶,非天应答,适与善恶相逢遇也。钻龟揲蓍有吉凶之兆者,逢吉遭凶之类也。②

---

① 王充:《寒温》,《论衡校释》,第 628 页。
② 王充:《卜筮》,《论衡校释》,第 1003 页。

意思是说，卜筮只不过是把蓍龟所显示的兆数同人事的吉凶之间的偶然联系当作是上天的启示罢了。其实，人和天地之间不存在问答的关系，"龟兆蓍数"是自然现象，并非天地对人的询问所作的回答。当然，王充也讲"天地历数"或"时数"①，但那是指客观事物之间的数量关系，例如日月蚀有"常数"："大率四十一二月日一食；百八十日，月一蚀。蚀之皆有时，非时为变，及其为变，气自然也。"②他认为，并非"时数"使"气"变，而是"气"自然而变；这些"数"显示了"气"自然变化的规律，是依存于"气"的。这就反对了象数之学的先验主义。

以上说明，王充在批判各种天人感应的迷信中批判了各派哲学。在他以前，汉代哲学家探讨宇宙万物的本源问题，提出了不同的学说：董仲舒说："天者，万物之祖"③，以为第一因是目的因；《淮南子》说："无形者，物之大祖也"④，以为第一因是质料因；《易纬》说："乾坤者，阴阳之根本，万物之祖宗也"⑤，以为第一因是形式因。这几种说法虽有唯物、唯心的区别，但都以为有一个超越于天地万物的"祖"作为动因，所以都是"或使"说（外因论），并且都由于以偶然联系为"因缘"而导致天人感应论。杨雄虽有泛神论倾向，重新提出了"莫为"说，但他仍以形式因为第一因。王充在批判天人感应论中反对了在此之前的各种"或使"说，发展了"莫为"说。他肯定质料因是第一因，反复地说："气自变"，"万物

① 王充：《治期》，《论衡校释》，第 772 页。
② 王充：《说日》，《论衡校释》，第 506 页。
③ 董仲舒：《顺命》，《春秋繁露校释》，第 940 页。
④ 刘安：《原道训》，《淮南子集释》，第 59 页。
⑤ 《乾凿度》，《七纬》，第 35 页。

自生"，"阳气自出，阴气自起"，①"地固将自动"，"星固将自徙"，②
等等。总之，天地万物都是自己运动。王充明确地阐发了物质自
己运动的观点，不过他没有进一步去考察物质自己运动的源泉。

三、关于必然、偶然以及"命有二品"

王充所说的"气自然"，包括必然与偶然。在中国哲学史上，
王充是第一个把必然与偶然对立起来并进行详细考察的哲学家。
这里，既有他的独特贡献，也有其明显的错误。

首先分析他所谓的必然。

《谴告》篇说：

> 夫变异自有占候，阴阳物气自有终始。履霜以知坚冰必
> 至，天之道也。③

这是说，季节变异，物候不同，随阴阳消长，物气自有终始，秋尽冬
来，履霜而知坚冰必至，这是自然规律。

《变动》篇又说：

> 故天且雨，蝼蚁徙，丘蚓出，琴弦缓，固疾发，此物为天所
> 动之验也。故天且风，巢居之虫动；且雨，穴处之物扰。风雨
> 之气感虫物也。故人在天地之间，犹蚤虱之在衣裳之内，蝼

---

① 王充：《自然》，《论衡校释》，第 775 页。
② 王充：《变虚》，《论衡校释》，第 211 页。
③ 王充：《谴告》，《论衡校释》，第 646 页。

> 蚁之在穴隙之中。蚤虱蝼蚁为逆顺横从，能令衣裳穴隙之间
> 气变动乎？蚤虱蝼蚁不能，而独谓人能，不达物气之理也。[①]

王充所谓"物气之理"，就是指当时经验科学所掌握的自然规律。在排除了"天人感应"的错误观念之后，王充也主张用物气互相感应来解释自然现象，并认为这种感应是机械的作用。

> 凡物能相割截者，必异性者也；能相奉成者，必同气者
> 也……火金殊气，故能相革。如俱火而皆金，安能相截？[②]

这里讲的"同气相成"和"异性相截"中所包含的"同"、"异"和"类"，显然是形式逻辑的观念，在《物势》篇中，王充还反对了五行相胜与十二生肖生克之说，指出："凡万物相刻贼，含血之虫则相服，至于相啖食者，自以齿牙顿利。筋力优劣，动作巧便，气势勇桀。"[③]他揭示了动物界中的生存竞争、弱肉强食的现象，并把它归结为力的较量，这就用机械论的解释来代替了神学目的论。

王充在肯定"同气相成"，"异性相截"这类必然性的同时，认为自然界充满着偶然性。他说：

> 蝼蚁行于地，人举足而涉之。足所履，蝼蚁苲死；足所不蹈，

---

① 王充：《变动》，《论衡校释》，第 650 页。
② 王充：《谴告》，《论衡校释》，第 638 页。"安能相截"之"截"，旧作"成"，此从刘盼遂校改。——初版编者
③ 王充：《物势》，《论衡校释》，第 152 页。

全活不伤。火燔野草,车轹所致,火所不燔,俗或喜之,名曰幸草。夫足所不蹈,火所不及,未必善也。足①举、火行,有适然也。②

风从虎,云从龙。同类通气,性相感动。若夫物事相遭,吉凶同时,偶适相遇,非气感也。③

春种谷生,秋刈谷收,求物得物,作事事成,不名为遇。不求自至,不作自成,是名为遇。犹拾遗于涂,摭弃于野,若天授地生,鬼助神辅。④

在王充看来,风从虎,云从龙,同类相感;春天谷物生长,秋天成熟可以收割等等,这些都是物气的本性决定的,是必然。而如人拾遗于途,则是偶然碰到的事。又如蚂蚁在地上爬,人走路经过,有的蚂蚁被路人踏死,有的则没有;火烧野草,车轮碾过之处,草没有被烧,人称之为"幸草";如此等等,是"不求自至","偶适相遇",并非由于气的本性而互相感应产生的,故是偶然。王充以为,必然和偶然虽都是自然,但必然是人能预见的,例如人们按必然规律进行春播秋收,"求物得物,作事事成",而偶然却无法预计,对人来说是碰运气的事情。

王充用偶然性解释人类以及一切物种的起源。他说:"夫天不能故生人,则其生万物亦不能故也,天地合气,物偶自生矣。"⑤王充反对了神学目的论,但怎样来解释物种的起源呢? 他以为每

---

① "足"字旧本脱,此从吴承仕校补。——初版编者
② 王充:《幸偶》,《论衡校释》,第37—38页。
③ 王充:《偶会》,《论衡校释》,第102页。
④ 王充:《逢遇》,《论衡校释》,第9页。
⑤ 王充:《物势》,《论衡校释》,第144页。

一种类的开始产生，都是"偶自生"。这里便发生了一个问题：既然自然界由客观规律支配，又为什么会产生偶然现象呢？王充试图用必然的因果系列之间的"二偶三合"①来说明，天气下降，地气上蒸，是两个必然系列，而"天地合气，物偶自生矣"。他又举例说：

> 世谓秋气击杀谷草，谷草不任，凋伤而死。此言失实。夫物以春生夏长，秋而熟老，适自枯死，阴气适盛与之会遇。何以验之？ 物有秋不死者，生性未极也。②

意思是说，谷草春生夏长，到秋天老死，是必然；随着季节的变化，到秋天阴气转盛，也是必然。这两个必然系列适相遭遇，在某一天寒气至而谷草死，却是偶然。同样道理，蚂蚁在地上爬，人走路经过，也是两个必然系列适相遭遇，而有的蚂蚁便偶然地被踏死了。

王充并没有把握必然和偶然的辩证法，但他这样来解释偶然，足以批评各种天人感应论的迷信。例如，他说：

> 夫寒温之应急舒，犹兆数之应令问也，外若相应，其实偶然。何以验之？ 夫天道自然，自然无为。二合③参偶，遭适逢会，人事始作，天气已有，故曰道也。使应政事，是有为，非自

---

① 王充：《偶会》，《论衡校释》，第99页。
② 同上书，第101—102页。
③ "合"，旧作"令"，从刘盼遂校改。——初版编者

然也。①

他认为,说人君的急躁或舒逸会引起天气的寒或温,就像以为卜筮所得的兆数能回答人的问询一样,都不过偶然联系罢了;天气的寒温、卜筮的兆数,是自然无为的"道",而人事则是有为的过程。这两个系列偶合,并非因果联系。

那么,人为(人的有目的活动)在自然过程中起什么作用呢?王充说:

> 然虽自然,亦须有为辅助。未耜耕耘,因春播种者,人为之也。及谷入地,日夜长大②,人不能为也。或为之者,败之道也。③

> 今夫陶冶者,初埏埴作器,必模范为形,故作之也;燃炭生火,必调和炉灶,故为之也。及铜烁不能皆成,器燔不能尽善,不能故生也……夫耕种播耘,故为之也。及其成与不熟,偶自然也。④

王充在这里讲到了人为和必然、偶然之间的关系。在他看来,耕种、陶冶是人的有目的的活动,当人们的目的以及为实现目的而采取的必要措施以客观必然规律作为依据时,人为对自然便起了

---

① 王充:《寒温》,《论衡校释》,第630—631页。
② "大",旧作"夫",从刘盼遂校改。——初版编者
③ 王充:《自然》,《论衡校释》,第780页。
④ 王充:《物势》,《论衡校释》,第145—146页。

"辅助"作用。不过，王充强调了两点：谷种入地，便按自然的必然性日夜长大，并非出于人为，此其一；谷子成熟有迟早，有的到期还不熟，这些偶然的差异，也非出于人为，此其二。这种尊重客观自然的说法是在天人之辩上的鲜明的唯物主义观点，只是没有荀子那种"制天命而用之"、"天地官而万物役"的气概，辩证法显得少一些。

王充关于必然和偶然的学说，到了人道观的领域，就成了宿命论。

当然，王充在主观上想把他的唯物主义观点贯彻到人类社会历史领域，这就表现为他试图从物质生活方面来解释社会的治乱，说：

> 夫世之所以为乱者，不以贼盗众多，兵革并起，民弃礼义，负畔其上乎？若此者，由谷食乏绝，不能忍饥寒……礼义之行，在谷足也。案谷成败，自有年岁。年岁水旱，五谷不成，非政所致，时数然也。[1]

这里，王充把社会治乱归结为自然界的天时历数，正如韩非用人口增长来解释历史演变一样，都是不科学的，比之荀子提出的"治乱，非天也，非时也"的"明于天人之分"的思想，是大大落后了。

在谈到历史的偶然性时，王充说："贤君之立，偶在当治之世"；"无道之君，偶生于当乱之时"。[2] 以为不能把治乱归之于个别君主，归之于偶然，这种说法有其合理之处。但他把人的作为

---

[1] 王充：《治期》，《论衡校释》，第 771—772 页。
[2] 同上书，第 774 页。

一概看作是不能影响历史进程的，说：

> 世之治乱，在时不在政；国之安危，在数不在教。贤不贤
> 之君，明不明之政，无能损益。①
> 教行与止，民治与乱，皆有命焉。②

这样，他把历史完全归之于"命"、"数"，赞同孔子讲的"道之将行
也欤，命也；道之将废也欤，命也"（《论语·宪问》）。这就陷入了唯心
主义天命论。

"命"的范畴是当时各派哲学都使用的。《孝经·援神契》和
《白虎通义》说"命有三科"，即"受命"、"随命"和"遭命"，都是讲的
社会中个人的命。王充以为，"戮力操行而吉福至，纵情施欲而凶
祸到"③的"随命"是没有的，因为事实上行善未必得福，行恶也未
必得祸。他承认每个人有"受命"和"遭命"，说：

> 凡人禀命有二品：一曰所当触值之命，二曰强弱寿夭之
> 命。所当触值，谓兵烧压溺也。强弱寿夭，谓禀气渥薄也。④

他以为，每个人生来禀气就有厚薄，禀气渥则体强、命长，禀气薄
则体弱、命短。"人禀元气于天，各受寿夭之命。"⑤他还用气禀来

---

① 王充：《治期》，《论衡校释》，第 771 页。
② 同上书，第 768 页。
③ 王充：《命义》，《论衡校释》，第 50 页。
④ 王充：《气寿》，《论衡校释》，第 28 页。
⑤ 王充：《无形》，《论衡校释》，第 59 页。

解释人的贫富、贵贱，以为儒家说的"死生有命、富贵在天"是对的，甚至以为可以从骨相察知。① 其所谓的"触值之命"，则是指"及遭祸福，有幸有不幸"；"及触赏罚，有偶有不偶"。② 如遭兵灾、火灾之类，适逢其时，故是偶然的。但不论是"寿夭之命"还是"触值之命"，都非人力所能奈何。正如他所说：

> 命则不可勉，时则不可力，知者归之于天。③

照此说法，帝王"其命当王"，是由母胎里"初禀自然之气"所决定了的。"夫高祖命当自王，信、良之辈时当自兴，两相遭遇，若故相求。"④王充以为汉高祖和韩信、张良之辈其实并非"故相求"，只是双方各有其必然的时命，恰巧碰到一起了。像这类巧遇，都是"期数自至，人行偶合也"⑤。王充在这里也是想用必然系列的偶合来解释偶然，但是这已经不是在对必然和偶然作科学的探讨，而是在宣传对命运的迷信了。

　　王充在社会历史观上的宿命论，是同自然观上的机械论倾向相联系的。但就自然观来说，王充关于必然与偶然的学说与当时的经验科学水平相适应，有其合理因素，是一个贡献；而就社会历史观来说，虽然王充否定了董仲舒的神学目的论的天命论，却用了另一种方式来讲命运不可抗拒，这就不能不是缺陷了。王充说

---

① 参见王充：《骨相》，《论衡校释》，第 108 页。
② 王充：《幸偶》，《论衡校释》，第 37 页。
③ 王充：《命禄》，《论衡校释》，第 20 页。
④ 王充：《偶会》，《论衡校释》，第 107 页。
⑤ 同上书，第 101 页。

的"命有二品"和荀子说的"人之命在天"（《荀子·天论》）、"节遇之谓命"（《荀子·正名》）虽有相似，但荀子又进一步讲"制天命而用之"，反对了宿命论。王充在这一点上显然比荀子倒退了。

四、"性有善恶"与学以"成德"

在王充的哲学体系中，"命"和"性"两个范畴是密切联系的。王充用气禀来解释强弱寿夭之命，同时也用气禀来解释人性。他说：

> 命，谓初所禀得而生也。人生受性，则受命矣。性命俱禀，同时并得。①
>
> 人体已定，不可减损。用气为性，性成命定。②

他以为，自然赋予的"初禀之气"使人体成形，不仅决定了人的寿夭、贫富之命，也决定了人的贤愚、善恶之性。这样讲天性或本性，显然是宿命论的观点。

王充在《本性》篇中评论了先秦以来各种人性理论。他说：

> 自孟子以下，至刘子政，鸿儒博生，闻见多矣。然而论情性竟无定是。唯世硕、公孙尼子之徒，颇得其正。③

---

① 王充:《初禀》，《论衡校释》，第125页。
② 王充:《无形》，《论衡校释》，第59页。
③ 王充:《本性》，《论衡校释》，第141页。

王充以为，先秦孟子的性善说、告子的性无善恶说、荀子的性恶说都不对；到了汉代，陆贾"以礼义为性"，董仲舒以为"性生于阳、情生于阴"，刘向以为"情接于物，形出于外，故谓之阳，性不发不与物接，故谓之阴"，杨雄主张"人之性，善恶混"，等等，也都未能尽性之理。① 在他看来，只有世硕、公孙尼子的学说才是正确的。

> 周人世硕，以为"人性有善有恶，举人之善性，养而致之则善长；恶性，养而致之则恶长"。如此，则情②性各有阴阳，善恶在所养焉。故世子作《养性③书》一篇，密子贱、漆雕开、公孙尼子之徒，亦论情性，与世子相出入，皆言性有善有恶。④

世子(硕)《养性书》已佚，据王充所述，这种学说包括两个要点：一是人的天性有善有恶，二是人成为善人恶人，也是教育培养的结果。这实际上也是王充自己的主张。

王充从"禀性受命，同一实也"⑤来讲性有善恶。他说：

> 禀气有厚泊，故性有善恶也。残则受⑥仁⑦之气泊，而怒则禀勇渥也。仁泊则戾而少慈⑧，勇渥则猛而无义。而又和

---

① 以上参见王充：《本性》，《论衡校释》，第132—143页。
② "情"字旧脱，据陈世宜校补。——初版编者
③ "性"字旧脱，据陈世宜校补。——初版编者
④ 王充：《本性》，《论衡校释》，第132—133页。
⑤ 同上书，第142页。
⑥ "受"，旧作"授"，从吴承仕校改。——初版编者
⑦ "仁"，旧本前有"不"字，从吴承仕删。——初版编者
⑧ "慈"，旧作"愈"，据刘盼遂校改。——初版编者

气不足，喜怒失时，计虑轻愚。妄行之人，罪故为恶，人受五常，含五脏，皆具于身。禀之泊少，故其操行不及善人。犹酒①或厚或泊也，非厚与泊殊其酿，麹蘖多少使之然也。是故酒之泊厚同一麹蘖，人之善恶，共一元气。②

这里，王充把仁慈、义勇等道德规范说成是元气的属性，显然是错误的。他用禀气的厚与薄来解释天性有善与恶，用酒的厚薄、水的清浊、玉石的纯驳、土质的高下等等来类比人性的善恶，这就不可避免地要陷入唯心论。他以为，正如"九州田土之性，善恶不均，故有黄赤黑之别，上中下之差"③，人性也可以分上中下，说："孟轲言人性善者，中人以上者也；孙卿言人性恶者，中人以下者也；杨雄言人性善恶混者，中人也。"④可见，王充同意董仲舒的"性三品"说。

但王充以为，人的天性是可以改变的，道德是可以教育成的。他说：

> 论人之性，定有善有恶。其善者，固自善矣；其恶者，故可教告率勉，使之为善。凡人君父审观臣子之性，善则养育效率，无令近恶；近恶则辅保禁防，令渐于善。善渐于恶，恶化于善，成为性行。⑤

---

① "酒"字旧脱，据吴承仕校补。——初版编者
② 王充：《率性》，《论衡校释》，第80—81页。
③ 王充：《本性》，《论衡校释》，第142页。
④ 同上书，第142—143页。
⑤ 王充：《率性》，《论衡校释》，第68页。

"性行"是说表现于行为的德性，是"教训之功而渐渍之力"培养成的。王充在《率性》篇中引了墨子的"染丝之叹"："染之蓝则青，染之丹则赤"①，也引了荀子《劝学》之喻："蓬生麻间，不扶自直；白纱入缁，不练自黑。"他同墨子、荀子一样，强调人是环境和教育的产物。他反复地鼓励人们学习，说：

> 夫学者所以反情治性，尽材成德也。②
> 骨曰切，象曰瑳，玉曰琢，石曰磨，切瑳琢磨，乃成宝器。人之学问，知能成就，犹骨象玉石切瑳琢磨也。③

"反情治性，尽材成德"的话，使人很自然地联想起荀子说的"化性起伪"、"积善成德"。王充以为，通过学习、教育和锻炼，任何人都可以琢磨成器；就像天然的铁矿石经过熔炼能"变易故质"而铸成利剑一样，天下没有不可改善之性，没有不可教育之人。王充说：

> 是故王法不废学校之官，不除狱理之吏，欲令凡众见礼义之教，学校勉其前，法禁防其后，使丹朱之志，亦将可勉。④
> 气有少多，故性有贤愚。西门豹急，佩韦以自缓；董安于缓，带弦以自促。急之与缓，俱失中和。然而韦弦附身，成为

---

① 王充：《率性》，《论衡校释》，第 69 页。
② 王充：《量知》，《论衡校释》，第 546 页。
③ 同上书，第 550 页。
④ 王充：《率性》，《论衡校释》，第 81 页。

完具之人。能纳韦弦之教,补接不足,则豹、安于之名可得参也。①

在他看来,人性的变易一方面要靠学校施礼义之教和用法律规定禁令,另一方面要靠个人发挥主观能动性,像西门豹、董安于那样,善于克服自己的缺点。王充以为,完美的人格是可以培养成的,即使像丹朱那样的坏人也是可以改变的。

按王充的说法,"性"可变易,而"命"不可改,这就形成了"性"与"命"的对立。

临事知愚,操行清浊,性与才也;仕宦贵贱,治产贫富,命与时也……贵富有命禄②,不在贤哲与辩慧。故曰:富不可以筹策得,贵不可以才能成。智虑深而无财,才能高而无官。怀银纡紫,未必稷、契之才;积金累玉,未必陶朱之智。③

操行有常贤,仕宦无常遇。贤不贤,才也。遇不遇,时也。才高行洁,不可保以必尊贵;能薄操浊,不可保以必卑贱。④

在《论衡》一书中,充满了这类愤激之辞。处在"细族孤门"地位的王充,痛感"庸人尊显、奇俊落魄"⑤的社会现象的不合理,但他无力改变这种状况,只好归之于"命遇"。所以,在理论上将"才性"

---

① 王充:《率性》,《论衡校释》,第81页。
② "禄",旧本前有"福"字,从吴承仕删。——初版编者
③ 王充:《命禄》,《论衡校释》,第20—21页。
④ 王充:《逢遇》,《论衡校释》,第1页。
⑤ 王充:《自纪》,《论衡校释》,第1024页。

与"命遇"相对立，这正是他的社会地位的反映。

王充关于"性"和"命"的学说，明显地具有逻辑上的矛盾。他既说"性成命定"非人力所能左右，又说人性可以由教化和主观努力而改变。这种理论上的缺陷，正说明宿命论在王充的哲学体系中是个赘瘤。而他的学以"成德"的学说，则继承了先秦唯物主义的优良传统。但要发扬这一传统，就必须抛弃宿命论。

五、"精神依倚形体"和"知物由学"

关于形神关系问题，在王充之前的桓谭曾以烛火比喻形神，说："精神居形体，犹火之燃烛矣……烛无，火亦不能独行于虚空。"[①]认为人的精神依赖形体，就像火依附于烛一样，形体不存，精神即灭。他明确指出精神不能离形体而"独行"，从而纠正了《淮南子》"形有摩而神未尝化"的说法。

王充发挥了桓谭这一论点。《论死》篇中说：

> 天下无独燃之火，世间安得有无体独知之精？[②]
>
> 夫物未死，精神依倚形体。[③]

即是说，世上没有无燃烧体而独立存在的火，也没有脱离形体而独立存在、并有知觉的精神，精神依附着形体。王充的这种观点

---

① 桓谭：《桓山君新论形神》，僧祐撰，李小荣校笺：《弘明集校笺》，上海古籍出版社 2013 年版，第 248—249 页。
② 王充：《论死》，《论衡校释》，第 875 页。
③ 同上书，第 882 页。

比桓谭更为鲜明。

　　王充与《管子》、《淮南子》相似,也把精神看作是精微的物质,即"精气"。以为只有依附于形体,"精气"才有意识和知觉。他说:

　　　　人之所以聪明智慧者,以含五常之气也;五常之气所以在人者,以五藏在形中也。五藏不伤,则人智惠;五藏有病,则人荒忽。荒忽则愚痴矣。人死,五藏腐朽,腐朽则五常无所托矣,所用藏智者已败矣,所用为智者已去矣。形须气而成,气须形而知。[①]

　　王充根据当时的医学,同《淮南子》一样,认为五脏是收藏"精气"——"五常之气"的。他以为,人之所以具有聪明智慧,是因为有"精气"托于五脏。五脏是"藏智者","精气"是"为智者"。"精气"的知觉作用依赖于五脏与身体,身体与五脏的健康状况决定精神状态。人死,五脏腐朽,精气无所托而散失,人就失去了知觉,所以人死了就无所谓知觉了。他以为,形体须具有"精气"才成为生命体,"精气"须具有形体才有知觉作用。很显然,他也没有克服形神二元论。

　　根据"气须形而知"的观点,王充驳斥了"人死为鬼,有知能害人"的迷信:

　　　　人未生,在元气之中;既死,复归元气。元气荒忽,人气

————————

① 王充:《论死》,《论衡校释》,第 875 页。

在其中。人未生无所知，其死，归无知之本，何能有知乎？①

王充是个战斗的无神论者，他对当时许多鬼神迷信说法一一进行了分析批判，而且也初步探讨了产生鬼神观念的认识根源。他说："凡天地之间有鬼，非人死精神为之也，皆人思念存想之所致也。"②指出鬼神观念是人的主观"存想"的产物，并非客观实在。例如，当人在生病时就容易产生忧惧心理，"忧惧则存想，存想则目虚见"③，于是就生"见鬼之来，见鬼之怒，见鬼之击"等等幻象。

与形神关系问题相联系，王充探讨了圣和神的区别。当时的神学家认为，孔子不仅是圣人，而且是神。如董仲舒说："聪明圣神，内视反听，言为明圣。"④又如《白虎通义》说："圣人所以能独见前睹，与神通精者，盖皆天所生也。"⑤在他们看来，圣人的神明是天生的，能和神灵相交通，所以有独见之明，前知千岁，后知万世。王充反对这种神秘主义的理论。他在《知实》和《实知》两篇中对圣与神作了区别，说：

> 故夫贤圣者，道德智能之号；神者，眇茫恍惚无形之实……圣神号不等。故谓圣者不神，神者不圣。⑥
> 所谓"神"者，不学而知。所谓"圣"者，须学以圣。以圣

---

① 王充：《论死》，《论衡校释》，第875页。
② 王充：《订鬼》，《论衡校释》，第931页。
③ 同上注。
④ 董仲舒：《同类相动》，《春秋繁露校释》，第814页。
⑤ 《圣人》，《白虎通疏证》，第341页。
⑥ 王充：《知实》，《论衡校释》，第1100页。

人学，知其非神。①

"圣"主要指道德高尚，智慧才能出众；"神"则是不可捉摸的渺茫之物。圣智比一般人杰出，但还是普通所讲的知识才能，是学习得来的；而神是不学而知的。王充指出，有些动物的本能很神奇，但不能说是知识。例如用蓍草或龟甲占卜，这是神，但不是知识。

王充对圣和神、知识与迷信作了严格的区别，否定了所谓"神而先知"的奇谈，这就肯定了一切知识都是后天学来的。他说：

> 人才有高下，知物由学。学之乃知，不问不识……天地之间，含血之类，无性（生）知者。②
>
> 实者圣贤不能性知③，须任耳目以定情实。其任耳目也，可知之事，思之辄决；不可知之事，待问乃解。天下之事，世间之物，可思而知④，愚夫能开精；不可思而知，上圣不能省。⑤

在这里，王充反对了董仲舒等人的先验论，否认有"生知"的圣人，并明确指出：一切知识都来源于学和问，凡是可知之物，即人们可以凭感官和思考来认识的事物，即使是愚夫，只要经过努力，心灵开窍，也是可以认识的；凡是不可知之物，即使是圣人也是无法认识的。以上王充所说的"不可知"，是指事物在一定条件下的不可

---

① 王充：《实知》，《论衡校释》，第 1082 页。"非神"，原作"非圣"，从黄晖校改。——初版编者
② 同上注。
③ "性知"，旧作"知性"此据文意校改。——初版编者
④ "知"字旧脱，从刘盼遂校补。——初版编者
⑤ 王充：《实知》，《论衡校释》，第 1084 页。

能被认识。至于有些对我来说是不可知而对别人来说或许可知的事，他认为就应向别人请教。当然也有些事也许在当前条件下，任何人都不能认识。例如王充说的："独思无所据，不睹兆象，不见类验，却念百世之后，有马生牛、牛生驴、桃生李、李生梅，圣人能知之乎？"[①]即是说，对于百世之后是否有马生牛之类的事，圣人只好回答"不可知"。王充说：

> 事有不可知，圣人不能知。非圣人不能知，事有不可知。及其知之，用不知也。[②]

这正如兒说他善于解结，而结却有不可解者，于是他便以"不可解"来回答，这正是"解"。王充认为，圣人对不可知之事，以"不可知"来回答，这也正是"知"。这里，他接触到了知和不知的矛盾。

综上所述，王充在批判神学过程中阐明了形与神、物与知的关系：一方面，精神（"精气"）依存于形体才有知觉作用；另一方面，知物由学，精神通过耳目、运用思虑来把握可知之物。所以，认识必须有两方面的物质前提，即既要有能"藏智"的主体，又要有可知的对象。这就有力地否定了"无体独知之精"，以及"独思无所据"之神。王充的这一理论虽然还有缺点（如不能克服形神二元论），但他在认识论的根本问题（物质和精神的关系问题）上，旗帜鲜明地坚持唯物主义，反对神秘主义和先验论，这是很可贵的。

---

① 王充：《实知》，《论衡校释》，第 1077 页。
② 同上书，第 1085 页。

六、"不徒耳目，必开心意"

王充在唯物主义基础上考察人类的认识过程。

他肯定一切知识来源于后天的实践经验。《程材》篇举例说：

> 齐部世刺绣，恒女无不能；襄邑俗织锦，钝妇无不巧。日
> 见之，日为之，手狎也。[①]

齐地有刺绣的传统，那里的女子普遍地都会刺绣；襄邑有织锦的
习俗，在那里即使是愚钝的妇女也成了巧手。这是由于天天见，
日日练，熟能生巧，知识、才能就从实际经验中培养出来了。王充
认为，如果没有耳闻目见，没有动手做过，即使很简单的事，聪明
人也不能做到；如果因为没有做过而不会做，便说自己愚钝，那是
不正确的。他说：

> 方今论事，不谓希更，而曰材不敏；不曰未尝为，而曰知
> 不达。失其实也。儒生材无不能敏，业无不能达，志不
> 肯为。[②]

在他看来，一个人知识缺少，才能迟钝，首先是由于缺少实际经
验。只要立志去做，就一定能在实践中使自己的才干、学业增长
起来。在这里，王充高度重视人的能动性，抛弃了宿命论。

王充不仅强调实际经验，说"须任耳目以定情实"，而且还认

---

① 王充：《程材》，《论衡校释》，第 539 页。
② 同上注。

为,不能将认识停留在感性阶段。他说:

> 夫论不留精澄意,苟以外效立事是非,信闻见于外,不诠订于内,是用耳目论,不以心意议也。夫以耳目论,则以虚象为言,虚象效,则以实事为非。是故是非者,不徒耳目,必开心意。墨议不以心而原物,苟信闻见,则虽效验章明,犹为失实。[1]

就是说,如果立论不留神澄清思虑而只是以外表的效验来判断是非,只信任耳目而不用逻辑思维进行论证,那便会以"虚象"(错觉、幻觉)为真,以"实事"为伪;为了正确地判断是非,那就不仅要靠感觉经验,而且要"以心原物",即用思维对事物进行考察、分析;单凭感官,只能见到事物的表面现象,不用心思考、分析,苟信闻见,用人们所谓的"闻见"作效验,就会像墨子那样陷入狭隘经验论,提出"天志"、"明鬼"的荒谬主张。

王充既指出"必开心意",又强调理论思维要以事实为依据。他说:

> 非天地之书,则皆缘前因古,有所据状;如无闻见,则无所状。凡圣人见祸福也,亦揆端推类,原始见终,从间巷论朝堂,由昭昭察冥冥。[2]

---

[1] 王充:《薄葬》,《论衡校释》,第 962—963 页。
[2] 王充:《实知》,《论衡校释》,第 1072 页。

就是说:除了神秘的"天地之书",一般人的理论思维都首先要以客观事实作依据,而这是要靠感官获得的。有了事实材料,才能"缘前因古",抓住兆端,进行推理,考察事物的开始并推测它的结局,从民间小事推论国家大事,从事物的现象深入到它的本质。

王充以为,一个人能够"揆端推类",就能有正确的预见。他说:

> 先知之见,方来之事,无达视洞听之聪明,皆案兆察迹,推原事类。[1]

是说,"先知之见"并非是什么神奇的聪明,而是根据事物的征兆、迹象进行逻辑推理的结果。所以,圣人并不"神而先知",他之所以能预测未来,是因为"据象兆,原物类,意而得之","原理睹状,处著方来,有以审之也"。[2] 就是说,他们的预见是根据已见的象兆和依据物类之理进行推断而得出的。

王充所说的"推类",有时指归纳,有时指演绎,更多的则是指类比。

如他在《论死》篇中说:"试以物类验之,死人不为鬼,无知,不能害人……人,物也。物,亦物也。物死不为鬼,人死何故独能为鬼?"[3]这里用的是演绎推理。

又如,他在《雷虚》篇中举了五条事实(受雷击的房屋、草木着

---

① 王充:《实知》,《论衡校释》,第 1075 页。
② 王充:《知实》,《论衡校释》,第 1099 页。
③ 王充:《论死》,《论衡校释》,第 871 页。

火,人中雷而死则须发皮肤被烧焦等)来论证"雷者火也",然后说:"夫论雷为火有五验,言雷为天怒无一效。"①这里用的就是归纳法。

再如,他在《变动》篇中批驳"人君以政动天"时说:"故人在天地之间,犹蚤虱之在衣裳之内,蝼蚁之在穴隙之中,蚤虱、蝼蚁为逆顺横从,能令衣裳、穴隙之间气变动乎? 蚤虱、蝼蚁不能,而独谓人能,不达物气之理也。"②这就是在进行类比。

但不论上述哪一种"推类"形式,都是形式逻辑的推理。王充说自己的著作是"论则考之以心,效之以事,浮虚之事,辄立证验"③。又说:

　　事莫明于有效,论莫定于有证。④

就是说,作为"证验",一要有事实的效验,二要有逻辑的论证。两者结合,才是科学的方法。王充的方法论具有鲜明的唯物主义,不过,他讲"论证"基本上属于形式逻辑。

综上所述,王充从多方面批判了当时流行的神学唯心主义,表现了唯物主义和无神论的战斗精神。在天道观上,他反对了"或使"说,发展了"莫为"说,明确提出物质自己运动的思想,把哲学上对世界统一原理或宇宙发展法则的考察提高到了一个新的

---

① 王充:《雷虚》,《论衡校释》,第 309 页。
② 王充:《变动》,《论衡校释》,第 650 页。
③ 王充:《对作》,《论衡校释》,第 1183 页。
④ 王充:《薄葬》,《论衡校释》,第 962 页。

水平。这是汉朝人探讨宇宙论问题的一个主要成果。此外，王充区分了必然和偶然（虽然他没有把握二者的辩证关系），对后人也很有启发。他的"学以成德"的理论，在"形神"之辩、"名实"之辩上的唯物主义学说，以及关于感性和理性二者关系的比较正确的见解，在当时都有进步的意义。虽然他有机械论倾向，在方法论上一般说来较少辩证法，在社会历史观上也有宿命论思想（这是同唯物主义显然相违背的），但是从总体上来说，王充无疑是一个杰出的唯物主义者，他的朴素唯物主义思想和批判精神对后世有很大影响。

第六节　张衡和王符的宇宙论

汉代哲学家之所以热衷于讨论宇宙论问题，这是和当时天文学的发展密切相关的。东汉出现了伟大的天文学家——张衡，他在哲学史上也有一定的地位。

张衡（公元 78 年—139 年），字平子，河南南阳西鄂（今河南南阳）人，曾两度担任执管天文的太史令。他精通天文历算，创造了世界上最早利用水力转动的浑象（亦叫"浑天仪"）和测定地震的地动仪，并第一次正确地解释了月食的成因。因其天文学上的成就，被称为"数术穷天地，制作侔造化"。著作较多[①]，流传下来的

[①] 张衡的著作，根据《后汉书·张衡传》载："所著诗赋铭七言、《灵宪》、《应间》、《七辩》、《巡诰》、《悬图》凡 32 篇"。《隋书·经籍志》著录《灵宪》1 卷，又"后汉河间相张衡集 11 卷"。张衡原有诗文集 14 卷，现已佚。张溥《汉魏六朝百三名家集》中有辑本。严可均《全后汉文》辑录了张衡的一些著作。

主要有《浑天仪》和《灵宪》①。《浑天仪》是对浑天仪的说明。《灵宪》不仅总结了当时的天文知识，而且也包含有他的哲学观点。张衡在文学上也有贡献，如《二京赋》、《归田赋》、《四愁诗》、《同声歌》等，各具特色，在赋和诗的发展史上有一定的地位。

张衡是个战斗的无神论者。他坚决反对谶纬神学，指出："图谶虚妄，非圣人之法。"②并上疏指斥谶书乃"虚伪之徒"的捏造，用以"欺世罔俗，以昧势位"，故主张"宜收藏图谶，一禁绝之!"③

张衡在《灵宪》中，系统地阐述了他的宇宙论。

关于世界的起源，他说：

太素之前，幽清玄静，寂寞冥默，不可为象，厥中惟虚，厥外惟无。如是者永久焉，斯谓溟涬，盖乃道之根也。道根既建，自无生有，太素始萌；萌而未兆，并气同色，浑沌不分。故《道志》之言云："有物浑成，先天地生。"其气体固未可得而形，其迟速固未可得而纪也。如是者又永久焉，斯谓庞鸿，盖乃道之干也。道干既育，万物成体，于是元气剖判，刚柔始分，清浊异位，天成于外，地定于内。天体于阳，故圆以动；地体于阴，故平以静。动以行施，静以合化，埋郁构精，时育庶类。斯谓太元，盖乃道之实也。④

---

① 《后汉书·张衡传》说：张衡"著灵宪算罔论"。唐李贤注说："衡集无算罔论，盖网天地而算之，故名焉。"大概《灵宪算罔论》即是《灵宪》的全名。《灵宪》1 卷收入清严可均《全后汉文》及清马国翰《玉函山房辑佚书》。
② 范晔：《张衡传》，《后汉书》第 7 册，中华书局 1973 年版，第 1901 页。
③ 同上注。
④ 张衡：《灵宪》，严可均辑：《全上古三代秦汉三国六朝文》第 2 册，上海古籍出版社 2009 年版，第 79 页。

这里,张衡把天地的起源分为三个阶段:最初阶段叫"溟涬",指
"不可为象"的未分化的元气。(王充在《谈天》篇中说:"溟涬蒙
澒,气未分之类也。"①)"溟涬"亦即"虚无",它是"道之根"。第二
阶段叫"庞鸿",指广大统一的元气或"浑沌不分"的"有",也叫"太
素",它是"道之干"。第三阶段叫"太元",指元气剖分为天地,天
地合气,阴阳构精,便生育出万物。所以"太元"是自然界的原始,
它是"道之实"。张衡的这一理论和《淮南子》相似,对《老子》的
"天下万物生于有,有生于无"的唯心论观点作了唯物主义的解
释。但是,张衡不像《淮南子》那样讲"天人感应",也不主张"或
使"说。他受杨雄影响,称世界第一原理为"玄",著有《玄图》。而
杨雄是主张"莫为"说的。张衡说:"玄者,无形之类,自然之根。"②
玄也就是"溟涬",它作为"道之根",是自然而有的。张衡在《灵
宪》中指出,天地间万物是"情性万殊,旁通感薄,自然相生"③。就
是说,在情性上千差万别的事物都是彼此联系,"相感相薄"(即相
互作用),自然而然地相生相成。这显然是"莫为"说的观点。

张衡在宇宙结构学说上主张浑天说。他说:

> 浑天如鸡子,天体圆如弹丸,地如鸡中黄,孤居于内,天
> 大而地小。天表里有水,天之包地,犹壳之裹黄。天地各乘
> 气而立,载水而浮。④

---

① 王充:《谈天》,《论衡校释》,第 472 页。
② 张衡:《玄图》,《全上古三代秦汉三国六朝文》第 2 册,第 81 页。
③ 张衡:《灵宪》,《全上古三代秦汉三国六朝文》第 2 册,第 97 页。
④ 张衡:《浑天仪》,《全上古三代秦汉三国六朝文》第 2 册,第 80 页。

张衡以为这一"浑天如鸡子,地如鸡中黄"的天体结构,"有象可效,有形可度"①,是人们可以用象与数来把握的领域。他在《灵宪》和《浑天仪》中所说的种种天象和数据,反映了汉代天文学的水平。例如当时已经知道"月光生于日之所照","月蚀由于地之所蔽"②等。张衡的浑天说认为,天地是有限的,天球、黄道、天地之间的距离等都是可以度量的。既然天地的形成分阶段,那么世界在时间上就必然有个开始。这个有开始、可度量的世界,也就是科学家所知的世界。但张衡认为,在这个有限的天地之外还有一个无限的宇宙。这种宇宙无限论是和"莫为"说相联系着的。张衡不同意《淮南子》"虚廓生宇宙"③的说法,指出:

> 过此(指天地——引者注)而往者,未之或知也。未之或知者,宇宙之谓也。宇之表无极,宙之端无穷。④

就是说,物质世界在时间空间上是无限的,而人们所观测到的天地则是有限的。这是一个很好的见解,也预示着浑天说与宣夜说的结合。

汉代的宇宙结构学说主要有三派:盖天说、浑天说、宣夜说。盖天说见于《周髀算经》⑤,以为"天圆地方","天象盖笠,地法复槃

---

① 张衡:《灵宪》,《全上古三代秦汉三国六朝文》第 2 册,第 97 页。
② 张衡:《浑天仪》,《全上古三代秦汉三国六朝文》第 2 册,第 79 页。
③ 刘安:《天文训》,《淮南子集释》,第 165 页。
④ 张衡:《灵宪》,《全上古三代秦汉三国六朝文》第 2 册,第 97 页。
⑤ 《周髀算经》:算经十书之一,西汉或更早时期的天文历算著作。主要阐明当时"盖天说"和四分历法。数学方面使用了分数算法和开平方法,为最早引用勾股定理的著作。

(盘)"①。王充主张盖天说。至于宣夜说,据《晋书·天文志》记载,为"汉秘书郎郗萌记先师相传"。这种学说以为:"天了无质,仰而瞻之,高远无极,眼瞀精绝,故苍苍然也。……日月众星,自然浮生虚空之中,其行无止,皆须气也。"②就是说,天不具形质,它是无限的气。正如三国时杨泉《物理论》中所说:"夫天,元气也,皓然而已,无他物焉。"③而日月星辰都是在气中产生而不断运行着的。盖天说无法解释许多天文现象,因此自汉代以后,天文学家多数持浑天说,往后的趋势则是把浑天说和宣夜说结合起来来解释宇宙的结构。

大体说来,张衡已经为中国古典的天文学奠定了宇宙论的基础。这是汉代哲学讨论宇宙论问题的一个重要成果。

以下我们再来考察一下与张衡同时的哲学家王符在宇宙论上的见解。

王符(约公元85年—162年),字节信,安定临泾(今甘肃省镇原)人。一生隐居著书,讥评时政得失,揭露豪强地主的贪婪和残暴。他是张衡的好朋友。在自然观上,坚持气一元论;在认识论上,反对"圣人生知"说。著有《潜夫论》④。

王符也提出了他的宇宙论,说:

---

① 赵爽注,甄鸾重述,李淳风注:《周髀算经》,中华书局1985年版,第1页。
② 房玄龄等:《天文志》,《晋书》第2册,中华书局1974年版,第279页。
③ 杨泉:《物理论》,中华书局1985年版,第1页。
④ 《潜夫论》:有《四部丛刊》影宋写本,但错讹较多。清汪继培撰《潜夫论笺》,使此书较为可读了,但汪氏"以意属读",也出现了一些混乱。关于《潜夫论笺》,1962年中华书局出版新刊标点本,1978年上海古籍出版社又标点出版。

上古之世，太素之时，元气窈冥，未有形兆，万精合并，混而为一，莫制莫御。若斯久之，翻然自化，清浊分别，变成阴阳。阴阳有体，实生两仪。天地壹郁，万物化淳。和气生人，以统理之。①

王符认为，在宇宙形成过程中的太素阶段是"元气窈冥，未有形兆"；元气自己运动，"莫制莫御"，没有外力推动；运动的结果变成阴阳，产生天地，这样就有了第二阶段。张衡认为宇宙形成有"道之根"、"道之干"、"道之使"这三个阶段。王符讲"必有其根，其气乃生；必有其使，变化乃成"②，只有两个阶段，而没有"太素之前"的阶段，把张衡说的"溟涬"、"庞鸿"并成一个"太素之时"，因而否定了"自无生有"的说法。

他认为"元气窈冥"就是道之根，而元气由于自己运动而分成阴阳，化生万物，则是道之使。从"根"或本原来说，元气是"万精合并，混而为一"；从"使"或作用来说，一切自然现象、社会现象都是气之所为。他又说：

天之以动，地之以静，日之以光，月之以明，四时五行，鬼神人民，亿兆丑类，变异吉凶，何非气然？及其乖戾，天之尊也气裂之③，地之大也气动之，山之重也气徙之，水之流也气绝之，日月

① 王符：《本训》，汪继培笺，彭铎校正：《潜夫论笺校正》，中华书局 2011 年版，第 365 页。
② 王符：《本训》，《潜夫论笺校正》，第 367 页。此句《四部丛刊》影宋写本是在《德化》篇，而汪继培笺注本移至《本训》篇，此从影宋写本。——初版编者
③ "气裂之"、"气动之"、"气徙之"、"气绝之"中"之"字旧脱，此据卢文弨说补。——初版编者

神也气蚀之①，星辰虚也气陨之……莫不气之所为也。②

总之，天地万物的运动变化、人类的一切活动，以至各种乖戾现象，如天裂、地震、山崩、川绝、日月蚀、星陨等等，都是"道之使"、"气之所为"。而气本身则是自己运动，"莫制莫御"、"翻然自化"的。王符这种说法实际上是对《淮南子》的"或使"说与王充的"莫为"说的折衷。

当然，王符的宇宙形成论和以前各家一样，都是虚构的体系。但他讲元气"莫制莫御"而又"翻然自化，变成阴阳"，如果是指元气以自身为原因并是天地万物的动因，那么就是本体论的观点了。这表明，王符的宇宙形成论已处于向本体论转化的前夕。

再看王符对天人关系问题的见解。他说：

> 天道曰施，地道曰化，人道曰为。为者，盖所谓感通阴阳而致珍异也。人行之动天地，譬犹车上御驰③马，篷中擢舟船④矣。虽为所覆载，然亦在我何所之可。⑤

王符的这一观点与王充不同。王充指出："人不能以行感天，天亦不随行而应人。"⑥他反对了天人感应论，同时忽视了人的主观能

---

① "之"字旧脱，此据卢文弨说补。——初版编者
② 王符：《本训》，《潜夫论笺校正》，第367—368页。
③ "驰"，《四部丛刊》本作"駏"，此据汪继培笺本校改。——初版编者
④ "舟船"，原作"自照"，从汪继培校改。——初版编者
⑤ 王符：《本训》，《潜夫论笺校正》，第366页。
⑥ 王充：《明雩》，《论衡校释》，第665页。

动作用。而王符则以为，人的行为能感动天地，就像坐在车上赶马、立在船篷下划船，虽然人是由天地覆载，但自然界事物可以按人的目的发展。可见，王符强调了人的主观能动作用，但他所谓"感通阴阳而致珍异"，也同《淮南子》一样陷入了天人感应论。

王符所说的"为"或"人功"，首先是指统治者施行德政，使阴阳调和，民蒙善化；其次是指老百姓从事物质生产，衣食足而后知礼义。王符说："国之所以为国者，以有民也；民之所以为民者，以有谷也；谷之所以丰殖者，以有人功也；功之所以能建者，以日力也。"[①]他以为，农民能有多少"日力"（劳动日）用在土地上，是关系国家治乱的根本问题。"圣人深知力者乃民之本也，而国之基，故务省役而为民爱日。"[②]王符的这一主张，在当时是深刻而有现实意义的。

王符所处的时代，已是黄巾起义的前夕。东汉后期，豪强地主势力恶性发展。交替擅权的外戚、官僚、宦官等豪族势力既互相勾结，又互相倾轧，混战不休，使社会生产力遭到极大的破坏。农民阶级与地主阶级的矛盾进一步激化。汉朝统治阶级所提倡的名教或礼教已腐朽不堪。王符自称"潜夫"，隐居著述，不仅对当时的谶纬迷信进行了批判，而且对社会的政治、道德也加以抨击。我们不妨说，从王符这里可以看到从对宗教的批判转到对政治的批判。

王符在对社会政治的批判中又把名实关系的问题突出地提

---

① 王符:《爱日》,《潜夫论笺校正》,第 210 页。
② 同上书,第 213 页。

了出来。他强调"名理者必效于实"①的唯物主义原则,以此揭露当时统治集团的"名实不相符"。例如选拔人材时不按实际能力,钱多即算贤人,有权有势者就算高尚,等等。他说:"凡今之人,言方行圆,口正心邪,行与言谬,心与口违;论古则知称夷、齐、原、颜,言今则必官爵职位;虚谈则知以德义为贤,贡荐则必阀阅为前。"②《潜夫论》中充满了这样的话,尖锐地揭露了名教的虚伪。

但王符并非真正反对名教或礼教,他也主张德刑并用的两手策略,以为既要"明礼义以为教"③,又要"法术明而赏罚必"④。不过他重新提出"名实"问题,为批判名教、审核名实、辨析名理开了风气。王符以后的思想家如仲长统⑤、荀悦⑥、崔寔⑦等,都对汉末社会的名教进行了批判,强调要正名实、信赏罚。由此引起的辨析名理的思潮,为魏晋玄学开了先河。

---

① 王符:《考绩》,《潜夫论笺校正》,第 65 页。
② 王符:《交际》,《潜夫论笺校正》,第 355 页。
③ 王符:《德化》,《潜夫论笺校正》,第 375 页。
④ 王符:《明忠》,《潜夫论笺校正》,第 363 页。
⑤ 仲长统(公元 180 年—220 年),东汉末哲学家。字公理,山阳高平(今山东金乡县西北)人。官至尚书郎,参丞相曹操军事。提出"人事为本,天道为末"的论点,反对谶纬神学。否认"天命",敢于讽刺时政。《后汉书·仲长统传》说他著有《昌言》三十四篇,十余万言"。但现已散佚不全,尚存《后汉书》本传中所采录的 3 篇。此外,《群书治要》、《意林》、《齐民要术》等书中也保存一些散见文字。清严可均《全后汉文》中有辑本 2 卷。
⑥ 荀悦(公元 148 年—209 年),东汉末政论家、史学家。字仲豫,颍川颍阴(今河南许昌)人。汉献帝时曾任黄门侍郎、秘书监等职。《后汉书·荀悦传》记载他的著作有《汉纪》三十卷,《申鉴》五卷"。《汉纪》为汉高帝到平帝的编年史,也加一些评论。《申鉴》主要讲政治思想,抨击谶纬神学,反对土地兼并,提倡法教并重。通行的有《四部丛刊》本等。
⑦ 崔寔(?—约公元 170 年),东汉政论家。字子真,一名台,字元始,涿郡安平(今属河北)人。官至尚书。大胆抨击时政,重视生产知识。著有《政论》,《隋书经籍志》著录 5 卷,现存清严可均辑本 1 卷。另有《四民月令》,由北魏贾思勰引载《齐民要术》、隋杜台卿引载《玉烛宝典》。

第六章
玄学盛行与儒、道、释的鼎立

　　黄巾起义标志着汉代"独尊儒术"局面的结束。但是,儒家思想统治了几百年,是很强大的传统力量。魏晋南北朝时期,在名教领域,地主阶级仍然公认儒学为正统。不过,就整个意识形态来说,已不再是儒学独尊了。先是盛行由儒、道相互作用而产生的玄学,以后,随着道教、佛教的壮大,逐步形成了儒、道、释鼎立的形势。

第一节　名教危机与玄学之兴起

　　魏晋南北朝时期占统治地位的是一些豪强地主,也称门阀士族。豪强地主在东汉就已经出现,如仲长统所描写的:"豪人之室,连栋数百,膏田满野,奴婢千群,徒附万计。"[①]"徒附"(或部曲)即依附农民,与豪强地主有牢固的人身隶属关系。黄巾起义虽然给豪强地主以沉重打击,但是却被他们镇压下去了。经过军阀混战,曹操统一了北方,采取了一些有利安定社会秩序、发展生产的

――――――――――

① 范晔:《仲长统传》,《后汉书》第 6 册,第 1648 页。

措施,如实行屯田制,适当抑制豪强兼并,注意从庶族地主中选拔人才等。但曹操死后,曹魏集团却日趋腐败。世家豪族控制大权,推行"九品中正"制,破坏屯田制。司马氏篡位建立西晋王朝后,又实行按官品占田和荫亲属、荫佃客的制度,从而保障了世家豪族在经济上的特权。而"九品中正"制演变到后来,家世成了品第高低的标准,这就又保障了门阀士族在政治上的特权。所谓"上品无寒门,下品无势族"[①],正反映了当时封建等级的森严。

对门阀士族来说,为了维护封建等级制度,就需要儒家的名教。但是从汉末以来,名教已受到了极大破坏,陷入了严重危机。

造成名教危机的原因,首先是黄巾起义的冲击。黄巾起义的领袖张角利用《太平经》[②]中的某些教义,以"太平道"的形式动员和组织农民起义。[③]《太平经》是原始道教的经典,内容庞杂,其中大量的是宣传鬼神迷信,但也有一些反映劳动人民利益的思想和农民反抗封建剥削的呼声。如说:"天生人,幸使其人人自有筋力,可以自衣食者。""天地乃生凡财物可以养人者,各当随力聚之,取足而不穷。"[④]认为人人都有天生的体力,可以自食其力;天地间有养育人的财富,大家都可"随力聚之",而不能由私人独占。每个人不可以"轻休其力",不从事体力劳动,更不可以"强取人

① 房玄龄等:《刘毅传》,《晋书》第 4 册,第 1274 页。

② 《太平经》:道教最早的经籍。汉时先后流传的有 3 种:西汉成帝时有齐人甘忠可的《天历包元太平经》12 卷,东汉末于吉的《太平青领书》170 卷和张道陵的《太平洞极经》144 卷。均已佚。明《正统道藏》所收录的《太平经》只有残存的 57 卷和唐人节录的《太平经钞》10 卷以及《太平经圣君秘要》。近人王明将《道藏》中这两种本子归并,作成《太平经合校》(中华书局 1960 年版),这是现有关于《太平经》资料比较完备的本子。

③ 《后汉书·襄楷传》载"张角颇有其书(指《太平经》)",可证明《太平经》对汉末黄巾农民起义颇有影响。

④ 《六罪十治诀》,王明编校:《太平经合校》,中华书局 1960 年版,第 242—243 页。

物"，剥削别人。又说："此财物乃天地中和所有，以共养人也。此家但遇得其聚处，比若仓中之鼠，常独足食，此大仓之粟，本非独鼠有也。"①认为天地间的财物是个供养人的大仓库，现在却为帝王和豪族所独占，这就好比那仓中之鼠，竟霸占了米仓。《太平经》还讲到皇帝私人财库中的钱财，本来是"万户之委输"②，不应由皇帝私人独占享用。但如今亿万富翁却把金银珍物"封藏逃匿于幽室"③而不救济别人，令人饥寒而死，他们是天下最不仁的人，是"与天为怨，与地为咎，与人为大仇"④。《太平经》的这些思想，确实反映了农民的平等要求，是与封建等级观念（名教）根本对立的。黄巾起义在政治上给东汉封建统治阶级以致命的打击，促使了汉王朝的灭亡，同时在文化上对礼教和儒学也是个大扫荡。曹丕后来在修复孔庙的诏书中说："遭天下大乱，百祀堕坏，旧居之庙，毁而不修，褒成之后，绝而莫继，阙里不闻讲诵之声，四时不睹蒸尝之位。"⑤可见农民起义对儒学、礼教的冲击是非常有力的。

名教危机的造成，也由于封建统治阶级自己的破坏。当时，世家豪族讲名教是十分虚伪的，王符已经揭露了种种言行不符、名实相违的现象。徐干⑥在谈到汉末尚名之弊时也说："详察其为

---

① 《六罪十治诀》，《太平经合校》，第 247 页。
② 同上书，第 248 页。
③ 同上书，第 247 页。
④ 同上注。
⑤ 陈寿：《魏志·文帝纪》，《三国志》第 1 册，中华书局 1964 年版，第 77 页。
⑥ 徐干（公元 171 年—218 年），字伟长，东汉末思想家，是建安七子之一，也是著名的文学家。官五官中郎将文学。《魏志·王粲传》说：徐干"著《中论》二十余篇，辞义典雅，足传于后"。《隋书·经籍志》著录《徐氏中论》6 卷。《魏志》所说的篇数与今存不合，有散佚。通行的《中论》有《小万卷楼丛书》本、《龙溪精舍丛书》本，《四部丛刊》影印本。

也,非欲忧国恤民、谋道讲德也,徒营己治私、求势逐利而已……至乎怀丈夫之容,而袭婢妾之态,或奉货而行赂以自固结,求志属托,规图仕进,然掷目指掌,高谈大语。若此之类,言之犹可羞,而行之者不知耻。嗟乎!王教之败,乃至于斯乎!"①正因为名教被败坏了,所以曹操的求贤令,主张"唯才是举",不管名誉、品行如何。"若文俗之吏,高才异质,或堪为将守;负污辱之名、见笑之行,或不仁不孝而有治国用兵之术"②,诸如此类的人,他都要录用。这是公开鄙弃虚伪的名教。但曹操的态度也是矛盾的:他一方面批判名教,但另一方面,为了维护封建统治,他又非讲名教不可。当他要杀孔融③时,宣布孔融的罪状是两条"违天反道、败伦乱理"的言论:一是孔融说父母与人无亲,婴儿在母胎里,就像寄盛在瓶中一样;二是他认为遇到饥荒时,如父不肖,宁可救济别人。④曹操这时也成了名教的保卫者了。他还说:"夫治定之化,以礼为首;拨乱之政,以刑为先。"⑤他也主张王霸杂用、礼法兼施的两手策略。

用自己的行动不断破坏名教而又要竭力维护名教,这是封建统治者,特别是豪门世族本身具有的两重性。魏晋时期,占统治地位的门阀士族的种种恶行集中体现了封建统治者的残酷、贪婪、荒淫、放荡。这些,至少在名义上是与名教相违背的。但是,

---

① 徐干:《谴交》,孙启治解诂:《中论解诂》,中华书局 2014 年版,第 232 页。
② 曹操:《举贤勿拘品行令》,《曹操集》,中华书局 2013 年版,第 48 页。
③ 孔融(公元 153 年—206 年),字文举,汉末文学家,建安七子之一。曾任北海相,时称孔北海。又任少府、大中大夫等职。为人恃才负气。所作散文,锋利简洁,多讥嘲之辞,又能诗。后因触怒曹操被杀。
④ 见《魏志·崔琰传》注引《魏氏春秋》所载曹操《宣示孔融罪状令》。
⑤ 曹操:《以高柔为理曹椽令》,《曹操集》,第 44 页。

越是如此，他们便越感到要维护礼教，标榜"以孝治天下"之类的说教。

为了挽救名教所面临的危机，魏晋统治阶级需要寻找新的哲学武器以代替已遭到致命打击的儒家神学。于是他们便试图以老庄解释儒经，把《老子》、《庄子》、《周易》这三本书（这就是所谓"三玄"）抬出来，从中去找名教的形而上学即玄学的根据，并用"玄谈"来替他们腐朽的生活方式作辩护和掩饰。这样，以何晏[①]、王弼为代表的玄学就应运而生了。魏晋时期的当权者（如司马师[②]、何晏）提倡玄学，目的就在于挽救名教的危机。

同时必须指出，清谈玄学问题，这也是当时逃避现实的一种方式。乱世用重刑，说话不当心，就有杀头的危险。所以那些不愿与当权者合作的人，只好谈谈远离现实的抽象道理，明哲保身。后来，在士大夫中清谈成风，这也是玄学之所以能盛行的原因之一。

借玄谈来挽救名教或逃避现实，都是消极的东西。不过也应看到，这个时期的理论思维领域也有积极的因素，科学上也有不少新的成就。例如在医学上，汉末张仲景著《伤寒论》，奠定了辨证施治的原则，被称为"医圣"。其后王叔和著的《脉经》、皇甫谧著的《针灸甲乙经》，都是重要著作。在农学上，北魏贾思勰著

---

① 何晏（？—公元 249 年），字平叔，汉外戚何进的孙子，其母嫁了曹操，他就成为曹操的假子，做过吏部尚书。《魏志·曹爽传》说，何晏"好老庄言，作《道德论》及诸文赋著述凡数十篇"。哲学著作流传下来的有《论语集解》（收入《十三经注疏》中）和《道德论》、《无名论》的片断（保存在张湛注《列子》中）。因附曹爽，故为司马懿所杀。

② 司马师（公元 208 年—255 年），字子元。三国河内温县（今河南温县）人。继其父司马懿为魏大将军，专国政。公元 254 年废魏帝曹芳，立曹髦，次年病死。其弟司马昭继为大将军。后其侄司马炎代魏称帝建立晋朝，追尊为景帝。

《齐民要术》,总结了古代农业生产的经验,在世界农学史上具有突出地位。在数学上,魏晋之际刘徽注《九章算术》,奠定了中国古典的算学理论基础,后来祖冲之父子又作出了许多重要贡献。此外,在天文、历法、地学、炼丹术等方面也有重要成就。因此,在宗教(道教与佛教)盛行的同时,科学反对迷信的斗争也有新的发展。这就促进了哲学的发展。这个时期的哲学家一般不讲谶纬迷信。他们有的宣扬比较精致的玄学唯心论,如何晏、王弼;有的则具有唯物主义和无神论倾向,如嵇康、裴頠。最后还产生了杰出的唯物主义者范缜,对"形神"之辩作了批判的总结。

哲学的逻辑思维在这时也进入了一个新的阶段。两汉数百年独尊儒术,在学术上造成了很坏的后果:其一是谶纬迷信盛行,儒学成了神学;其二是形成一种烦琐的学风。如"说五字之文,至于二三万言"[1],解释经文五个字,竟然要用二三万言。今文经学与古文经学都是这样。汉魏之际的进步思想家,继王符之后,仲长统、荀悦、徐干、刘劭[2]等都突出地讨论了名实问题,这在政治上具有揭露名教的虚伪和强调刑名与德教并重的意义,在哲学上则是对儒家经学的空洞教条和烦琐学风的批判。

徐干的《中论》和刘劭的《人物志》都结合品评人物来论名实。徐干说:"名者,所以名实也。实立而名从之,非名立而实从之

---

① 班固:《艺文志》,《汉书》第 6 册,第 1723 页。
② 刘劭,生卒时间不详,字孔才。三国魏哲学家,官至尚书郎、散骑侍郎。写过《法论》、《乐论》,已佚。主要著作是《人物志》,比较详尽地探讨了人性、才能和形质等问题。

也。"①这是唯物主义的名实观。又说："夫辩者，求服人心也，非屈
人口也。故辩之为言别也，为其善分别事类而明处之也。"②还说：
"事莫贵乎有验，言莫弃乎无征。"③他要求在辩论中运用类的范畴
进行逻辑的分析，还要求用事实对言论进行验证。这种注重用论
证和验证来辩析名理的学风，已迥然不同于空洞而烦琐的汉代经
学。不过，徐干、刘劭等人所强调的综核名实，主要是讨论人物才
性问题。他们是形名家，而不是玄学家。

后来，"名实"之辩发展为"言意"之辩④，于是玄学就诞生了。
王弼注《易经》，和汉人不同。他用"得意而忘言"的方法，尽扫汉
《易》的烦琐的"象数"和种种牵强附会的解释。他专讲微言大义，
在当时给人以新鲜的感觉。当然，他由此导向唯心论去了。但应
当承认，王弼在反对汉代的神学和烦琐的学风方面，有其积极的
作用。谈论玄学问题，主客间进行往复诘难，当然要运用逻辑。
所以，不论是玄学家还是公开反对玄学的思想家（如裴颜），都注
重辩析名理，这就促使逻辑思维水平得到了提高。

同"名实"之辩演变为"言意"之辩相联系着，其他的哲学论争
也有了发展。汉人讨论得最热烈的宇宙形成论问题，到魏晋便发
展为本体论上的"有无（动静）"之辩；"形神"之辩继续着，受到了
更多方面的考察，后来由南朝范缜作了批判的总结；天人之辩也
继续着，特别是关于"命"和"遇"（必然与偶然）、"命"和"力"（"天

① 徐干：《考伪》，《中论解诂》，第 205 页。
② 徐干：《核辩》，《中论解诂》，第 134 页。
③ 徐干：《贵验》，《中论解诂》，第 76 页。
④ 汤用彤先生首先以"言意"之辩、"有无本末"之争、"自然名教"之争等来概括魏晋时期的
　哲学论争，见所著《魏晋玄学论稿》。本书吸取了他的某些见解。

命"与"人力")的争论把天人关系问题的讨论引向深入了。

另外,这时期的哲学家大多是当时的"名士",例如何晏、王弼是"正始名士",阮籍[①]、嵇康、向秀是"竹林名士"。这些名士都善于写诗作文,有较高的文化修养,所以当时哲学和文学艺术的关系很密切。哲学上关于"有无"、"动静"、"形神"、"言意"等问题的讨论,同美学、艺术理论密切联系着,体现了庄子的传统。这也是这一时期哲学的重要特点。

第二节 王弼:"贵无"说

玄学开始于正始名士何晏、王弼等人。何晏地位高,在当时有较大的影响。但论哲学上的成就当首推王弼。

王弼(公元 226 年—249 年),字辅嗣。魏国山阳(今河南焦作)人。晋人何劭为他作传称:"弼幼而察慧,年十余,好老氏,通辩能言。"[②]少年即享高名,何晏见了王弼后便赞叹说:"仲尼称后生可畏,若斯人者,可与言天人之际乎!"[③]王弼后来居上,其思想深度超过了何晏,是玄学"贵无"说的主要代表。曾任尚书郎,虽然只活到 24 岁,但著作甚多,主要有:《老子注》、《周易注》、《周易

---

① 阮籍(公元 210 年—263 年),三国魏文学家、思想家。字嗣宗。陈留尉氏(今属河南)人。曾经做过从事中郎、步兵校尉。与嵇康同为"竹林七贤"中的两杰。他不满意司马氏政治集团,蔑视礼教,嗜酒放诞。但又很谨慎,不肯公开谈论别人长短,因此免遭司马氏的杀害。哲学著作有《通易论》、《通老论》、《达庄论》等,收在严可均辑的《全三国文》中。
② 陈寿:《魏志·钟会传》注引,《三国志》第 3 册,第 795 页。
③ 陈寿:《魏志·钟会传》,《三国志》第 3 册,第 795 页。

略例》、《老子指略》和《论语释疑》。①

一、"崇本举末，形名俱有"

王弼的"贵无"说和他对名教的态度是紧密相关的。

《魏志·钟会传》注引何劭《王弼传》说：

> （裴徽）问弼曰："夫无者诚万物之所资也，然圣人莫肯致言，而老子申之无已者何？"弼曰："圣人体无，无又不可以训，故不说也。老子是有者也，故恒言其所不足。"②

王弼心目中的圣人是孔子。他以为孔子"体无"，故能成圣，但"无名"的领域是不能直接用言语表示的；而老子处于"有"，却追求"无"，大讲"无"，所以比孔子差一等。王弼认为，像孔子这样讲名教，才是真正与"无"同体。

汉代董仲舒说"名者圣人所发天意"③，把王道三纲看成是天意的产物。王弼的观点和董仲舒有所不同。他不讲天意、上帝，

---

① 《老子注》通行本甚多，有武英殿本，清刻《二十二子》本等。《周易注》，王弼只注了《经》及《彖传》、《象传》、《文言》，并作了《周易略例》；《系辞》、《说卦》、《序卦》、《杂卦》诸篇，后由晋人韩康伯补注，合成为一部完整的《周易注》，唐朝时定为《周易》的标准解释。有孔颖达疏，以后编入《十三经注疏》内。《老子指略》一书原被认为已佚，后据近人王维诚考证，《道藏》中保存的《老子指归略例》及《老子微旨略例》两篇，便是王弼《老子指略》的遗文（详见《魏王弼撰老子指归佚文之发见》，北京大学《国学季刊》第七卷第三期）。《论语释疑》已佚，部分散见于皇侃《论语义疏》和邢昺《论语注疏》中。楼宇烈的《王弼集校释》，汇集了王弼的现存全部著作，中华书局1980年出版。

② 陈寿：《魏志·钟会传》，《三国志》第3册，第795页。《世说新语》引此段文字作："圣人体无，无又不可以训，故言必及有。老庄未免于有，恒训其所不足。"——初版编者

③ 董仲舒：《深察名号》，《春秋繁露校释》，第647页。

而讲"道"，认为封建纲常名教是从"道"或"无"这样的精神本体产生的。他说"道"是"五教之母"（"五教"即《孟子·滕文公上》说的：父子有亲，君臣有义，夫妇有别，长幼有序，朋友有信），古今虽有不同，时移俗易，但五教之母是不变的。① 这样，王弼在讲"道"不变这一点上，又和董仲舒相差无几了。王弼在注解《老子》的"始制有名"时说：

> 始制，谓朴散始为官长之时也。始制官长，不可不立名分以定尊卑，故始制有名也。②

王弼曲解《老子》的原意，把"名"即封建等级制度看成是"朴（道）散为器"的结果，认为"名分"由"道"分化出来，是符合自然的。这就给名教找到了形而上学的依据。他还说："物有其分，职不相滥，争何由兴？"③以为"始制有名"之后，只要人们各按其职，遵守名分而不僭越，天下就自然太平了。这显然是维护封建统治的说教。

王弼把"道"和名教的关系看作是母与子、本与末的关系。他说：

> 母，本也。子，末也。得本以知末，不舍本以逐末也。④

---

① 参见王弼：《老子指略》，楼宇烈校释：《王弼集校释》，中华书局1980年版，第196页。
② 王弼：《老子注》三十二章，《王弼集校释》，第82页。
③ 王弼：《周易注·讼》，《王弼集校释》，第249页。
④ 王弼：《老子注》五十二章，《王弼集校释》，第139页。

> 夫以道治国，崇本以息末；以正（政）治国，立辟以攻末。①

他把两种政治主张对立起来，一是以政治国，"舍本逐末"；一是以道治国，"崇本息末"。他认为如果"舍本逐末"，只注意用法律（"辟"）和礼教来维护名分，"遂任名以号物，则失治之母也"②，"任名"而不知名教以道为本，那便要失掉"治之母"，难免造成混乱；正确的办法应是"崇本息末"，君主自处"无名"、"无形"的地位，实行"无为而治"，包括《老子·十九章》所说的"绝圣弃智，绝仁弃义，绝巧弃利"等等愚民政策，使民无知无欲。王弼认为，这样"崇本以息末"，却正可以达到"崇本以举其末"。他说：

> 用夫无名，故名以笃焉。用夫无形，故形以成焉。守母以存其子，崇本以举其末，则形名俱有，而邪不生；大美配天，而华不作。③

在王弼看来，守母才能存子，崇本才能举末，"绝圣而后圣功全，弃仁而后仁德厚"④；无为而治，就能自然而然地做到"仁德厚焉，行义正焉，礼敬清焉"⑤。就是说，仁义礼敬出于无为，便能达到"德厚"、"功全"；名教出于自然，封建等级制度便巩固了。

---

① 王弼：《老子注》五十七章，《王弼集校释》，第 149 页。
② 王弼：《老子注》三十二章，《王弼集校释》，第 82 页。
③ 王弼：《老子注》三十八章，《王弼集校释》，第 95 页。
④ 王弼：《老子指略》，《王弼集校释》，第 199 页。
⑤ 王弼：《老子注》三十八章，《王弼集校释》，第 95 页。

可见，"崇本举末"，用道家的"自然无为"原则来维护名分，这就是王弼为挽救名教危机而开的一个药方。

二、"以无为本"和"体、用"范畴的提出

就天道观来说，汉人的兴趣在于宇宙论，而魏晋玄学则着重探讨本体论。关于道和物的关系，在汉代是争论宇宙的起源、结构和演变问题，到魏晋时则发展为"有无（动静）"之辩。《老子》中有两段话："天下万物生于有，有生于无。"（第四十章）"道生一，一生二，二生三，三生万物。万物负阴而抱阳，冲气以为和。"（第四十二章）汉人一般对此都作宇宙形成论的解释。而王弼的注释却说：

> 天下之物，皆以有为生。有之所始，以无为本。将欲全有，必反于无也。[1]
>
> 万物万形，其归一也。何由致一？由于无也。由无乃一，一可谓无？已谓之一，岂得无言乎？有言有一，非二如何？有一有二，遂生乎三。从无之有，数尽于斯，过此以往，非道之流。故万物之生，吾知其主，虽有万形，冲气一焉……以一为主，一何可舍？愈多愈远，损则近之。损之至尽，乃得其极。[2]

王弼没有讲"无"、"有"和"一"、"二"、"三"等是宇宙演变的阶段，

---

[1] 王弼：《老子注》四十章，《王弼集校释》，第110页。
[2] 王弼：《老子注》四十二章，《王弼集校释》，第117页。

而是提出"以无为本"的论点，从本体论的角度作了论证：具体事物都以"有"为存在，而任何"有"的产生，都以"无"为本源（本体）。凡"有"皆始于"无"（不是讲天地开始前有个"无"的阶段，而是说任何事物的生成要依靠"无"），所以在任何时候要保全"有"，必须"反本"守住"无"。同时，纷繁复杂的万物有其统一性，这个统一原理也就是"无"。因为"一"是无名（不可说）的，庄子已经说过，以"一"（言）称呼"一"（统一原理），就会导致"一与言为二，二与一为三。自此以往，巧历不能得"（《齐物论》）。王弼用庄子的思想来解释《老子》，显然不符合《老子》的原意。他甚至不提"负阴而抱阳"，而只说"冲气一焉"，即认为，虽万物万形，作为统一的气（有）是冲虚（无）的。因此，从人的认识来说，应该损之又损之，由万归"一"，以至于"无"，这才是把握了绝对（极）。

王弼认为，作为万物本源的"无"就是"道"。他说：

> 道者，无之称也。无不通也，无不由也，况之曰道，寂然无体，不可为象。[1]

"道"就是对"无"的称谓，是贯通于一切事物的统一原理，是天地万物无不遵循的一般法则，但本身又是寂静的，无形体的，不可以用言、象表达的。

王弼以为，把"道"说成是"无"和"静"，并不是相对于"有"和"动"而言的。他说：

---

[1] 王弼：《论语释疑》，《王弼集校释》，第 624 页。

> 复者,反本之谓也。天地以本为心者也。凡动息则静,静非对动者也;语息则默,默非对语者也。然则天地虽大,富有万物,雷动风行,运化万变,寂然至无是其本矣。故动息地中,乃天地之心见也。若其以有为心,则异类未获具存矣。①

复卦震下坤上,是雷在地中、动息则静之象。王弼这个注释说明:寂然至无的本体是绝对的,而"动"、"有"则是相对的、暂时的;"天地之心"是以无为本,所以才能富有万物;如果"以有为心",那就处于相对的、有条件的地位,不能包容一切。王弼这种讲"天地之心"和以虚静为绝对的见解,是客观唯心主义理论,但有泛神论倾向。王弼在解释《论语》的"天何言哉"时说:"以淳而观,则天地之心见于不言;寒暑代序,则不言之令行乎四时。天岂谆谆者哉!"②即是说,天不是一个会说话的人格神,天命或"天地之心"就体现在寒暑代序、四时行焉的规律中。

王弼把虚静的"道"作为世界的第一因。他说:

> 夫动不能制动,制天下之动者,贞夫一者也。③

是说,世界统一原理就是"制天下之动者"。王弼运用《易传》的"乾知大始,坤作成物"来解释《老子》的"无名天地之始,有名万物

---

① 王弼:《周易注·复》,《王弼集校释》,第336—337页。
② 王弼:《论语释疑》,《王弼集校释》,第633—634页。
③ 王弼:《周易略例·明象》,《王弼集校释》,第591页。

之母"，说："道以无形无名始成万物"①，"道"就是天地万物赖以开始和完成的总原因。他还在《周易注》中解释乾、坤时说：

> 天也者，形之名也；健也者，用形者也。②
> 地也者，形之名也；坤也者，用地者也。③

认为天和地是形体，用天的原理即是乾，用地的原理即是坤；乾、坤的原理是动力因，天地万物的变化是乾、坤的作用和表现。在王弼这里，形式因（乾、坤的原理）成了动力因。他在解释《老子》的"为天下式"、"常知稽式"时说：

> 式，模则也。④
> 稽，同也。今古之所同则，不可废。能知稽式，是为玄德。⑤

他认为"道"就是天地万物的"模则"，今古之所同的"稽式"。这不同于唯物主义者把质料因看作动力因的观点，也和董仲舒以目的因为动力因的观点有区别，而和《易纬》、杨雄的观点有相似之处。

王弼在论证"以无为本"的过程中提出了"体"和"用"的范畴，是中国哲学史上第一个明确提出这对范畴的哲学家。

王弼认为"体"和"用"是统一的，即体用不二。他说：

---

① 王弼：《老子注》一章，《王弼集校释》，第1页。
② 王弼：《周易注·乾象》，《王弼集校释》，第213页。
③ 王弼：《周易注·坤象》，《王弼集校释》，第226页。
④ 王弼：《老子注》二十八章，《王弼集校释》，第74页。
⑤ 王弼：《老子注》六十五章，《王弼集校释》，第168页。

故虽德①盛业大而富有万物，犹各得其德。虽贵以无为用，不能舍无以为体也。②

意思是说，圣人效法天地，有日新之盛德，富有之大业，这是"以无为用"，因为盛德大业就是道的作用和表现。但德业既然是依靠无的作用，那就不能"舍无以为体"。只有真正"体无"或"以无为体"，才能具有"无"的德性，表现出"无"的作用。在这里，体和用是统一的。又如他讲的"健也者，用形者也"③，"坤也者，用地者也"④，即是说，天以"乾道"为体，乾能用天之形；地以"坤道"为体，坤能用地之形。王弼以为体用统一于"道"或"无"，这显然是唯心主义的理论。

然而，王弼的"体用不二"的观点也包含着这样一个思想：本体（"道"）以自身为原因，天地万物是"道"的作用和表现，是以"道"作为原因的；但"道"并不是一个外力，而是一个内在于万物的原因。他说：

道不违自然，乃得其性。法自然者，在方而法方，在圆而法圆，于自然无所违也。⑤

在他看来，"道"就在自然之中。"道"作为万物的原因，就是在方

---

① "德"字原脱，此据《古逸丛书》本、《道藏》本校补。——初版编者
② 王弼：《老子注》三十八章，《王弼集校释》，第94页。
③ 王弼：《周易注·乾》，《王弼集校释》，第213页。
④ 王弼：《周易注·坤》，《王弼集校释》，第226页。
⑤ 王弼：《老子注》二十五章，《王弼集校释》，第65页。

法方,在圆法圆,顺其自然。故又说:

> 天地任自然,无为无造,万物自相治理,故不仁也……地
> 不为兽生刍而兽食刍,不为人生狗而人食狗。无为于万物而
> 万物各适其所用,则莫不赡矣。[①]

可见,王弼是主张"莫为"说而反对"或使"说的。他否认天意作为
目的因支配着世界。王弼关于"体用不二"的思想,尽管是唯心论
的,但指出本体内在于万物,万物就是本体自己运动的表现,这就
使"自己运动"的观念深化了,包含着辩证法的因素。由此,我们
可以将王弼与汉代王充作一比较:王充反对了神学目的论,明确
提出"气自变",但是没有考察事物自己运动的原因;而王弼则指
出动因内在于万物自身,但引导到唯心论去了。

三、"天命无妄","圣人有情"

王弼从他的本体论出发来讨论天人关系问题,提出了"天命
无妄"和"圣人有情"的论点。

王弼强调事物的必然性。"道取于无物而不由也。"[②]即是说,
道是万物必由之路。他说:

> 物无妄然,必由其理。[③]

---

① 王弼:《老子注》五章,《王弼集校释》,第13页。
② 王弼:《老子注》二十五章,《王弼集校释》,第63页。
③ 王弼:《周易略例·明象》,《王弼集校释》,第591页。

"无妄然"即必然,天地万物都要遵循必然的规律。王弼把这个规律叫做"天命",说:

> 天之教命,何可犯乎? 何可妄乎?①

他是个唯心主义的决定论者,并把"道"看作是永恒不变的,说:"执古之道,可以御今;虽处于今,可以知古始,故不出户窥牖而可知也。"②这无疑是形而上学的观点。

不过,王弼用体用不二的观点来看待必然与偶然,因而不同于王充把必然和偶然截然对立起来。王弼以为,不变就在变动之中,必然的天命就在纷繁复杂的现象之中。他说《易》的卦爻"动静屈伸,唯变所适"③,也就是认为适然(偶然)是客观的。又说:

> 变者何也? 情伪之所为也。夫情伪之动,非数之所求也;故合散屈伸,与体相乖。形躁好静,质柔爱刚,体与情反,质与愿违。巧历不能定其算数,圣明不能为之典要;法制所不能齐,度量所不能均也。④

就是说,真实的和虚假的现象互相作用,有合有散,有屈有伸;有的人形体粗鲁而好静,有的人本质柔顺而爱刚;这些复杂多变的

---

① 王弼:《周易注·无妄》,《王弼集校释》,第 343 页。
② 王弼:《老子注》四十七章,《王弼集校释》,第 126 页。
③ 王弼:《周易略例·明卦适变通爻》,《王弼集校释》,第 604 页。
④ 王弼:《周易略例·明爻通变》,《王弼集校释》,第 597 页。

情况,既不能用数学公式进行度量(当然,王弼不可能懂得,偶然性的概率也是可以计算的),也不能建立法制来求其划一。

因此,王弼认为,重要的是把握那统一的必然的原理。他说:

> 众之所以得咸存者,主必致一也;动之所以得咸运者,原必无二也。①

他以为,认识了虚静的道,就像处于北斗星的地位来看天体的运行,则"天地之动未足怪也"②。他又指出:

> 权者,道之变。变无常体,神而明之,存乎其人,不可豫设,尤至难者也。③

就是说,变动中出现的偶然性,虽无法预先测定,但圣人把握了常道,就能随机应变,作适当的处理,这就是"权"。这里触及到常和变、经和权的关系。王弼注《易》,很强调时、位,说:"卦以存时,爻以示变"④,认为卦象代表一定的时势,而六爻则代表处于各种地位的"适时之变"。

如上所述,可知王弼关于必然与偶然、常与变的统一的理论,贯彻了体用不二的思想,有一定的合理因素。但他强调道的绝对

---

① 王弼:《周易略例·明象》,《王弼集校释》,第 591 页。
② 同上注。
③ 王弼:《论语释疑》,《王弼集校释》,第 627 页。
④ 王弼:《周易略例·明爻通变》,《王弼集校释》,第 598 页。

和不变,以为不变可以应万变,归根到底是用形而上学的静止观点来观察世界。他讲必然与偶然统一,实际上是用必然吞并了偶然,这就不可避免地要导致宿命论。他说:

> 上承天命,下绥百姓。①
> 不为事主,顺命而终。②

前一句是讲统治者(君主)"上承天命",后一句是讲被统治者(臣民)"顺命而终"。这同董仲舒的口吻完全一样。

　　王弼根据"天命无妄"的观点,强调"性"是出于自然的必然性,说:

> 物皆不敢妄,然后万物乃得各全其性。③
> 万物以自然为性,故可因而不可为也。可通而不可执也。④

意思是说,性即物得之自然者,万物都遵循必然规律而各得其性,所以人类应该顺万物之自然,采取"无为"、"无执"的态度。这也就是道家所说的"静因之道"。

　　至于人性,王弼以为,人性出于自然,是无善无恶的。他在解

---

① 王弼:《老子注》五十九章,《王弼集校释》,第 155 页。
② 王弼:《周易注·坤》,《王弼集校释》,第 227 页。
③ 王弼:《周易注·无妄》,《王弼集校释》,第 343 页。
④ 王弼:《老子注》二十九章,《王弼集校释》,第 77 页。

释孔子的"性相近也"时说：

> 今云近者，有同有异，取其共是。无善无恶则同也，有浓有薄则异也。虽异而未相远，故曰近也。①

为什么无善无恶的人性有浓薄之异？王弼在这里没有说明。但他以为，性虽无善恶，但表现为"情"，则有正邪之分。他说：

> 不性其情，焉能久行其正，此是情之正也。若心好流荡失真，此是情之邪也。若以情近性，故云性其情。情近性者，何妨是有欲。若逐欲迁，故云远也；若欲而不迁，故曰近。但近性者正，而即性非正，虽即性非正，而能使之正……能使之正者何？仪也，静也。②

在王弼看来，"情"与"欲"是人人都有的，如果情欲"近性"，顺其自然，那便是"正"；如果情欲"迁性"，损害自然，那便是"邪"。既然性本身无善无恶，非正非邪，那么为什么"近性"能使"情正"呢？这是因为性中本来具有仪则、规范，清静无为就能使情顺乎自然之理。《老子》曾经说过："五色令人目盲，五音令人耳聋，五味令人口爽，驰骋畋猎令人心发狂。"王弼解释说："夫耳、目、口、心，皆顺其性也。不以顺性命，反以伤自然，故曰盲、聋、爽、狂也。"③照

---

① 王弼：《论语释疑》，《王弼集校释》，第 632 页。
② 同上书，第 631—632 页。
③ 王弼：《老子注》十二章，《王弼集校释》，第 28 页。

此说法,聪明与聋、盲、情正与心狂的差别,就在于是否"顺性命"。而如何才能"顺性命"? 那就要"反本"、"复命"。他说:

> 以虚静观其反复……复命则得性命之常。①

在王弼看来,《老子》所谓"复命曰常,知常曰明",就是指"得性命之常"要靠圣人的智慧(神明)。何劭《王弼传》有这样的记载:

> 何晏以为圣人无喜怒哀乐,其论甚精,钟会等述之。弼与不同,以为圣人茂于人者神明也,同于人者五情也。神明茂,故能体冲和以通无;五情同,故不能无哀乐以应物,然则圣人之情,应物而无累于物者也。今以其无累,便谓不复应物,失之多矣。②

何晏以为,圣人无情,贤人(如颜回)有情而喜怒当理,普通人则任情而喜怒违理。③ 王弼则以为,圣人之所以高于一般人就在于智慧(神明),圣人能体会冲虚和谐之道,他虽和常人一样有喜怒之情以应外物,却不为外物所累。也就是说,圣人真正自觉地"性其情"。

王弼这一"圣人有情"的学说,贯彻了体("性")用("情")不二的观点,体现了道家的自然原则与儒家的自觉原则的统一。这是

---

① 王弼:《老子注》十六章,《王弼集校释》,第36页。
② 陈寿:《钟会传》注引何劭《王弼传》,《三国志》第3册,第795页。
③ 参见何晏:《论语集解·雍也》,《论语集解校释》,辽海出版社2011年版,第96页。

理论思辨方面的一个发展。他以为，圣人同一般人一样"有情"，共同生活在人伦关系之中，但圣人有超人的智慧，所以在精神上又是超脱的，有很高的境界。王弼以为，同样做一桩事情，同样是"应物"，但由于人们的觉悟水平不同，于是就有不同意义，有"累"与"无累"之别。这种说法自然有一定的道理。但是，玄学家（以及后来的理学家）讲"圣人之情，应物而无累于物"，却具有很大的欺骗性。因为，以圣贤自居的统治者，可以以此来为自己腐朽的生活方式作辩护，把自己的喜怒哀乐说成是"无累"的、"玄妙"的。而认为一般老百姓不仅不可能有"神明"，而且"民之难治，以其多智也。当务塞兑闭门，令无知无欲"①。这是宣扬愚民政策，甚至连董仲舒所说的"明教化以成性"也丢弃了。

四、"寻言观意"，"得意忘言"

就形神关系来说，王弼讲的"健也者，用形者也"，实际上包括有精神（原理）是第一性的，形体是第二性的意思。他又讲了神与圣的关系，说：

> 神则无形者也。不见天之使四时，而四时不忒。不见圣人使百姓，而百姓自服也。②

是说，四时运行，百物孳生，是天的神明的表现；天下太平，百姓自

---

① 王弼：《老子注》六十五章，《王弼集校释》，第168页。
② 王弼：《周易注·观》，《王弼集校释》，第315页。

服,是圣人的神明的表现。他还说,圣人的神明"接物不以形"①,这样的圣人当然就是神了。前已说过,董仲舒以为"圣"即"神",王充把"圣"和"神"区别开来。王弼却又把二者统一起来,指出:

> 神、圣合道。②

那么,怎样才能达到神明、圣智,即达到对本体("道")的认识,并把它表达出来(即见之于形)呢? 于是就涉及名实关系问题。王弼以为圣人"智慧自备"③,所以他的认识等于反省。他说:

> 吾何以知天下乎? 察己以知之,不求于外也。所谓"不出户以知天下"者也。④
>
> 未有反诸其身而不得物之情,未有能全其恕而不尽理之极也。能尽理极,则无物不统。⑤

这是说,圣人反观自身,并推己及物,就能认识天下之道、万物之情,从而把握绝对真理。这同董仲舒说的"聪明圣神,内视反听"⑥没有什么区别,是先验主义理论。

魏晋时期,"名实"之辩演变为"言意"之辩。与王弼同时,尚

---

① 王弼:《论语释疑》,《王弼集校释》,第 632 页。"接",原作"绝",此据《玉函山房辑佚书》本校改。——初版编者
② 王弼:《老子注》六十章,《王弼集校释》,第 158 页。
③ 王弼:《老子注》二章,《王弼集校释》,第 6 页。
④ 王弼:《老子注》五十四章,《王弼集校释》,第 144 页。
⑤ 王弼:《论语释疑》,《王弼集校释》,第 622 页。
⑥ 董仲舒:《同类相动》,《春秋繁露校释》,第 814 页。

玄远者（如荀粲等）大抵都讲"言不尽意"，以为微妙的真意（道、玄）非言、象所能举。王弼根据庄子"得鱼忘筌"的说法，在《周易略例·明象》中说：

> 夫象者，出意者也。言者，明象者也。尽意莫若象，尽象莫若言。言生于象，故可寻言以观象；象生于意，故可寻象以观意。意以象尽，象以言著。故言者所以明象，得象而忘言；象者所以存意，得意而忘象。犹蹄者所以在兔，得兔而忘蹄；筌者所以在鱼，得鱼而忘筌也。①

这里包含有两层意思：一是言者所以在意，要用言和象来把握意；二是"得意而忘言"，只有"忘言"、"忘象"，才真正是"得意"。他强调后一层意思，说："忘象者，乃得意者也；忘言者，乃得象者也。得意在忘象，得象在忘言。"②

王弼这一寻言观意、得意忘言的理论，在当时具有反对汉儒的烦琐学风的意义。他说：

> 象之所生，生于义也。有斯义，然后明之以其物，故以龙叙乾，以马明坤，随其事义而取象焉。③

> 是故触类可为其象，合义可为其征。义苟在健，何必马乎？类苟在顺，何必牛乎？爻苟合顺，何必坤乃为牛？义苟

---

① 王弼：《周易略例·明象》，《王弼集校释》，第609页。
② 同上注。
③ 王弼：《周易注·乾文言》，《王弼集校释》，第215页。

应健,何必乾乃为马?而或者定马于乾,案文责卦,有马无乾,则伪说滋漫,难可纪矣。①

意思是说,思想内容("义")决定表达形式("象"),有乾("健")、坤("顺")的思想内容,然后才画出乾、坤的卦象;用马来说明乾,用牛来说明坤,这都是为了表达乾(健)、坤(顺)的原理;健、顺之"义",是"类"的本质,用卦象、系辞来说明,是为了揭示本质,并非必定要用马来象征乾,用牛来解释坤;如果真正掌握了乾、坤的原理,那便可以触类旁通,何必"坤乃为牛,乾乃为马"?汉儒解《易》,拘泥于象数,造成"案文责卦,有马无乾",只执着言和象,却把意忘掉了,故王弼批评说:"盖存象忘意之由也。"②

王弼对汉儒烦琐学风的批评有其合理之处,但他过分强调了"得意"在于"忘象"、"忘言",把"意"看做是可以脱离言、象而独立自存的东西,由此导向了唯心论。

王弼继老、庄之后,对逻辑思维能否把握"道"的问题提出责难。他说:

> 可道之道,可名之名,指事造形,非其常也。③
>
> 名以定形。混成无形,不可得而定,故曰"不知其名"也。④

---

① 王弼:《周易略例·明象》,《王弼集校释》,第 609 页。
② 王弼:《周易略例·明象》,《王弼集校释》,第 591 页。
③ 王弼:《老子注》一章,《王弼集校释》,第 1 页。
④ 王弼:《老子注》二十五章,《王弼集校释》,第 63 页。

　　　　有形则有分。有分者，不温则凉，不炎则寒。故象而形
　　者，非大象。①

意思是说，名言、概念用以"指事造形"，要求同对象（事、形）有一
一对应关系；这样"名以定形"，也就是把对象分解开来，凉则不
温，寒则不炎，成为片面性的东西了。而道是"混成之物"，"大象
无形"，所以非名言、概念所能把握。但是，"不可名"者也仍然要
用名言来表达。于是，王弼谈到了两种表达方式：一是用"对反之
名"来揭示"不可名之理"，二是给"无名"以"称谓"。他说：

　　　　温者不厉，厉者不温；威者必②猛，不③猛者不威；恭者不
　　安，安者不恭，此对反之常名也。若夫温而能厉，威而不猛，
　　恭而能安，斯不可名之理全矣。故至和之调，五味不形；大成
　　之乐，五声不分；中和备质，五材无名也。④

温与厉、威与不猛、恭与安，这些相反对的概念，通常是把对象分
解开来加以把握的。而《论语》却说"子温而厉，威而不猛，恭而
安"。王弼以为，这就是用一种相反相成的语言，对圣人的"中和"
作了说明。这种说明方式正在于揭示"不可名之理"，圣人的中和
的本质是不能用五行之类的概念加以分析的。

――――――――――

① 王弼：《老子注》四十一章，《王弼集校释》，第 113 页。
② "必，原作"心"，此据《玉函山房辑佚书》本校改。——初版编者
③ "不"字旧脱，此据《玉函山房辑佚书》本补。——初版编者
④ 王弼：《论语释疑》，《王弼集校释》，第 625 页。

王弼又区分了"名"与"称"。他以为，"字之曰道"，"谓之曰玄"①，是"称谓"而不是"名号"。"名也者，定彼者也；称也者，从谓者也。名生乎彼，称出乎我。"②

就是说，名号是与对象相对应的，而称谓在于表达我所把握的义理。王弼以为，给"道"以各种称谓也都有其局限。

> 夫道也者，取乎万物之所由也；玄也者，取乎幽冥之所出也……然则道、玄、深、大、微、远之言，各有其义，未尽其极者也。③

就是说，称本体为道、玄、深、大、微、远等，也都只是分别取某个"义"，而没有全面地"尽其极"。王弼以为，一切名言均不可能"尽其极"。他说：

> 有分则失其极也……凡物有称有名，则非其极也。④

名号、称谓，都是分析，而一经分析就不是绝对。所以，王弼说，圣人的智慧是"无所别析，不可为明"⑤。圣人完全不作分析，他不是昭昭明察，而是"沌沌兮"像个"绝愚之人"。于是，王弼反对一切

---

① 王弼：《老子指略》，《王弼集校释》，第 196 页。
② 同上书，第 197 页。
③ 同上书，第 196 页。
④ 王弼：《老子注》二十五章，《王弼集校释》，第 64 页。
⑤ 王弼：《老子注》二十章，《王弼集校释》，第 48 页。

"殊类分析"①的知识，而去追求混然同一的绝对，最终陷入了蒙昧主义。

总起来看，王弼从本体论角度考察了"无"，构成了哲学发展的一个必要环节。他提出体用范畴，批评了汉儒烦琐学风，他的许多思辨性的论证，包含有不少理论思维的教训。但王弼使唯心主义的天命论取得了精致的甚至可说是迷人的形式。自王弼以后，以虚静为第一原理的"贵无"说一直成为玄学以至佛学、理学唯心主义的主要形态，长期地起着消极的作用。

第三节　嵇康："越名教而任自然"

魏晋时期，提倡玄学的人，其目的并不完全相同。当权者如何晏等，是企图用玄学来挽救名教的危机，而那些不愿与当权者合作的人清谈玄理，则是将它作为一种逃避现实、甚至对当权者表示抗议的方式。嵇康就属于后者。

嵇康（公元224年—263年），字叔夜，谯郡铚（今安徽宿县西南）人，在魏做过中散大夫，也称嵇中散。他不仅是三国时期著名思想家，还是文学家、音乐家，是"竹林七贤"②之一。其文思想新颖，诗长于四言。善鼓琴，以弹《广陵散》著名。并曾作《琴赋》。生活在司马氏力谋曹魏政权，统治阶级内部斗争十分尖锐的时

---

① 王弼：《老子注》五十八章，《王弼集校释》，第152页。
② "竹林七贤"：魏晋间七个文人名士的总称。《魏氏春秋》载："（嵇康）与陈留阮籍、河内山涛、河南向秀、籍兄子咸、琅邪王戎、沛人刘伶相与友善，游于竹林，号为七贤。"（《三国志·魏志·嵇康传》裴松之注引）

代。因反对司马氏的统治，反对礼法，排斥六经，"言论放荡，非毁典谟"①，为司马昭所杀。其著作有《嵇康集》②。

一、"非汤武而薄周孔"

对于名教和自然的关系，嵇康自称"非汤、武而薄周、孔"③，提出了"越名教而任自然"④的思想。这和何晏、王弼的主张有了很大不同。何、王仅仅是把名教置于从属的地位，给名教以形而上学的根据。而嵇康则公开要求摆脱名教的束缚，认为名教不是出于自然，而是当权的统治者"造立"出来的。他揭露说：

> 造立仁义，以婴其心，制为名分，以检其外，劝学讲文，以神其教。故六经纷错，百家繁炽，开荣利之涂，故奔骛而不觉。⑤

就是说，统治者鼓吹仁义，是为了束缚人们的思想；制定名分，是为了约束人们的举动；办学堂，讲经书，是为了神化自己的统治；而所有这些无非是引导人们去走争名夺利的道路。当时有人把接受礼教比之为"长夜之冥，得照太阳"⑥，嵇康反驳说：

---

① 房玄龄等：《嵇康传》，《晋书》第 5 册，第 1373 页。
② 《嵇康集》：原有的《嵇中散集》已佚。后人辑本以鲁迅辑校的《嵇康集》最为详备。鲁迅辑校本是从明吴宽丛书堂本钞出，用明黄省曾等刻本以及类书、古注等引文加以校刊，著其同异。
③ 嵇康：《与山巨源绝交书》，戴明扬校注：《嵇康集校注》，中华书局 2012 年版，第 198 页。
④ 嵇康：《释私论》，《嵇康集校注》，第 402 页。
⑤ 嵇康：《难自然好学论》，《嵇康集校注》，第 447 页。
⑥ 同上注。

> 今若以明堂为丙舍，以讽诵为鬼语，以六经为芜秽，以仁
> 义为腐臭……则向之不学，未必为长夜，六经未必为太
> 阳也。[①]

嵇康的著作中充满着这类辛辣的讽刺。他把名教和自然对立起来，以为按人的天性来说，是不乐意受礼教的束缚的，只是因为当今学习儒家经典和修揖让之礼能使人得到荣华富贵，所以便以六经为太阳了。其实，这正违反了人的自然。

嵇康所谓的"自然"是指人的自然欲望。"人性以从欲为欢……从欲则得自然。"[②]人生来都有食色之欲，满足了欲望，就自得其乐。嵇康同庄子一样，赞美人类的自然状态。他以为"鸿荒之世，大朴未亏"[③]那是最理想的社会。原始人"饱则安寝，饥则求食，怡然鼓腹，不知为至德之世也。若此，则安知仁义之端，礼律之文？"[④]这些说法，当然是不合乎科学的。但我们也不能停留在字面上来理解嵇康所说的"越名教而任自然"。鲁迅早已指出，嵇康、阮籍等人之所以反对礼教，是因为当时的统治者打着"以孝治天下"的幌子进行篡弑掠夺，并利用"名教"的名义，加罪于反对自己的人。于是，嵇康等人"以为如此利用，亵渎了礼教，不平之极，无计可施，激而变成不谈礼教，不信礼教，甚至于反对礼教——但

---

① 嵇康：《难自然好学论》，《嵇康集校注》，第 448 页。
② 同上书，第 447 页。
③ 同上书，第 446 页。
④ 同上书，第 446—447 页。

其实不过是态度,至于他们的本心,恐怕倒是相信礼教,当作宝贝"①。

鲁迅说得很对。嵇康反对礼教,主要是反对和揭露当时司马氏集团的黑暗统治。虽然嵇康自称"老子、庄周,吾之师也"②,他所讲的"越名教而任自然",确实和道家思想有承继的关系,但是嵇康和庄子在生活态度上大相径庭:庄子很随便,嵇康却很执着;庄子反对"师其成心",主张"和之以是非",而嵇康则被称为"师心以遣论"。③ 他还说:

> 若志之所之,则口与心誓,守死无二。耻躬不逮,期于必济。④

这种坚守自己的志向,心口相应,言行一致,至死不渝的性格,并不是道家的人生理想,而是孔墨的以身殉道的原则精神。

二、论"自然之和"

在天道观上,嵇康没有多谈有无问题,但其基本倾向是唯物主义的。

他继承了汉人的气一元论,说:

---

① 鲁迅:《魏晋风度及文章与药及酒之关系》,《鲁迅全集》第 3 卷,人民文学出版社 2005 年版,第 535 页。
② 房玄龄等:《嵇康传》,《晋书》第 5 册,第 1371 页。
③ 刘勰:《才略》,黄叔琳注,李详补注,杨明照校注拾遗:《增订文心雕龙校注》,中华书局 2012 年版,第 572 页。
④ 嵇康:《家诫》,《嵇康集校注》,第 544 页。

> 元气陶铄，众生禀焉。①
>
> 浩浩太素，阳曜阴凝。二仪陶化，人伦肇兴。②

他以为，世界上一切都是由元气变化产生的；"太素"（没有分化的元气）分化为阴和阳、天和地，进而化育出万物和人类。这基本上是王充、王符的观点。

稽康同庄子一样，认为自然界的运动变化是和谐的，是"至和之声"或"太和"。对于这"自然之和"，稽康从心与物的对立关系的角度作了考察，这是稽康在天道观上提供的新东西。他在《声无哀乐论》这篇著名的文章中集中地论述了这个问题。

稽康指出，儒家关于音乐的一些神话，如"仲尼闻韶，识虞舜之德；季札听弦，识众国之风"之类，都是"滥于名实"的无稽之谈。他说：

> 心之与声，明为二物。③
>
> 音声之作，其犹臭味在于天地之间。其善与不善，虽遭浊乱，其体自若，而无变也。岂以爱憎易操，哀乐改度哉?④

意思是说，声音和人的感情，是客观和主观的对立。声音的发生和传播就像气味的传播一样，气味好闻不好闻，声音和谐不和谐，

---

① 稽康：《明胆论》，《稽康集校注》，第 428 页。
② 稽康：《太师箴》，《稽康集校注》，第 533 页。
③ 稽康：《声无哀乐论》，《稽康集校注》，第 353 页。
④ 同上书，第 346 页。

虽然可以被扰乱，但它们本身的客观存在却是"其体自若"，不会因人的爱憎而改变的。而人的哀乐则是人的内心感情的表现，是主观的。心和物、主观和客观的界限不能混淆。声音本身没有哀乐之情，音乐本身是"自然之和"，"不假人以为用"。[①] 当然，人听到了声音就会引起哀乐的情感，但这种情感是人内心的，而声音只是触发人引起哀乐的条件。

在认识论的领域，必须严格区分"主"与"客"，"能"与"所"。嵇康有见于此，从两方面作了阐明：

一方面，他指出，不能把主观的感情加之于客观事物，把它们说成是客观的属性。他说：

> 今以甲贤而心爱，以乙愚而情憎。则爱憎宜属我，而贤愚宜属彼也。可以我爱而谓之爱人，我憎则谓之憎人？所喜则谓之喜味，所怒则谓之怒味哉？[②]

就是说，不能以主观爱憎来判定人们的贤愚，不能因醉者的喜怒而说酒有喜怒之味。同样，也不能把主观的哀乐作为声波的属性。

另一方面，嵇康又认为，客观的物质运动不以人的主观为转移。他说：

> 音声有自然之和，而无系于人情。[③]

---

① 嵇康：《声无哀乐论》，《嵇康集校注》，第 352 页。
② 同上书，第 347 页。
③ 同上书，第 350 页。

> 律吕分四时之气耳……上生下生，所以均五声之和，叙刚柔之分也。然律有一定之声，虽冬吹中吕，其音自满而无损也。[①]

所谓"上生下生"，是指六律六吕按"三分损益律"而有"黄钟下生林钟，林钟上生太簇"等关系。以十二律同十二月相配，中吕位于四月，但决不因为人们在冬天吹中吕之律，它就变音了。嵇康是个音乐家，对乐律很有研究。他强调了乐律的客观性，指出音乐有其内在的和谐秩序，是不以人的哀乐之情为转移的。

嵇康讲"声无哀乐"，并非说音乐与人的情感无关，人们在欣赏音乐时总是有情感的反应。但他以为，这种反应不是哀乐，而是躁动与安静、专一与散漫等。譬如人到闹市游观，就感情躁动；而听了乐曲，就安静下来了。他说：

> 躁静者，声之功也；哀乐者，情之主也；不可见声有躁静之应，因谓哀乐皆由声音也。[②]

嵇康以为，人在听音乐时的"躁静之应"，是对声音的"舒"、"疾"的反应，音乐是由舒疾、单复、高低之音组成的"自然之和"，而哀乐则并非对"自然之和"的反应。他说：

> 五味万殊，而大同于美；曲变虽众，亦大同于和。美有

---

① 嵇康：《声无哀乐论》，《嵇康集校注》，第 352 页。
② 同上书，第 354 页。

甘,和有乐;然随曲之情,尽于和域;应美之口,绝于甘境。安
得哀乐于其间哉……且声音虽有猛静,猛静各有一和。和之
所感,莫不自发。何以明之? 夫会宾盈堂,酒酣奏琴,或忻然
而欢,或惨尔而泣。非进哀于彼,导乐于此也。[①]

是说,人们欣赏音乐,随着曲调变化会有动静等情感反应,而在总
体上获得的是和谐之感,就像五味万殊,但在总体上却使人感到
味美一样。和谐即美,伴随和谐的美感,人们或欢乐、或哀泣,这
种哀乐是各人主观自发的,而并非音乐之"功"。

稽康又假托古代圣王"崇简易之教,御无为之治"来谈艺术的
起源。他说:

和心足于内,和气见于外;故歌以叙志,儛以宣情。然后
文之以采章,照之以风雅,播之以八音,感之以太和……使心
与理相顺,气与声相应,合乎会通,以济其美。故凯乐之情,
见于金石;含弘光大,显于音声也。[②]

这基本上是儒家的"言志"说:诗歌、舞蹈、音乐抒发人的情志,感
情与理想一致,表现于形气与声音相应,主观与客观统一于和谐,
艺术形象(包括乐曲的演奏等)体现了和乐之情与弘大的理想,这
就是艺术美。但是稽康所说的"理"是指"自然之理"或"太和",它
是超越名教和伦理的。那么,儒家说的"移风易俗,莫善于乐"应

---

① 稽康:《声无哀乐论》,《稽康集校注》,第 354—355 页。
② 同上书,第 357 页。

作如何解释呢？嵇康以为，艺术本身并不具有移风易俗的功能，只是因为人们都喜欢听和谐的音乐，所以把"乐"与"礼"配合，起了教化的作用。他指出：

> 丝竹与俎豆并存，羽毛与揖让俱用，正言与和声同发。使将听是声也，必闻此言；将观是容也，必崇此礼……久而不变，然后化成。此又先王用乐之意也。①

就是说，使诗歌、音乐、舞蹈始终与礼教相配合，久而不变，习惯成自然，人们就受教化而移风易俗了。

综上所述，嵇康从心与物的对立关系来考察"自然之和"，在天道观与美学理论上提出了独特的见解，基本上是朴素唯物主义的观点。不过，他过分强调了主观与客观的区分，说两者是"殊途异轨、不相经纬"②，这就陷入了二元论。他批评了儒家关于"乐"的一些神话和迷信，强调音乐本身有它的"自然之和"，所以应该科学地研究和声、节奏、音律，把声音的美同主观的哀乐区分开来，把艺术的美同道德的善区分开来。这样作分析的研究，在美学理论上是一个进步。不过，嵇康在某种程度上把分析变成了分割。他不懂得音乐作为艺术和美的对象，不仅仅是自然物和人的自然相一致，而且有人的社会本质对象化在上面。音乐（以及其他艺术）渗透了社会的人的感情，体现了社会的人的理想。因此，真正的艺术品必须表达人民的哀乐之情，要求美与善与真的有机统一。

---

① 嵇康：《声无哀乐论》，《嵇康集校注》，第 358 页。
② 同上书，第 355 页。

三、对宿命论的挑战

在"形神"问题上，嵇康认为形、神两者是互相依赖的。他说：

形恃神以立，神须形以存。①

但是嵇康也没有克服二元论。他实际上是同《淮南子》、王充一样，用精气来解释精神现象。他在《明胆论》中讲"明胆异气"，就是说，有的人聪明，有的人有胆量，这种精神上的差异，是由于所禀受的气不同而造成的。他以为，神仙"似特受异气，禀之自然，非积学所能致也"②，而一般人如果善于养生，清虚寡欲，也能达到"外物以累心不存，神气以醇白独著"的境界，再通过"呼吸吐纳"的锻炼，加上药物的营养，于是"形神相亲，表里俱济"③，就可以活到数百岁，甚至千余岁。这种观点也是道教所主张的，显然是受到了神仙家的影响。

不过，嵇康并非真的想"与羡门比寿、王乔争年"④。从实践上说，他学养生之术是为了避世逃祸，而从理论上说，他讲性命可以导养，则是反对了"死生有命，富贵在天"的说法。

他对"命有所定，寿有所在，其祸不可以智逃，福不可以力致"⑤的宿命论思想作了批评：

---

① 嵇康：《养生论》，《嵇康集校注》，第 252—253 页。
② 同上注。
③ 同上注。
④ 同上书，第 255 页。
⑤ 嵇康：《难宅无吉凶摄生论》，《嵇康集校注》，第 473 页。

　　　　然唐虞之世，命何同延？长平之卒，命何同短？此吾之
　　所疑也……寿夭之来，生于用身；性命之遂，得于善求。然则
　　夭短者，何得不谓之愚？寿延者，何得不谓之智？苟寿夭成
　　于愚智，则"自然之命不可求"之论，奚所措之？[①]

稽康认为，人的性命固然是自然的禀赋，但是能不能"尽性命"，则
要看人的主观努力。同样是种田，因为耕作、培植不同，收成的结
果可以相差很远；同样道理，人的生命，可以因愚于用身而夭折，
也可以因智而善求得长寿。所以他说"寿夭成于愚智"。

　　在"力"和"命"的关系上，他强调人力。至于富与贵，他认为
善养生者是视之为身外之物的。他说：

　　　　盖将以名位为赘瘤，资财为尘垢也，安用富贵乎？故世
　　之难得者，非财也，非荣也，患意之不足耳。意足者，虽耦耕
　　畎亩，被褐啜菽，莫不自得。[②]

在他看来，名利、富贵并非人的出于天性的要求，人们以"意足"为
自得，所以"得志者，非轩冕也"[③]。如果能"得志"，那么，即使过贫
苦的生活也会感到欢乐。

　　自从儒术独尊以来，董仲舒的天命论占据了统治地位。王充
未能动摇它，王弼又把它变得更精致了些。稽康在人道观上肯定

────────────

① 稽康：《难宅无吉凶摄生论》，《稽康集校注》，第473—474页。
② 稽康：《答难养生论》，《稽康集校注》，第297页。
③ 同上书，第304页。

人力的作用,并突出了一个"志"字,具有向宿命论挑战的意义。这在当时可称为空谷足音! 嵇康说:

> 人无志,非人也……若夫申胥之长吟,夷叔之全洁,展季之执信,苏武之守节,可谓固矣。故以无心守之,安而体之,若自然也。乃是守志之盛者耳。[①]

> 所谓达则兼善而不渝,穷则自得而无闷,以此观之,故尧舜之君世,许由之岩栖,子房之佐汉,接舆之行歌,其揆一也。仰瞻数君,可谓能遂其志者也。故君子百行,殊途而同致。循性而动,各附所安。[②]

他认为,一个人不论是"穷"还是"达",不论是处于何种困难的境地,都要牢固地守住自己的志向,坚持不懈,保持节操;始终行心之所安,一切出之自然而非勉强,那便是"遂志"、"得志"了。

在这里,嵇康强调了培养人的德性、节操,要靠意志力;道德行为,要出于意志的自愿选择(出于自愿,才是"所安")。意志具有"专一"与"自愿"的双重品格,虽然是先秦儒家已经指出了的,但嵇康有其独特之处,他把意志的自愿同道家的自然原则联系起来了。他说:

> 夫民之性,好安而恶危,好逸而恶劳。故不扰则其愿得,

---

① 嵇康:《家诫》,《嵇康集校注》,第544页。
② 嵇康:《与山巨源绝交书》,《嵇康集校注》,第196页。

不逼则其志从。[①]

他以为六经、名教引诱人去追逐荣利，压抑人的自然欲望，就是对人性的"扰"与"逼"。所以，人们只有挣脱名教的束缚，不受外力的逼迫，行动出于自愿，才能真正安逸。他还指出：

　　若遇上古无文之治，可不学而获安，不勤而得志，则何求于六经，何欲于仁义哉？[②]

可见他强调的是伦理学上的自愿原则，而对自觉原则（通过学习锻炼来培养自觉的德性）未免有所忽视。不过，他敢于向宿命论挑战的精神，是很可贵的。

四、"得意忘言"，"越名任心"

　　嵇康对"名实"、"言意"之辩也作了探讨。他也讲"得意忘言"，说：

　　吾谓能反三隅者，得意而忘言。[③]

不过，嵇康的"得意忘言"，和王弼有原则的区别。王弼说的"得意在忘象"，是说概念（意）是第一性的，原理是事物、现象的本体，这

---

① 嵇康：《难自然好学论》，《嵇康集校注》，第 446 页。
② 同上书，第 448 页。
③ 嵇康：《声无哀乐论》，《嵇康集校注》，第 351 页。

是接近西方中世纪唯实论的主张。而嵇康则有类似于西方中世纪唯名论的倾向。他说：

　　　因事与名，物有其号。①
　　　夫言非自然一定之物，五方殊俗，同事异号，趣举一名，以为标识耳。②

他以为，名言只是标识、符号，而不是实在本身；人们赋予事物的名号，并非是固定不变的。由于各地习俗不同，同样的事物就有不同的名号，例如，我们把哭叫作哀，把歌叫作乐，而有的地方可能是"闻哭而欢，听歌而戚"③。嵇康由此推论说："玉帛非礼敬之实，歌舞非悲哀之主也。"④即是说，礼乐的表现形式并不等于它们的实际内容。这就为"越名教而任自然"提供了认识论的根据。

　　可见嵇康的名实观基本上是唯物主义的。他肯定实在是第一性的，不过以为名与实、言与意并不一致，所以主张"得意而忘言"，"弃名以任实"。⑤ 唯名论可能导致不可知论，嵇康也确实说过"况乎天下微事，言所不能及，数所不能分，是以古人存而不论，神而明之，遂知来物"⑥之类的话。但是，嵇康实际上认为世界是可以认识的。

---

① 嵇康：《声无哀乐论》，《嵇康集校注》，第 346 页。
② 同上书，第 352 页。
③ 同上书，第 346 页。
④ 同上注。
⑤ 嵇康：《释私论》，《嵇康集校注》，第 405 页。
⑥ 嵇康：《难宅无吉凶摄生论》，《嵇康集校注》，第 476 页。

他强调要求得自然之理。他说：

> 夫推类辨物，当先求之自然之理。理已定，然后借古义以明之耳。今未得之于心，而多恃前言以为谈证，自此以往，恐巧历不能纪耳。[1]

就是说，人们进行推理判断、分析综合，首先要寻求客观的自然之理，而古人所讲过的道理只能起辅助作用；如果没有把握自然之理，却拿古人的话作为立论的根据，没完没了地推论下去，就决不能得到正确的认识。所以嵇康讲"得意"，是要求得自然之理；而讲"忘言"，则具有反对教条的意义。他以为，那种"上以周孔为关键……驰骤于世教之内"[2]的人是决不能"通变达微"，获得真理的。

那么，怎样才是"善求"自然之理呢？嵇康说：

> 故善求者，观物以微，触类而长，不以己为度也。[3]

这话包括三层意思：一是深入细致地观察，把握事物的微妙变化；二是依据类进行推理，举一反三；三是不凭主观猜测，以外物校验。这些是科学方法的基本要求。嵇康是一个很善于运用逻辑推理进行论辩的作家。在他的那些和别人进行反复驳难而写成

---

[1] 嵇康：《声无哀乐论》，《嵇康集校注》，第 349 页。
[2] 嵇康：《答难养生论》，《嵇康集校注》，第 303 页。
[3] 嵇康：《答释难宅无吉凶摄生论》，《嵇康集校注》，第 506—507 页。

的论文中,所提出的论点不见得都正确,但却言之成理,持之有故,论证和驳斥显得很有逻辑力量。

在嵇康看来,从认识对象来说,"得意"在求得自然之理;而从精神主体来说,"得意"就在"自得"。他在《赠兄秀才入军》中写道:

> 俯仰自得,游心泰玄。嘉彼钓叟,得鱼忘筌。郢人逝矣,谁可尽言?①

这里说的得鱼忘筌,是指一种人生态度。《晋书》称阮籍"得意忽忘形骸",也是这个意思。

怎样才能达到"俯仰自得","得意忘言"的思想境界呢?嵇康以为应"越名任心"。他说:

> 越名任心,故是非无措也……君子之行贤也,不察于有庆而后行也。任心无邪,不识于善而后正也。显情无措,不论于是而后为也。是故傲然忘贤,而贤与庆会;忽然任心,而心与善遇;傥然无措,而事与是俱也。②

意思是说,不是从名教、名分上来考虑是非、善恶、庆赏与罪罚,而是完全凭良心行事,行为出之于内心的自然要求。这样"越名任心",既不借"是"或"善"的名义来行动,也没预计可获庆赏的后

---

① 嵇康:《赠兄秀才入军》,《嵇康集校注》,第24页。
② 嵇康:《释私论》,《嵇康集校注》,第402—403页。

果，行为却真正成为"与是俱"、"与善遇"、"与庆会"。

　　嵇康在这里讲了两层意思：一方面，"心有是焉，匿之以私；志有善焉，措之为恶"①。理智能把握"是"，意志趋向于"善"。然而，如果自私用智，真理便会被隐匿，善便会变为恶。所以一定要"弃名以任实"②。另一方面，如果克服了自私用智之病，真正做到"心无措乎是非"，那就能"行不违乎道"而"物情顺通"③，行为便都成为"善"的了。所以，嵇康说：

　　　　是故言君子，则以无措为主，以通物为美。④

这里说的"美"，是指美的人格。他以为这种人格具有"体清神正，而是非允当"的特征，他"神以默醇，体以和成"⑤，真像个超脱尘世的仙子。他在诗中写道：

　　　　目送归鸿，手挥五弦。⑥

然而在同一组诗中，他又写道：

　　　　弹琴咏诗，聊以忘忧；

---

① 嵇康：《释私论》，《嵇康集校注》，第 405 页。
② 同上注。
③ 同上书，第 402 页。
④ 同上注。
⑤ 嵇康：《答难养生论》，《嵇康集校注》，第 298 页。
⑥ 嵇康：《赠兄秀才入军》，《嵇康集校注》，第 24 页。

贵得肆志,纵心无悔。①

这正反映了他内心有一种难以排遣的忧思,性格中有一点非常执着的东西。

稽康用他的诗和文、用他一生的行动(直到最后的临刑自若,援琴而鼓,叹曰:"《广陵散》于今绝矣!"②),描绘了一个封建专制统治下的"异端"性格,使后人"梦想见容辉",永远怀念着。但他在理论上以为一个人只要"越名任心",就能"体清神正,而是非允当",则是把问题简单化了。

第四节　裴頠"崇有"论以及辩析名理的思潮

与稽康同时代,杨泉著《物理论》③,晋初,裴頠著《崇有论》④,他们反对唯心主义的"贵无"说,发展了唯物主义的"崇有"理论。当时,与"有无"之辩(以及关于"形神"、"才性"等问题的争论)相联系,"言意"之辩深入了,"辩析名理"的思潮得到了发展,逻辑学

---

① 稽康:《赠兄秀才入军》,《稽康集校注》,第 29、32 页。
② 房玄龄等:《稽康传》,《晋书》第 5 册,第 1374 页。
③ 杨泉,生卒年代已无从查考。字德渊,梁国(今河南商丘)人。反对当时流行的清谈风气。因与当权的门阀士族不合作,没有做官。晋灭吴,征他为侍中,不就职。对天文、地理、工艺、农业、医学等有研究,终身从事著述。《隋书·经籍志》说:"梁有《杨子物理论》十六卷,《杨子太玄经》十四卷,并晋征士杨泉撰。"南宋以后,《物理论》和《太玄经》均失传。《物理论》有清孙星衍辑本,多辑自《意林》。而武英殿本《意林》有误,把傅玄的《傅子》与杨泉的《物理论》混杂了。清严可均已指出这一点,并辑有他的若干遗著。清末钱保塘作了重校。叶德辉曾见宋本《意林》,其中《物理论》与《傅子》未混杂,并辑有《傅子》,可参校。
④ 《崇有论》:保存在《晋书·裴頠传》中。

也受到了重视和取得了进步。由于文献散佚，我们现在虽然无从得知当时辩析名理思潮的全部面貌，但从欧阳建的《言尽意论》、鲁胜的《墨辩注序》中，还可以窥见魏晋时期唯物主义者的逻辑学说的基本观点，而刘徽《九章算术注》中所体现的逻辑思想，对后世的影响是十分巨大的。

一、裴𬱟"崇有"论反对"贵无"说

在裴𬱟以前的杨泉同嵇康一样主张气一元论。他说："皓天，元气也。皓然而已，无他物也。"①这也表明了他在宇宙论上主张宣夜说。但杨泉又与嵇康不同。他从儒家立场和要求发展生产的观点来反对玄谈，说："夫虚无之谈，尚其华藻，无异春蛙秋蝉，聒耳而已。"②因此，我们可以把杨泉看作是裴𬱟的先驱。

裴𬱟（公元 267 年—300 年），字逸民，河东闻喜（今属山西）人。其父裴秀是西晋开国功臣，杰出的地学家。《晋书·裴𬱟传》说裴𬱟"弘雅有远识，博学稽古，自少知名"③，"时人谓𬱟为言谈之林薮"④。官至尚书左仆射，后为赵王司马伦所杀，年仅 34 年。他不满于当时盛行的"口谈虚浮，不遵礼法"⑤的风气，写《崇有论》，替名教辩护。

裴𬱟以为，在理论上"贵无"而"贱有"，必定要破坏礼制与政教。他说：

---

① 杨泉：《物理论》，第 1 页。
② 同上书，第 11 页。
③ 房玄龄等：《裴𬱟传》，《晋书》第 4 册，第 1041 页。
④ 同上书，第 1042 页。
⑤ 同上书，第 1044 页。

贱有则必外形,外形则必遗制,遗制则必忽防,忽防则必忘礼。礼制弗存,则无以为政矣。[①]

裴頠出身于有名的士族家庭,是从士族的立场出发来维护礼教的。他的处境和嵇康不同。嵇康生活在魏晋禅代之际,他对司马氏集团的篡权很反感,所以要揭露名教的虚伪;裴頠则生活在西晋王朝开国之初,他要巩固当时的统治秩序,所以要维护名教。嵇康、杨泉、裴頠三人对待名教的态度虽大不相同,但都是唯物主义者,这同他们都重视科学是分不开的。《晋书·裴頠传》说裴頠"通博多闻,兼明医术"[②],可以说明这一点。

裴頠从本体论来探讨"有无"问题,肯定"有自生"而非"生于无"。他说:

夫至无者,无以能生,故始生者自生也。自生而必体有,则有遗而生亏矣。生以有为己分,则虚无是有之所谓遗者也。[③]

这里的"至无"就是绝对的无。前已讲到,王弼认为,道是"至无",由"至无"产生万物。裴頠则针锋相对地指出,"无"不能生"有",万物的开始产生,都是自己"生"出来的。既然物"自生"而必以"有"为体,那么,失去"有"也就是丧失"生"。对于以生为本分的

---

① 房玄龄等:《裴頠传》,《晋书》第 4 册,第 1044 页。
② 同上书,第 1042 页。
③ 同上书,第 1046 页。

物来说，虚无就是失去"有"的意思，又怎么能产生"有"呢？ 这样，他对"有生于无"的理论作了驳斥。

裴頠从唯物主义观点出发，批判王弼的"有生于无"，即从抽象原理产生具体事物的唯心主义理论。他说：

> 夫总混群本，宗极之道也；方以族异，庶类之品也。形象著分，有生之体也。化感错综，理迹之原也……是以生而可寻，所谓理也；理之所体，所谓有也。①

就是说，最高的"道"总括"万有"，"万有"区分为众多的物类。这些物类有形有象而彼此有别，都是有生化的实体；它们的变化和相互作用错综复杂，是客观规律的根源；生化而有脉络可寻，就是"理"，"理"所依存的实体，就是"有"。这样，他就用"理依存于物"的唯物主义观点，反对了"理（道）在物先"的唯心主义观点。

裴頠认为，具体事物都是"所禀者偏，偏无自足，故凭乎外资"②。事物由于是有限的、不自足的，所以都凭借其他条件而存在。他说：

> 有之所须，所谓资也。资有攸合，所谓宜也。择乎厥宜，所谓情也。③

---

① 房玄龄等：《裴頠传》，《晋书》第 4 册，第 1044 页。
② 同上注。
③ 同上注。

在他看来，人类要生存就必须依赖于物质条件，合适的条件叫做"宜"，"人情"总是要求选择那合适的条件以满足自己。"贵无"说讲无情无欲。裴頠认为，对情欲有所节制是应该的，所以《易》有"损、谦、艮、节之旨"，但决不能禁欲。"贵无"说还把无为解释为无所作为，其实，人只有凭借一定的条件才能生存，怎么能无所事事呢？裴頠举例说：一个人睡着不动，就捕不到水里的鱼；拱手端坐，就射不中高处的鸟。可见，"济有者皆有也"①，人只有有所作为，才能有益于自己。

裴頠以为，老子讲虚无，本来也有一定的道理。因为有所作为，总是感于物而动，而"动"却包含有两重性："故动之所交，存亡之会也。"②"失得由乎所接，故吉凶兆焉。"③是说，人的活动与外物交接，包含有存与亡、有与无的矛盾；寡欲，正是"所以宝生存宜"；④而纵欲，则"可谓以厚生则失生者也"⑤。在他看来，老子正是有见于此：

是以申纵播之累，而著贵无之文，将以绝所非之盈谬，存大善之中节，收流遁于既过，反澄正于胸怀。宜其以无为辞，而旨在全有，故其辞曰："以为文不足。"若斯，则是所寄之涂，一方之言也。若谓至理信以无为宗，则偏而害当矣。⑥

---

① 房玄龄等：《裴頠传》，《晋书》第 4 册，第 1047 页。
② 同上书，第 1046 页。
③ 同上书，第 1044 页。
④ 同上注。
⑤ 同上注。
⑥ 同上书，第 1046 页。

他认为，老子"著贵无之文"，正是要说明放纵欲望与行为失去节制的害处，而且教人少私寡欲，反于澄正。关于"圣智"、"仁义"、"巧利"，老子"以为文不足"。可见他讲"无"，目的在于保全"有"，因此，老子所寄托的途径，有部分的道理。但如果真的以"无"为宗旨，那便是用片面的东西来损害"至理"或大道了。

裴頠认为，"以无为本"的人实际上是以精神为本体，把精神看作是"无"，把事物看作是"有"。他说：

> 心非事也，而制事必由于心，然不可制事以非事，谓心为无也。匠非器也，而制器必须于匠，然不可制器以非器，谓匠非有也。①

王弼说"形器，匠之所成，非可以为匠也"②，何晏说"事而为事，由无以成"③，他们正如裴頠在这里所指出的，是用"制事由心"、"制器须匠"来论证"有生于无"。裴頠则以为"济有者皆有也"④，制器的手和制事的心也都是"有"。人类在与外物交接中认识自然，依据规律来从事生产和建立制度，这并非从"无"生"有"，而是以"有"济"有"。他说：

> 贤人君子，知欲不可绝，而交物有会。观乎往复，稽中定

---

① 房玄龄等：《裴頠传》，《晋书》第 4 册，第 1047 页。
② 王弼：《老子注》三十八章，《王弼集校释》，第 95 页。
③ 何晏：《道论》，见张湛注《列子·天瑞》。杨伯峻撰：《列子集释》，第 11 页。
④ 房玄龄等：《裴頠传》，《晋书》第 4 册，第 1047 页。

务。惟夫用天之道，分地之利，躬其力任，劳而后飨；居以仁顺，守以恭俭，率以忠信，行以敬让，志无盈求，事无过用，乃可济乎！①

就是说，人不能无欲，而应该认识与外物交接的时间条件，考察事物的往复转化过程，遵守中正之理以确定任务；只有根据自然规律，利用土地资源，努力进行劳动生产，而后才能有酒食享用；同时，还要遵守名教，有所节制。在他看来，这就是以"有"济"有"的正当途径。

裴頠的《崇有论》在当时被称为"名论"。它讲"有自生"和"有"为"理之所体"，这是鲜明的唯物主义观点。它从心和物的交互作用来揭示"贵无"说的认识论根源，即把片面的东西（对欲望要有所节制）绝对化，把心之制事歪曲为从"无"生"有"。这个见解也是相当深刻的。当然，这篇论文比较简短，有些论点未能充分展开。而且裴頠没能从矛盾的观点来说明事物的"自生"，表现出把"有"和"无"截然对立的独断论倾向。他维护名教的士族立场，显然有阶级局限性。

二、欧阳建"言尽意"论反对"言不尽意"说

"有无"之辩和"言意"之辩密切相关。裴頠没有专文讨论言意问题，但《崇有论》说："立言在乎达旨。"②又说："形器之故有征，

---

① 房玄龄等：《裴頠传》，《晋书》第 4 册，第 1044 页。
② 同上书，第 1046 页。

空无之义难检。辩巧之言可悦，似象之言足惑。"①认为立言在于阐明意旨，说出理由要有验证，反对诡辩与似是而非之说。这里包含着他在"言意"之辩上的唯物主义态度。

在裴頠之前，王弼和嵇康都讲"得意忘言"。虽然王弼有唯实论倾向，嵇康有唯名论倾向，但认为意和言有矛盾则是共同的。当时有个荀粲②，更夸大了这种矛盾。据《魏志·荀彧传》注引何劭《荀粲传》说：

> 　　粲独好言道，常以为子贡称夫子之言性与天道不可得闻，然则六籍虽存，固圣人之糠秕。粲兄俣难曰："《易》亦云圣人立象以尽意，系辞焉以尽言，则微言胡为不可得而闻见哉？"粲答曰："盖理之微者，非物象之所举也。今称立象以尽意，此非通于意外者也；系辞焉以尽言，此非言乎系表者也。斯则象外之意，系表之言，固蕴而不出矣。"③

他认为，言象不能通于言象之外的"意"，"理"不能用任何语言文字表达出来，这就把理与象、意与言完全割裂开来了。这样，人们之间要交流思想就成为不可能的事情，而逻辑也就被否定了。荀粲可说是"言不尽意"说的最极端的代表。

"贵无"说和"言不尽意"说密切相联系。唯心主义者往往在

---

① 房玄龄等：《裴頠传》，《晋书》第 4 册，第 1045 页。
② 荀粲，生卒年代不详，字奉倩。三国时曹操谋士荀彧（公元 163 年—212 年）之子。死时年仅 29 岁。
③ 陈寿：《荀彧传》，《三国志》第 2 册，第 319—320 页。

本体论上讲"贵无"，在认识论上便主张"言不尽意"，并认为"意"是第一性的东西。和裴頠同时代的欧阳建提出唯物主义的"言尽意"说，对"言不尽意"说作了驳斥。

欧阳建（约公元 267 年—300 年），字坚石，渤海南皮（今河北南皮东北）人。《晋书·欧阳建传》称他"雅有理思，才藻美赡，擅名北州"。曾任尚书郎、冯翊太守，甚得时誉。被赵王司马伦所害，年仅三十余。著作保存下来的有《言尽意论》①。

欧阳建在《言尽意论》中说：

> 形不待名，而方圆已著；色不俟称，而黑白以彰。然则名之于物，无施者也；言之于理，无为者也。②

就是说，客观的形和色并不有待于名称才得以表现，名言对于客观事物并无所施予，事物的规律并不因被言语表达而有改变。这也就是嵇康在《声无哀乐论》所强调的论点：客观事物的存在是不以人们的主观认识为转移的。这是讨论言意关系的唯物主义前提。

欧阳建又进一步指出：名、言虽无施于物，却又是必要的。他说：

> 理得于心，非言不畅；物定于彼，非名不辨。言不畅志，

---

① 《言尽意论》：保存在《艺文类聚》和严可均辑《全晋文》中。
② 欧阳建：《言尽意论》，《全上古三代秦汉三国六朝文》，第 650 页。

　　则无以相接；名不辨物，则鉴识不显。①

这里指出了名、言的功能有两个方面：其一，事物作为对象而存在（"定于彼"），如果不用名称、概念加以辨别，人们对它的认识就不清晰；其二，人们心中有了对事物的规律性的认识，如果不用语言把它表达出来，就不能和别人交流思想。这就是说，"意"要靠"言"来阐发和交流。如果没有语言作为物质的外壳，人们对事物的概念（"意"）就不会清晰，也无法把自己的思想（"意"）告诉别人了。

　　欧阳建又指出，物并无"自然之名"，理并无"必定之称"，名称是人们为了辨别事物和交流思想而制定的。他说：

　　　　欲辨其实，则殊其名，欲宣其志，则立其称。名逐物而迁，言因理而变，此犹声发响应，形存影附，不得相与为二矣。苟其不二，则言无不尽矣。②

在他看来，辨别形形色色的客观事物，需要用不同的名；阐发思想、道理，需要用语言形式把它固定下来。名称（概念）确实是把事物分割开来、固定下来加以把握的。但"意"是事物及其规律的反映，而事物又是变化发展的，所以名言也要随之变迁，这就像声与响、形与影的关系一样，言、意随着物变迁，也仍然是一一对应的。

---

① 欧阳建：《言尽意论》，《全上古三代秦汉三国六朝文》，第 650 页。
② 同上注。

概念与对象具有一一对应的关系，这是形式逻辑同一律的客观基础。欧阳建正确地指出了名、言要随物、理而变迁，"不得相与为二"①，因此，他的《言尽意论》在形式逻辑的范围内是完全正确的。但他到这里停止了，未能进一步指出名实、心物的统一是一个矛盾运动的过程。他仅仅强调言与意的统一，而对言与意之间的矛盾未免忽视了。

三、辩析名理的思潮与鲁胜《墨辩注序》

《世说新语·言语》②篇说："裴仆射善谈名理，混混有雅致。"注引《冀州记》说："裴弘济有清识，稽古，善言名理。"③什么叫做"善言名理"呢？用现在的话来说，就是善于运用辩论术和逻辑。裴颛的《崇有论》确是一篇雄辩的逻辑严密的著作。

"言意"之辩说明魏晋时的人们有浓厚的逻辑兴趣。清谈误国，固然有很大消极作用，不过在讨论和论战过程中，辩论术和逻辑却获得了发展。这种积极成果就体现在对"名理"的辩析之中。

不只是裴颛"善言名理"，魏晋南北朝时期被称为"精名理"的人还很多。例如，《世说新语·文学》篇说"傅嘏善言虚胜，荀粲谈尚玄远"④，《魏志·钟会传》说"（钟会）⑤有才数技艺，而博学精练

---

① 欧阳建：《言尽意论》，《全上古三代秦汉三国六朝文》，第 650 页。
② 《世说新语》：南朝宋刘义庆著，梁刘孝标注。是当时思想言论资料的汇编。通行本有《四部丛刊》本、《四部备要》本和《思贤讲舍》本。
③ 《言语》，刘义庆撰，杨勇校笺：《世说新语校笺》，中华书局 2006 年版，第 72—73 页。
④ 《文学》，《世说新语校笺》，第 177 页。
⑤ 钟会（公元 225 年—264 年），字士季。三国时魏颍川长社（今河南长葛东）人。官至司徒，为司马昭重要谋士。景元四年（公元 263 年），与邓艾分军灭蜀。次年谋叛被杀。曾与傅嘏诸人论才性同异。著有《道论》20 篇，今佚。

名理"①；《晋书·孙盛传》说"（孙盛）②善言名理"③等。《世说新语·文学》篇还有关于当时辩论或清谈的许多具体事例的记载，如：

> 何晏为吏部尚书，有位望，时谈客盈坐。王弼未弱冠，往见之。晏闻弼来，乃倒屣迎之，因条向者胜理语弼曰："此理仆以为极，可得复难不？"弼便作难，一坐人便以为屈。于是弼自为客主数番，皆一坐所不及。④

所谓"胜理"，就是在辩论中取得胜利的论题与论证。何晏举出他的"胜理"问王弼能诘难否，王弼提出了很有说服力的诘难，使一座人都以为驳倒了对方。于是，王弼又转过来作为主方替那个"胜理"辩护，回答诘难。如此"自为客主数番"，把辩论引向深入。这就是所谓"清言析理"的"正始之音"⑤。

　　这样的清谈析理，可以流于诡辩，给人一种似是而非的满足，而"不辩其理之所在"⑥。所以裴頠特别反对"辩巧之言"和"似象之言"。不过，这种辩论确实也促使人们注意对逻辑问题的研究，先秦名家的一些论题，这时被重新提了出来，久被遗忘了的墨学

----

① 陈寿：《魏志·钟会传》，《三国志》第 3 册，第 784 页。
② 孙盛，生卒年代不详。字安国，东晋太原中都（今山西平遥西北）人。官至秘书监，加给事中。《隋书·经籍志》著录"《孙盛集》五卷"已佚。现保存的著作有《易象妙于见形论》（见《世说新语·文学》）和《老子疑问反讯》、《老聃非大贤论》（见《广弘明集》卷五）。
③ 房玄龄等：《孙盛传》，《晋书》第 7 册，第 2147 页。
④ 《文学》，《世说新语校笺》，第 175 页。
⑤ 同上书，第 190 页。
⑥ 同上书，第 207 页。

又受到了重视。

现存《列子》出于魏晋人的伪造。①《列子·仲尼》篇假托乐正子舆与公子牟对话，借公孙龙之名提出若干论题，可以看作是魏晋人感兴趣的逻辑问题。

> 乐正子舆曰："子，龙之徒，焉得不饰其阙？吾又言其尤者。龙诳魏王曰：'有意不心。有指不至。有物不尽。有影不移。发引千钧。白马非马。孤犊未尝有母。'其负类反伦，不可胜言也。"公子牟曰："子不谕至言而以为尤也。尤其在子矣。夫无意则心同。无指则皆至。尽物者常有。影不移者，说在改也。发引千钧，势至等也。白马非马，形名离也。孤犊未尝有母，有母②非孤犊也。"③

这里提到的七个论题，可以分为两组：后四个为一组，基本上是先秦名家和墨辩的老问题；前三个为一组，其中"指不至"虽也是先秦辩者提出来的，但把这三个论题联系起来看，显然反映了魏晋时玄学家的看法。"有意不心，无意则心同"；"有指不至，无指则皆至"；"有物不尽，尽物者常有"三个论题，讲的是主体以"名"指"物"时的"心"、"物"、"指"三者的关系，这确实是逻辑学上的重要

---

① 《汉书·艺文志》著录《列子》8 篇，战国时列御寇作。原书已佚。今本《列子》8 篇，从唐柳宗元开始就怀疑是后人伪作。其内容或则抄录先秦、汉人著作中的材料加以编纂而成，或则反映了魏晋时代的思想。现在一般公认它是魏晋时的伪作。晋人张湛作有注。通行本有《四部丛刊》本、《道藏》本。近人杨伯峻有《列子集释》。

② "有母"2 字旧脱，据俞樾说补。——初版编者

③ 《仲尼》，杨伯峻撰：《列子集释》，中华书局 2011 年版，第 141—142 页。

问题。《世说新语·文学》篇有一段记载说：

> 客问乐令"旨不至"者。乐亦不复剖析文句，直以麈尾柄确几曰："至不？"客曰："至。"乐因又举麈尾曰："若至者，那得去？"于是客乃悟服。乐辞约而旨正，皆此类。[1]

意思是，以名指物，就好比用麈尾指几，马上就离去了，能说这是"至"么？一切名、言（概念）都是用来"指事造形"，要求和对象有对应关系；然而这种对应关系是不稳定的，因为对象在经常变动着；所以以名指物，并不能"至"（达到、把握）对象。同时，就对象说，有所"指"就是"有物"，即把对象分割开来加以描述。王弼说过："名必有所分，称必有所由。有分则有不兼，有由则有不尽。"[2]所以，以名指物总是"有物不尽"（不全面）的。而就主体来说，当以名指物时心中有个概念（"意"），它就是名的内容，而一有"意"，那便不能虚心应物，发挥心应有的作用了，所以说"有意不心"。这样，魏晋时的玄学家就揭示了逻辑思维过程中的心（意）、物、指三者都包含有矛盾。但同先秦的辩者一样，提出这些论题的人并不以为矛盾是事物的本质，他们得出的结论是：唯有"无意"、"无指"才能"尽物"。虚心应物，心与万物玄同，就是"皆至"、"常有"了。这是玄学家的唯心主义理论。

　　比《列子·仲尼》更为重要的是晋初鲁胜作的《墨辩注》。

　　鲁胜，字叔时，生卒年代不详。代郡（今山西阳高西南）人。

---

① 《文学》，《世说新语校笺》，第182页。
② 王弼：《老子指略》，《王弼集校释》，第196页。

曾任佐著作郎,后迁建康令。除注《墨辩》外,"又采诸众杂,集为《形名》二篇"①。很可惜,鲁胜的逻辑著作,除《墨辩注序》②外,都已散失。

鲁胜在《墨辩注序》中说:

> 名者,所以别同异,明是非,道义之门,政化之准绳也。孔子曰:"必也正名,名不正则事不成。"墨子著书,作辩经以立名本。惠施、公孙龙祖述其学,以正形名显于世。孟子非墨子,其辩言正辞则与墨同。荀卿、庄周等皆非毁名家,而不能易其论也。名必有形,察形莫如别色,故有坚白之辩。名必有分明,分明莫如有无,故有无序之辩③。是有不是,可有不可,是名两可。同而有异,异而有同,是之谓辩同异。至同无不同,至异无不异,是谓辩同辩异。同异生是非,是非生吉凶。取辩于一物而原极天下之污隆,名之至也。④

这段话可说是集中反映了他对逻辑问题的看法。

鲁胜以为,名学的任务既为了在逻辑上"别同异,明是非",又为了在道德和政治上确立规范、准则。这大体上同于《墨经》与荀子的见解。

他对先秦逻辑思想的演变提出了一个看法:由孔子"正名"发

---

① 房玄龄等:《隐逸传》,《晋书》第 8 册,第 2434 页。
② 鲁胜:《墨辩注序》,保存于《晋书·隐逸传》中。
③ "故有无序之辩",疑当作"故序(同叙)有无之辩"。——初版编者
④ 房玄龄等:《隐逸传》,《晋书》第 8 册,第 2433—2434 页。

其端，由墨子的《经》确立"名本"，名家是墨学的发展，而反对名、墨的孟子、荀子、庄子等，其"辩言"（论证与驳斥）与"正辞"（正确的判断）也都不能违背名学。这一看法虽不见得吻合历史事实，但不失为系统的见解。

鲁胜对先秦名学所争论的问题也作了概括。以为主要有"坚白之辩"、"有无之辩"、"争两可"、"辩同异"等。（他把有无之辩与其他三者并列，显示了魏晋的时代特色。）就名实关系来说，他指出，"名"在于察形别色、分辨有无，这是《墨经》的"以名举实"的唯物主义观点的发展。他主张"名必有分明"，强调了名称（概念）对事物作分析具有明辨的作用，不赞成"无名"论。这也就肯定了形式逻辑的地位。"争两可"、"辩同异"，当然都要遵守形式逻辑的规律；不过鲁胜说"同而有异，异而有同"，"至同无不同，至异无不异"[1]，已触及了同异的辩证关系，并说明他赞成惠施的"万物毕同毕异"。他说"同异生是非，是非生吉凶"[2]则可能吸取了《易传》的思想。

可以猜想，鲁胜的《墨辩注》同《墨经》一样，是一个形式逻辑的科学体系，但也揭示了普通逻辑思维中的若干辩证法因素。它既继承和发展了先秦的名学，又具有魏晋的时代特色。

四、刘徽《九章算术注》中的逻辑思想

同一时代的各个领域的理论思维是相互联系着的。哲学、逻辑学和具体科学是互相影响的。虽然鲁胜的《墨辩注》不幸散失，

---

① 房玄龄等：《隐逸传》，《晋书》第 8 册，第 2434 页。
② 同上注。

但我们从刘徽的《九章算术注》①中还是可以看到魏晋之际逻辑学的水平。

刘徽的生卒年代不详。他在魏景元四年(公元 263 年)注《九章算术》九卷,《重差》一卷,《九章重差图》一卷。唐代初年,《九章重差图》已失传,《重差》一卷单行,被称为《海岛算经》。他在注《九章算术》时提出很多创见。

逻辑和数学有着特别密切的关系。在古希腊,亚里士多德逻辑被运用于几何学,欧几里得《几何原本》是一个严密的形式逻辑的公理系统。中国古典数学理论是由魏晋之际刘徽奠定基础的,《九章算术》(加上刘徽注)在中国数学史上的地位,与《几何原本》在西方数学史上的地位大体相当。这是两个各有特色而可以互相媲美的数学理论体系。从逻辑来说,《九章算术注》也有着不同于《几何原本》的特点。

刘徽在《九章算术注·序》的开头说:

　　昔在包牺氏始画八卦,以通神明之德,以类万物之情,作九九之术,以合六爻之变。暨于黄帝,神而化之,引而伸之。于是建历纪,协律吕,用稽道原。然后两仪四象,精微之气,可得而效焉。②

---

① 《九章算术》:系统总结了战国、秦、汉时期的数学成就。经多次增补,特别是西汉时期许多人的增补,至迟在公元 1 世纪时,已有了现传本的内容。其中负数、分数计算,联立一次方程解法都是具有世界意义的成就。有刘徽和唐代李淳风等的注释。
② 刘徽:《九章算术注·序》,刘徽注,李淳风注释:《九章算术》,中华书局 1985 年版,第 1 页。

这段话表明：刘徽在天道观上主张气一元论。他指出数学和《易》学以及天文、历法、音律有着密切联系，这是符合历史事实的。那么，怎样用数来"效"精微之气、类万物之情呢？他说：

> 事类相推，各有攸归。故枝条虽分，而同本干者，知发其一端而已。又所析理以辞，解体用图，庶亦约而能周，通而不黩，览之者思过半矣……至于以法相传，亦犹规矩度量，可得而共，非特难为也。①

意思是说，根据类来进行推理，各有所归趋，就像从同一树干分出枝条一样，从本干来"发其一端"，便可以触类旁通；用论断来进行分析、推理，用图形来进行解析、验证，便可用简约的公式表示到处适用的道理，形成贯通的理论，但也不是滥用思辨。总之，数学方法就在于建立"法"或公式作模型，就像规矩度量那样，是普遍有效的。

刘徽所说的"析理以辞"，也就是用辞来辨析"名理"的意思。他所说的"法"，也就是《墨经》中的"效也者，为之法也"的"法"。《九章算术注·序》所说的演绎法的基本原理，即根据"类"来建立"法"以进行推导，贯串于全书之中，并在多处得到了阐明。不过，刘徽数学方法的特点，在于不仅严格遵守形式逻辑，而且还注意揭示数学的逻辑思维中的辩证法因素。例如，他说："今两算得失相反，要令正负以名之。"②即用"得失相反"来说明正负数的涵义。因此，他认为正与负是相对的，在一个方程中，正负可以同时变

---

① 刘徽：《九章算术注·序》，《九章算术》，第1页。
② 刘徽：《方程》，《九章算术》，第129页。

号,在方程组解法中加法消元与减法消元也可以看成是统一的方法。这就揭示了正与负、加与减的对立统一关系。又如,他提出求圆周率的割圆术,说:"割之弥细,所失弥少,割之又割,以至于不可割,则与圆周合体而无所失矣。"①这里用的是极限方法,揭示了曲线与直线可以互相转化,有限和无限是对立的统一,其中也包含着微积分思想的萌芽。再如,刘徽说的"析理以辞,解体用图"②,也包含有用代数和几何相结合的方法来进行几何学研究的意思。《九章算术注》关于几何学的理论,明显地体现了形与数,几何与代数的统一。

总之,从逻辑学的角度来看,刘徽的《九章算术注》虽然是一个演绎体系,但同时也揭示了丰富的辩证法因素,说明辩证法是数学的逻辑思维所固有的。这对中国以后的数学发展有很大的影响。

第五节　向秀、郭象论"有而无之"
——"独化"说反对形而上学的本体论

魏晋时期,围绕着"有无(动静)"之辩,何晏、王弼提出"贵无"说,嵇康有"崇有"的倾向,裴頠则明确地用"崇有"论来反对"贵无"说。而向秀、郭象的《庄子注》③却主张"有而无之"④,"独化于

---

① 刘徽:《方田》,《九章算术》,第 12 页。
② 刘徽:《九章算术注·序》,《九章算术》,第 1 页。
③《庄子注》:有《续古逸丛书》本,清郭庆藩《庄子集释》本。近人王叔岷所作《郭象庄子注校记》采集各种版本加以校刊,可以参考。
④ 向秀、郭象:《庚桑楚》注,郭庆藩著,王孝鱼点校:《庄子集释》,中华书局 2012 年版,第 798 页。

玄冥之境"①,提出了有无（动静）统一的理论,实质上是用相对主义反对形而上学的本体论。

一、向秀、郭象与《庄子注》

向秀（约公元 227 年—272 年）,魏晋之际哲学家。字子期,河内怀（今河南武陟西南）人,竹林七贤之一。官至黄门侍郎,散骑常侍。曾为《庄子》作注。又有《思旧赋》,为哀吊嵇康、吕安之作。

郭象（？—公元 312 年）,西晋哲学家。字子玄,河南（今河南洛阳）人。官至黄门侍郎,太傅主簿。好老庄,善清谈。著有《庄子注》,另外还有《论语体略》②一书。

关于《庄子注》的作者问题,历来有争论,《晋书·郭象传》说:《庄子注》是向秀所作,向秀死后,"秀子幼,其义零落",而郭象"为人行薄,以秀义不传于世,遂窃以为己注,乃自注《秋水》、《至乐》二篇,又易《马蹄》一篇,其余众篇或点定文句而已。③ 认为是郭象偷了向秀的著作,自己加了三篇。但《晋书·向秀传》说:郭象是在向秀注的基础上"又述而广之"④。拿张湛⑤《列子注》所引的向

---

① 向秀、郭象:《庄子注序》,《庄子集释》,第 3 页。
② 《论语体略》:或称《论语隐》,已佚。部分内容保留在南朝梁皇侃《论语义疏》中。
③ 房玄龄等:《郭象传》,《晋书》第 5 册,第 1379 页。
④ 房玄龄等:《向秀传》,《晋书》第 5 册,第 1374 页。
⑤ 张湛,东晋学者,字处度,高平（今山东金乡西北）人。官至中书侍郎、光禄勋。作《列子注》。序中自称,曾于永嘉之乱渡江,在亲属中收集《列子》多篇,"参校有无,始得全备"。有人认为《列子》一书可能出于张湛的编凑。注中征引何晏《道论》、《无名论》和《庄子》向秀、郭象注文,虽不像王弼《老子注》、向秀、郭象《庄子注》那样成体系,但保存了一些魏晋时期哲学史资料,也表达了作者的哲学观点。并说《列子》之旨"往往与佛经相参",可见其玄学已受佛学的影响。

秀注和郭象注与现存《庄子注》进行对照，可以看出《晋书·向秀传》的说法比较符合事实。因为张湛所引郭象注，都不在上述三篇之内，而所引向秀注，则大多保存在现存的《庄子注》中，所以应把现存的《庄子注》看作向、郭二人的共同著作。

《列子注》中有两段引文值得注意。

一段是《列子·天瑞》注中引的向秀注，这是今本郭象注中没有的：

> 向秀注曰：吾之生也，非吾之所生，则生自生耳。生生者岂有物哉？故不生也。吾之化也，非物之所化，则化自化耳。化化者岂有物哉？无物也，故不化焉。若使生物者亦生，化物者亦化，则与物俱化，亦奚异于物？明夫不生不化者，然后能为生化之本也。①

向秀这段话的最后结论是：只有"不生不化者"才能成为"生化之本"。这样就拖了一根"贵无"说的尾巴，承认"无"是万物之本。而通观郭象的注，却没有这种思想。

另一段是在《列子·黄帝》注中引的向秀注：

> 向秀曰：同是形色之物耳，未足以相先也。以相先者，唯自然也。②

---

① 向秀：《天瑞》注，《列子集释》，第4—5页。
② 向秀：《黄帝》注，《列子集释》，第49页。

向秀认为事物不能先于事物，只有"自然"才先于万物。但现存《庄子·达生》郭象注中，只有"同是形色之物耳，未足以相先也"①的话，将"以相先者，唯自然也"去掉了。郭象是既不承认有"不生不化者"作为"生化之本"，也不承认"自然"和"道"先于万物。在他看来，自然就是万物自己运动的意思。这就是"独化"说。大概向秀已经有"独化"的思想（他说"生自生，化自化"），但"独化"说的完成者是郭象。在现存的《庄子注》中，郭象对向秀注确是尽量引用，但也作了改造。

晋宋之际的诗人谢灵运②说："向子期以儒道为壹。"③就是说，向秀主张自然与名教的统一。郭象也持这一观点。《庄子注》认为，儒家讲的"圣人"与《庄子》讲的"神人"是统一的。尧舜不但有圣人之名，且"必有神人之实"。作为圣人，尧舜是最高的统治者，是讲礼教法制的，但在精神上，却是绝对的逍遥自在。所以说："夫圣人虽在庙堂之上，然其心无异于山林之中。"④"俯仰万机，而淡然自若。"这也就是所谓"游外弘内之道"⑤。当时，门阀士族掌握着政权，过着极端腐朽豪华的生活，但又要自命清高，超然物外。郭象本人也是这一类人，因此，他要用"游外弘内"之类来粉饰门阀士族的统治。《庄子注》也讲圣王"无为而治"。它说：

---

① 郭象：《达生》注，《庄子集释》，第 633 页。
② 谢灵运（公元 385 年—433 年），南朝宋诗人。陈郡阳夏（今河南太康）人，移籍会稽。其诗善于刻划自然景物，开文学史上的山水诗一派。这里的话引自他的《与诸道人辨宗论》。
③ 谢灵运：《答法勖问》，李运富编注：《谢灵运集》，岳麓书社 1999 年版，第 310 页。
④ 郭象：《逍遥游》注，《庄子集释》，第 32 页。
⑤ 郭象：《大宗师》注，《庄子集释》，第 273 页。

　　　　夫治之由乎不治，为之出乎无为也……若谓拱默乎山林
　　之中而后得称无为者，此庄老之谈所以见弃于当涂，当涂者
　　自必于有为之域而不反者，斯由之也。①

就是说，"无为"不是拱手静默，过隐居生活，而应是用"无为"（不
治）来治天下。这就把老庄自然无为之谈同政治统治结合起来。
那么，什么叫做"为之出乎无为"呢？就是要使"能方者为方，能圆
者为圆，任其所能，人安其性"②。《庄子注》打比喻说：

　　　　夫工人无为于刻木而有为于用斧；主上无为于亲事而有
　　为于用臣。臣能亲事，主能用臣，斧能刻木而③工能用斧；各
　　当其能，则天理自然，非有为也。若乃主代臣事，则非主矣；
　　臣秉主用，则非臣矣。故各司其任，则上下咸得而无为之理
　　至矣。④

各用其性，各当其能，各安其位，这就是"无为"，这就是天理自然。
按《庄子注》的说法，封建等级制度就是最合理的制度。上下各安
其位，"虽复皂隶，犹不顾毁誉而自安其业"⑤。做奴隶的也要安于
自己的地位。如果不这样，"以下冒上"，那就要把天下搞乱。
　　《庄子注》的"无为"思想与庄子大不相同。庄子对现实持嘲

① 郭象：《逍遥游》注，《庄子集释》，第 27 页。
② 郭象：《胠箧》注，《庄子集释》，第 364 页。
③ 《道藏》本无"而"字，此从《古逸丛书》本。——初版编者
④ 郭象：《天道》注，《庄子集释》，第 470 页。
⑤ 郭象：《齐物论》注，《庄子集释》，第 64 页。

讽、否定的态度，而《庄子注》却美化、歌颂现实，把封建统治说成天然合理。这是门阀士族的意识形态。这种维护现存秩序的思想当然是保守的，具有麻痹人民的作用。但是，在魏晋时期，社会动乱得太久，人民要求安居乐业，《庄子注》的这种思想也是对人民愿望的曲折反映。所以，对《庄子注》讲"无为而治"要一分为二。

二、有无统一，"独化而相因"

就"有无（动静）"之辩来说，《庄子注》同裴頠一样，认为"无"不能生"有"。

> 非唯无不得化而为有也，有亦不得化而为无矣。是以夫①有之为物，虽千变万化，而不得一为无也。不得一为无，故自古无未有之时而常存也。②

这是说，"有"和"无"不能互相生化。"有"即存在，"无"即空无。从总体上说，天地万物作为"有"，虽千变万化，没有一个时候会变为"无"，"有"是常存的。分别地说，事物现象虽不断变化，但"有"不会变为"无"，所以任何"有"都是"化尽无期"③。《庄子注》有时也把"有"叫做"气"，说：

---

① "夫"，旧作"无"，从世德堂本校改。——初版编者
② 郭象：《知北游》注，《庄子集释》，第 758 页。
③ 郭象：《田子方》注，《庄子集释》，第 706 页。

一气而万形,有变化而无死生也。①

它认为,就具体事物来说,气聚就生,气散就死,气本身则无死生。天地万物就是这样不断地聚散变化,天下没有不变的事物,变化是绝对的。

《庄子注》以为"有"就是运动变化本身,"有"就是"化"。它说:

> 夫无力之力,莫大于变化者也;故乃揭天地以趋新,负山岳以舍故。故不暂停,忽已涉新,则天地万物无时而不移也。世皆新矣,而自以为故;舟日易矣,而视之若旧;山日更矣,而视之若前。今交一臂而失之,皆在冥中去矣。故向者之我,非复今我也。我与今俱往,岂常守故哉?②

这里说的变化是"无力之力",即变化后面没有一个力量(实体)推动变化,而变化又确实有力地推动天地、山岳、舟车等一切事物不断新陈代谢。天地万物的变化是没有一刻停止的,"无时而不移"。世界就是处于这样一个永恒的变化之流中,一交臂就失去了原来的状态。《庄子注》讲运动变化是绝对的,实际上是对运动变化作了静观的描绘,认为物体在这个瞬间是在这个位置,在下一个瞬间就在下一个位置,于是运动就被看作是无数刹那生灭状

---

① 郭象:《至乐》注,《庄子集释》,第 628 页。
② 郭象:《大宗师》注,《庄子集释》,第 249 页。

态的连续。而"时不暂停，而今不遂存"[1]，"现在"刚到，这个"现在"便马上过去了。而"我与今俱往"，前一刻之"我"变为此刻之"我"，此刻之"我"变为下一刻之"我"，"我"并没有静止状态，一切事物都没有稳定的质的规定性。在这"日新之流"中，什么都留不住，一切现象即生即灭，"皆在冥中去矣"。这样，"有"就成了"无"。这就是《庄子注》经常讲的"玄冥之境"。

> 玄冥者，所以名无而非无。[2]

这个"玄冥"或"无"并非是"有不能生无，无不能生有"的"无"（没有），而是无形无象的"无"（虚无）。《庄子注》肯定"有"、"化"是绝对的，把实有和变化统一起来，作为世界的第一原理。但按其思辨方法推论，最后归结为玄冥，即虚无。因此，《庄子注》的整个哲学体系就是"有而无之"（这个"无"不是没有，而是"玄冥"），认为"有"和"无"统一，或者说是即"有"即"无"。

《庄子注》所谓的"玄冥"（虚无），从本体论的意义上说，包含有两层意思：一是上面说的"交臂失之，皆在冥中去矣"，这种借绝对运动来否定事物的质的规定性以论证"虚无"的方法，是庄子早就用了的。二是从万物各自独化（自己运动）而又彼此相因来说，万物在无形中联系成为一个有机整体，这种无形的联系（所谓"玄合"）就是"道"。这是《庄子注》首先提出的"独化于玄冥之境"的新学说。下面我们就来论述这种新学说。

---

[1] 郭象：《齐物论》注，《庄子集释》，第119页。
[2] 郭象：《大宗师》注，《庄子集释》，第262页。

　　向秀、郭象的"独化"说也是一种"莫为"说。《庄子·则阳》注在评价季真和接子这两家学说时写道：

　　　　季真之言当也……物有相使，亦皆自尔。故莫之为者，未为非物也。凡物云云，皆由莫为而过去。①

它认为季真"莫为"说是对的。事物间互相作用，似乎有"使物之功"，其实也是出于自然无为。《庄子·齐物论》注中也讲到这一思想，说：

　　　　凡物云云，皆自尔耳，非相为使也，故任之而理自至矣②。物皆自然，无使物然也。③

是说，万物都是自然而然的，自己产生，自己变化，自己运动，并没有一个力量使它们这样做。这就叫"独化"。

　　《庄子注》关于"独化"说的主要论证有两条：

　　第一，"无"不能生"有"。它说：

　　　　无既无矣，则不能生有；有之未生，又不能为生。然则生生者谁哉？块然而自生耳。自生耳，非我生也。我既不能生

---

① 郭象：《则阳》注，《庄子集释》，第909—910页。
② 郭象：《齐物论》注，《庄子集释》，第62页。
③ 同上注。

物，物亦不能生我，则我自然矣。自己而然，则谓之天然。①

"无"中不能生"有"，所以不能说"有"是从未生状态或他物产生
的，因为相对于这个现存的"有"来说，它的未生状态或他物正是
"无"。因此，只能说万物都是自生的。但所谓"自生"并不是说有
一个"我"在那里产生"有"，而是自然而然的意思。

第二，要避免逻辑推理上无穷尽地往上推。《庄子注》说：

> 若责其所待而寻其所由，则寻责无极，卒至于无待，而独
> 化之理明矣。②

如果寻找事物产生的外在原因，即事物的"所待"者，那么此"所
待"者也要寻找其"所待"者，原因之上还有原因，这样就要无穷尽
地往上推。为了避免这种情况，那就必须承认"有"是"无待"，即
不依赖他物而自生的。所以只有肯定"独化"之理，才能从逻辑推
理上讲得通。

两条论证对王弼的"有皆始于无"和裴颜的"偏无自足故凭乎
外资"提出了反题，但同样是片面的。不过，"独化"说的显著的积
极意义，在于它否定造物主和否定形而上学的精神本体。《庄
子·齐物论》注说：

> 世或谓罔两待景，景待形，形待造物者。请问：夫造物

---

① 郭象：《齐物论》注，《庄子集释》，第55页。
② 同上书，第117页。

者,有耶无耶? 无也? 则胡能造物哉? 有也? 则不足以物众形……故造物①者无主,而物各自造,物各自造而无所待焉,此天地之正也。②

这里用了形式逻辑的二难推论:造物者或是"有"或是"无",只有这两种可能;"无"是不能造物的,而"有"是一个具体事物,不可能造出众多的事物来;由此得出结论——没有造物者。向秀、郭象是无神论者,他们既否定造物主,也反对神学目的论。《庄子·大宗师》注说:"今一遇人形,岂故为哉? 人非故为,时自生耳。"③就是说,一个人的形状不是上帝有目的地造出来,而是在一定时间条件下,人自然产生的。这与董仲舒的"天地故生人"的说法是相对立的。《庄子注》认为,天不是什么上帝,天就是自然界。说:

> 天者,自然之谓也。④
>
> 故天者,万物之总名也。莫适为天,谁主役物乎? 故物各自生而无所出焉,此天道也。⑤

就是说,自然界(天或天地)就是万物的总和。自然即天然,意思就是没有什么主宰者在役使万物,而万物都是自己运动,自然变化。自然变化的秩序就是天道。

---

① "物",世德堂本作"化",此从《古逸丛书》本。——初版编者
② 郭象:《齐物论》注,《庄子集释》,第117—118页。
③ 郭象:《大宗师》注,《庄子集释》,第268页。
④ 同上书,第229页。
⑤ 郭象:《齐物论》注,《庄子集释》,第56页。

同王弼一样，向秀、郭象也称"道"为"无"。但他们的"独化"说却是同"贵无"说对立的。《庄子注》不是把道看作为"体"，却提出"道无能也"的命题。《庄子·大宗师》注说：

> 道无能也，此言得之于道，乃所以明其自得耳。自得耳，道不能使之得也。[1]

它以为，"道"并不能生成万物，不能使万物得性，不是一个动力，万物都是自己成长，自然得性的。前面说过，王弼认为"道"是一个形式因，先于天地万物。《庄子注》否定了这一观点，在它看来，没有一个存在于万物之先的东西。

> 谁得先物者乎哉？吾以阴阳为先物，而阴阳者即所谓物耳。谁又先阴阳者乎？吾以自然为先之，而自然即物之自尔耳。吾以至道为先之矣，而至道者乃至无也。既以无矣，又奚为先？然则先物者谁乎哉？而犹有物，无已，明物之自然，非有使然也。[2]

认为阴阳、自然、道都不能在物之先；物自然存在、自己运动，世界就是"有物无已"。这就既反对了"或使"说，又反对了"贵无"说，是接近唯物论的观点。

以上说明，"独化"说是无神论，并否定有在物之先的精神本

---

① 郭象：《大宗师》注，《庄子集释》，第 256 页。
② 郭象：《知北游》注，《庄子集释》，第 795 页。

体,肯定事物自己运动,这些都是合理的因素。然而《庄子注》到此停步了,以为无需更进一步探讨什么是事物自己运动的源泉问题。它说:

> 无待而独得者,孰知其故,而责其所以哉?①
> 夫物事之近,或知其故。然寻其原,以至乎极,则无故而自尔也。自尔则无所稍问其故也,但当顺之。②

意思是说,所谓"独化"、"无待",便是指事物的运动变化不依存于某一个根源,所以用不着到现象之后或之先去追问原因。事物的自己运动都是"无故而自尔"。生者自生,死者自死,方者自方,圆者自圆,"未有为其根者"③。就这点说,《庄子注》的学说接近于现象论④。

《庄子注》以为万物的生成"外不资于道,内不由于己",既没有一个"道"作为本体,也没有一个"我"作为灵魂,事物彼此之间也没有"相待"的关系。例如,通常人们以为"罔两待影,影待形,形待造物者",《庄子注》却说:

> 彼我相因,形景俱生,虽复玄合,而非待也……故罔两非

---

① 郭象:《齐物论》注,《庄子集释》,第117页。
② 郭象:《天运》注,《庄子集释》,第499页。
③ 郭象:《知北游》注,《庄子集释》,第733页。
④ 现象论:一种唯心主义和不可知论的学说,否认现象之外的本体存在,或认为事物的自身或事物的本体非人所能知。

影之所制，而影非形之所使，形非无之所化也。[①]

《庄子注》的"独化"说一方面否定了王弼的"贵无"说，以为"无"不是本体，而是万物的"玄合"；另一方面也不同于裴頠的"崇有"论，因为裴頠以为具体的物都是"偏无自足，故凭乎外资"，也就是有待于外的。而《庄子注》则以为"物各自造而无所待"，大鹏、小鸟都"各足于其性"，形与影也是"俱生而非待"，万物都是独立自存、自己运动的。

不过，独立自存并非没有联系。《庄子注》在讲"独化"的同时，又讲"相因"，以为事物之间存在着普遍的有机的联系。但"彼此相因"是互相为"缘"，而非所待之"故"，并且这种联系是无形的，是"玄合"。正因为万物各自独化而无所待，才彼此相因，在无形中联系成为一个"玄冥之境"。所以说：

> 夫相因之功，莫若独化之至也。[②]
> 天下莫不相与为彼我，而彼我皆欲自为，斯东西之相反也。然彼我相与为唇齿，唇齿者未尝相为，而唇亡则齿寒。故彼之自为，济我之功弘矣，斯相反而不可以相无者也。[③]

《庄子注》认为，天下万物都是互为彼我而对立的，然而相反相成，对立的彼我是不可分割地联系着的，就像"东西相反而不可以相

---

① 郭象：《齐物论》注，《庄子集释》，第 118 页。
② 郭象：《大宗师》注，《庄子集释》，第 246 页。
③ 郭象：《秋水》注，《庄子集释》，第 577 页。

无"，就像唇齿那样虽各自为却有"唇亡而齿寒"的关系。在《庄子·大宗师》注中又说：

> 故虽区区之身，乃举天地以奉之。故天地万物，凡所有者，不可一日而相无也。[①]

这就是说，任何个体都和宇宙全体相联系，宇宙间所有现象互相联系着。在《庄子·秋水》注中又说：

> 天地阴阳，对生也；是非治乱，互有也。[②]

这里说的"对生"、"互有"，就是对立统一。这些都是接近辩证法的语言，也可以说含有辩证思维的因素。

但是，这还不是真正的辩证法，而是黑格尔所说的那种"主观的辩证法"，只能给人以一种似是而非的满足，而并不能揭示客观世界的内在本质。《庄子注》所讲的种种对立统一，如"唇齿相依"，"东西相反而不可相无"，"无地阴阳对生也"等等，是对立的概念之间的反复推论或对立的规定的静止的直接的同一，而并不是矛盾的发展过程。他说"独化于玄冥之境"，实际上是说世界是一个和谐的、无矛盾的统一体，所以归根到底这是一种相对主义理论，是变相的形而上学观点。

---

① 郭象：《大宗师》注，《庄子集释》，第 230 页。
② 郭象：《秋水》注，《庄子集释》，第 582 页。

三、"遇"即是"命"

《庄子注》讲自然，也包括必然和偶然。它也以为道就是必然的秩序、规律，说：

> 所以取道，为^①有序也。物得其道而和，理自适也。理适而不失其分也。^②

"物得其道"，即合乎规律地生成，便是自得其性分。《庄子注》以为，物各有性，性分皆从"至理"或"和理"中来，具有自然的必然性。说：

> 天性所受，各有本分，不可逃，亦不可加。^③

在他看来，小鸟翱翔于蓬蒿之间，而大鹏则非冥海不足以运其身，非抟扶摇而上者九万里不足以负其翼，这些都是"不得不然"。《庄子注》以为：

> 物无妄然，皆天地之会。^④

因为从"区区之身，乃举天地以奉之"的观点来看，任何事物都是

---

① 《古逸丛书》本及《道藏》本"为"后有"其"字，此从世德堂本。——初版编者
② 郭象：《天道》注，《庄子集释》，第 476 页。
③ 郭象：《养生主》注，《庄子集释》，第 134 页。
④ 郭象：《德充符》注，《庄子集释》，第 224 页。

自然界必然之网上的纽结,都处于无数客观条件的互相联系、配合之中。所以客观世界的一切运动变化都是"命之必行,事之必变"①的过程。

《庄子注》认为,人类历史也有其必然性。庄子出于对人类文明的否定态度,说:"禹之治天下,使民心变。"而《庄子注》却解释说:

> 承百代之流而会乎当今之变。其弊至于斯者,非禹也,故曰天下耳。言圣知之迹非乱天下,而天下必有斯乱。②

《庄子注》以为,天下有斯乱,这是"百代之流"即历史的长期演变与"当今之变"即当前的环境影响相结合而造成的,不能把过失推到夏禹一个人身上。从"百代之流"与"当今之变"相结合来考察,那就会认识到"事有必至,理固常通"③。《庄子注》认为,一切制度、礼法都是历史的产物,它必须适应时代、条件的需要;时代变了,它就变成为陈迹;如果抱着陈迹不放,"时过而不弃。即为民妖"④。它还说:

> 法圣人者,法其迹耳。夫迹者,已去之物,非应变之具也。⑤

① 郭象:《德充符》注,《庄子集释》,第 218 页。
② 郭象:《天运》注,《庄子集释》,第 530 页。
③ 郭象:《人间世》注,《庄子集释》,第 162 页。
④ 郭象:《天运》注,《庄子集释》,第 515 页。
⑤ 郭象:《胠箧》注,《庄子集释》,第 353 页。

> 　　所以迹者，真性也。夫任物之真性者，其迹则六经也。
> 况今之人事，则以自然为履，六经为迹。①

意思是说，效法圣人，是效法他的"迹"，但这个"迹"是过去之物，
是不能用来应变的，比如儒家的《六经》就是"迹"，并不是"所以
迹"的圣知。圣知"任物之真性"，就要依据时代、条件来改变制度
和礼义。

　　《庄子注》要求从"百代之流"和"当今之变"来考察历史事件
和人的作为，尽管这是抽象的提法，却包含有合理的因素。但决
不能说《庄子注》已掌握了历史规律。

　　它不仅认为历史的变化有其必然性，还认为一切事物、一切
现象都是必然的。说：

> 　　其理固当，不可逃也。故人之生也，非误生也。生之所
> 有，非妄有也。天地虽大，万物虽多，然吾之所遇适在于是，
> 则虽天地神明，国家圣贤，绝力至知而弗能违也。故凡所不
> 遇，弗能遇也，其所遇，弗能不遇也；凡②所不为，弗能为也，其
> 所为，弗能不为也。③
>
> 　　既禀之自然，其理已足。则虽沉思以免难，或明戒以避
> 祸，物无妄然，皆天地之会，至理所趣。必自思之，非我思也；
> 必自不思，非我不思也。或思而免之，或思而不免；或不思而

---

① 郭象：《天运》注，《庄子集释》，第534页。
② "凡"字据世德堂本补。——初版编者
③ 郭象：《德充符》注，《庄子集释》，第218页。

免之，或不思而不免。凡此皆非我也，又奚为哉？任之而自至也。[①]

总之，任何活动、任何遭遇都是必然的，神明、圣贤都不能违抗他所遇的"命行事变"。我沉思或不沉思，免难或不免难，都是不可改变的，这就是说，"遇"即是"命"，一切偶然现象都是必然的。

关于必然和偶然的关系问题，王充强调必然性与偶然性的区别，把二者割裂开来；王弼讲必然与偶然的统一，但用必然性吞并了偶然性；《庄子注》也讲二者的统一，却把必然性降低到偶然性。这一观点就像恩格斯所批评的："如果某个豆荚中有六粒豌豆而不是五粒或七粒这一事实，是和太阳系的运动规律或能量转化规律处于同一等级，那末实际上不是偶然性被提高为必然性，而倒是必然性被降低为偶然性。"[②]《庄子注》之所以持这种观点，是因为它认为一切都是"无故而自生"，用不到去追究它的原因（运动的源泉），这就否认了因果律，把必然性降低到偶然性，导致偶然论。

《庄子注》这一以"遇"为"命"的理论，要人随遇而安，听从命运的安排，具有很大的欺骗性。它说：

> 知不可奈何者命也而安之，则无哀无乐，何易施之有哉？故冥然以所遇为命而不施心于其间间，泯然与至当为一而无

---

① 郭象：《德充符》注，《庄子集释》，第 224 页。
② 恩格斯：《自然辩证法》，《马克思恩格斯选集》第 4 卷，第 325 页。

休戚于其中。①

　　命非己制，故无所用其心也。夫安于命者，无往而非逍
遥矣。故虽匡、陈、羑里，无异于紫极闲堂也。②

《文选》注说："郭子玄作《致命由己论》，言吉凶由己。"③此文已佚，
不能知其详。按照郭象的"独化"说，"性自得"，"命自致"，似乎很
重视个性自由。其实不然，他虽不讲宿命论，不认为命是一种外
在的强制力量，却也不认为"我"能制命（因为独化就是"外不资于
道，内不由于己"）。他要人们"冥然以所遇为命"，并且说这就是
"逍遥"（自由）。这样的"安命"，同董仲舒和王弼所说的"顺命"没
有什么本质的差别。

四、关于人的自由（逍遥）以及质用（性能）的统一

就自然和人为的关系来说，《庄子注》提出了和庄子颇为不同
的理论。

庄子"蔽于天而不知人"，他说："牛马四足，是谓天；落马首，
穿牛鼻，是谓人。"而《庄子注》却说：

　　人之生也，可不服牛乘马乎？服牛乘马，可不穿落之乎？
牛马不辞穿落者，天命之固当也。苟当乎天命，则虽寄之人
事，而本在乎天也。穿落之可也，若乃走作过分，驱步失节，

---

① 郭象：《人间世》注，《庄子集释》，第 162 页。
② 郭象：《秋水》注，《庄子集释》，第 569 页。
③ 陈宏天等主编：《昭明文选译注》第 6 册，吉林文史出版社 1994 年版，第 1597 页。

则天理灭矣。①

人类要服牛乘马，便须络马首、穿牛鼻，这是合乎自然的必然性的，所以这种"人事"也是"天然"。而只有过分地使用牛马，失去节制，那才是违背了天理。

庄子以为仁义是和人的天性相违背的，说："意仁义其非人情乎！彼仁人何其多忧也！"而《庄子注》却说：

> 夫仁义自是人之情性，但当任之耳。恐仁义非人情而忧之者，真可谓多忧也。②

在《庄子注》看来，不仅服牛乘马当乎天命，而且人伦关系也出于天性。这样，《庄子注》便从天人关系上论证了名教即自然，把儒家的人道原则同道家的自然原则统一起来了。《庄子注》还说：

> 夫仁义者，人之性也。人性有变，古今不同也。③
> 故当应时而变，然后皆适也。况夫礼义，当其时而用之，则西施也；时过而不弃，则丑人也。④

意思是，人性是历史地变化的，出于人性的仁义与礼乐也同样是

---

① 郭象：《秋水》注，《庄子集释》，第589—590页。
② 郭象：《骈拇》注，《庄子集释》，第325页。
③ 郭象：《天运》注，《庄子集释》，第521页。
④ 同上书，第517页。

历史地变化的。美与丑、善与恶的区别，就在于是否适性，是否当时。《庄子注》提出"人性有变，古今不同"的命题，虽然也是抽象的人性论，但比之人性不变的先验论，显然有其合理因素。

关于人的自由问题，庄子讲"逍遥"，是指那无待之人，"上与造物者游，而下与外死生无终始者为友"。而向、郭"逍遥义"，则包括"有待"与"无待"。《世说新语·文学》篇注：

> 向子期、郭子玄逍遥义曰：夫大鹏之上九万，尺鹦之起榆枋，小大虽差，各任其性；苟当其分，逍遥一也。然物之芸芸，同资有待，得其所待，然后逍遥耳。唯圣人与物冥而循大变，为能无待而常通。岂独自通而已。又从有待者不失其所待；不失，则同于大通矣。[1]

这里的"有待"，不是就物的生成来说的。按照"独化"说，"彼我相因，形景俱生，虽复玄合，而非待也"[2]。不过，从小鸟、大鹏到宋荣子、列子，他们既已生成而各具有性分，那么要"任其性，称其能"就需要一定的条件，这就是"所待"。《庄子注》说：

> 夫质小者所资不待大，而质大者所用不得小矣。故理有至分，物有定极，各足称事，其济一也。[3]

---

① 《文学》，《世说新语校笺》，第198—199页。
② 郭象：《齐物论》注，《庄子集释》，第118页。
③ 郭象：《逍遥游》注，《庄子集释》，第8页。

> 见所尝见,闻所未闻,而犹畅然;况体其体,用其性也![①]

这里涉及"质"和"用"亦即"体"和"用"的范畴。就客观事物来说,"质用"统一,有什么样的"质"(性分),就有什么样的"用"(功能)。物各具有自己的性分或质性,它的作用、功能就是质性的自然表现;作用是事物的自己运动,但需要一定的条件。就人们的认识来说,能达到"顺物而畅"的境地,那便是与物为"体",以物性之自然表现为"用",这样"体其体,用其性",也就是"体用"统一。我们知道,王弼首先提出了体用范畴,他是从道、本体上来讲的。《庄子注》则是从具体事物上来讲的,"质用"统一,就是物的自己运动。这是唯物主义的观点。后来范缜就运用了"质用"统一原理,解决形神关系问题。

不过,《庄子注》却把自然和自由混为一谈,这就抹煞了人的主观能动性(这是自由的一个本质属性)。它说:

> 夫小大虽殊,而放于自得之场,则物任其性,事称其能,各当其分,逍遥一也,岂容胜负于其间哉![②]
>
> 用其自用,为其自为,恣其性内而无纤芥于分外,此无为之至易也。无为而性命不全者,未之有也;性命全而非福者,理未闻也。故夫福者,即向之所谓全耳,非假物也,岂有寄鸿毛之重哉!率性而动,动不过分,天下之至易者也。[③]

---

① 郭象:《则阳》注,《庄子集释》,第 876 页。
② 郭象:《逍遥游》篇目注,《庄子集释》,第 1 页。
③ 郭象:《人间世》注,《庄子集释》,第 190 页。

这里，《庄子注》用"完全"来作"幸福"的定义，用"自为"来说明"自由"，有一定的道理。但是它讲"自为"即"无为"，认为人和物各自任性、称能，不"容胜负于其间"，这就完全忽视了意识的作用。《庄子注》以为，万物皆"足于天然"，只要自然无为，率性而动，不超过性分规定的界限（极），便无有不逍遥。所以世界本来是个"自得之场"。但是，为什么有的人却不自得，感到没有像鸟那样自由呢？在它看来，那正是人的意识造成的。人有意识，于是便产生"羡欲之累"，以小慕大，以卑羡贵，而"营生于至当之外，事不任力，动不称情"[1]，这就不能逍遥自得了。这一理论，从政治上来说，无非是叫人安分守己，服从门阀士族的统治罢了。

同时，《庄子注》以为，一般人的逍遥都是有限的，有条件的。"苟有待焉，则虽列子之轻妙，犹不能以无风而行，故必得其所待，然后逍遥耳。"[2]只有圣人才是"游无穷者"，"为能无待而常通，岂自通而已哉！"圣人不仅自己无往而非逍遥，而且能治理天下，使万物皆得其性。郭象在解释孔子"为政以德"一语时说：

> 万物皆得性谓之德。夫为政者奚事哉？得万物之性，故云德而已也。……得其性，则归之；失其性，则违之。[3]

他说的有最高的"德"的圣人，具有儒道为一的理想人格，同庄子

---

[1] 郭象：《逍遥游》注，《庄子集释》，第8页。
[2] 同上书，第23页。
[3] 郭象：《论语体略》，皇侃《论语义疏·为政》引，高尚榘校点：《论语义疏》，中华书局2013年版，第22—26页。

的"藐姑射之山之神人"显然不同。但郭象所说的圣人更加高不可攀，因为按他的说法，人都应安于性分，而不应有所企慕，所以"不问远之与近，虽去己一分，颜孔之际，终莫之得也"①。就是说，就连颜渊也不可能成为孔子，别人则更不必说了。

郭象同何晏一样，以为圣人是无情的。《论语》："颜渊死，子哭之恸"，郭象注说：

> 人哭亦哭，人恸亦恸。盖无情者与物化也。②

似乎孔子连自己最得意的学生去世时也不动感情，并且又装腔作势，人哭亦哭。而郭象却把这种虚伪、世故当作圣人的特征，正暴露了他的门阀士族的立场。

五、"体与物冥"与"因彼立言"

关于"形神"关系问题，《庄子注》说：

> 人之生，必外有接物之命，非如瓦石止于形质而已。③

是说，人不但有形质，还有精神活动，这种活动是"接物"而得的。这是唯物论观点。向秀《难养生论》也说：

---

① 郭象：《德充符》注，《庄子集释》，第 226 页。
② 郭象：《论语体略》，皇侃《论语义疏·先进》引，《论语义疏》，第 272 页。
③ 郭象：《山木》注，《庄子集释》，第 690 页。

夫人受形于造化，与万物并存，有生之最灵者也……有动以接物，有智以自辅，此有心之益，有智之功也。①

向、郭以为，人有心智故使人成为万物之灵，但是因此也带来了种种弊病，出现了尚名好胜，以小慕大，越俎代庖等等不安分的现象，这就是人"以灵知喜怒扰乱群生"②。《庄子注》以为，一个人不能"欲知而知，为见而见"，如果有意去追求"离朱之明"、"师旷之聪"，就会弄得"心神奔驰于内，耳目竭丧于外，身处不适则与物不冥矣"③。如要认识世界的真相，那就应该"捐聪明，弃智慧"④，"遗身忘知"⑤。"遗身忘知"，则"神全形具而体与物冥"⑥。在向、郭看来，圣人即"体与物冥者"，在精神上是非常逍遥自得的，他"放形骸于天地之间，寄精神于八荒之表"⑦。圣人"游外以弘内，无心以顺有"，所以他"终日见形，而神气无变，俯仰万机，而淡然自若"⑧。就是说，内外、有无、形神在圣人那里是统一的，圣人精神上的逍遥与日理万机的"见形"是不矛盾的，是自然地融成一体的两个方面。《庄子注》就是这样通过形神关系的论述来为门阀士族的统治寻找理论根据，把名教与自然这一争论不休的问题统一了起来。

---

① 向秀：《难养生论》，《嵇康集校注》，第 284 页。
② 郭象：《在宥》注，《庄子集释》，第 376 页。
③ 郭象：《人间世》注，《庄子集释》，第 157 页。
④ 郭象：《秋水》注，《庄子集释》，第 592 页。
⑤ 郭象：《德充符》注，《庄子集释》，第 205 页。
⑥ 郭象：《齐物论》注，《庄子集释》，第 102 页。
⑦ 郭象：《知北游》注，《庄子集释》，第 738 页。
⑧ 郭象：《大宗师》注，《庄子集释》，第 273 页。

那么,怎样才能达到"神全形具而体与物冥"呢? 庄子曾提出"心斋"、"坐忘",《庄子注》也强调"忘"。《庄子·齐物论》和《注》写道:

> 古之人其知有所至矣,恶乎至? 有以为未始有物者,至矣尽矣,不可以加矣。(郭注:此忘天地,遗万物,外不察乎宇宙,内不觉其一身,故能旷然无累,与物俱往,而无所不应也。)其次以为有物矣,而未始有封也。(注:虽未都忘,犹能忘其彼此。)其次以为有封焉,而未始有是非也。(注:虽未能忘彼此,犹能忘彼此之是非也。)①

《庄子·庚桑楚》也有类似的一段话,郭注说:

> 或有而无之,或有而一之,或分而齐之,故谓三也。此三者虽有尽与不尽,然俱能无是非于胸中。②

我们把这两段注释中的"三者"倒过来进行分析。《庄子注》认为,人要真正把握万物的真相,第一步是"分而齐之",就是要做到忘是非(但还存在着彼此的界线)。诸子百家各私所见,儒墨更相是非。"欲明无是无非,则莫若还以儒墨反复相明。"③所谓"反复相明",就是以儒非墨,以墨非儒,用"是儒墨之所非,而非儒墨之所

---

① 郭象:《齐物论》注,《庄子集释》,第 81 页。
② 郭象:《庚桑楚》注,《庄子集释》,第 798 页。
③ 郭象:《齐物论》注,《庄子集释》,第 70 页。

是者"①的办法，来破儒墨之是非。第二步是"有而一之"，就是要忘彼此，将彼此统一起来，去掉彼此间的一切界限、区别（但以宇宙整体为对象，还存在着主客的差别）。"无彼无是，所以玄同"，也就能"以死生为一条，以可不可为一贯"了。第三步是"有而无之"，即把内与外、主观与客观、能知与所知的差别都泯除掉了。《庄子注》讲"有而无之"，从本体论上说是指万物独化于玄冥；从认识论上说是指泯除主客差别，与造化为一，也就是与那万物独化而相因的秩序（"道"）玄合了。它以为这样便能"旷然无累，与物俱往"，达到了"天地与我并生，而万物与我为一"的神秘境界。这样的人就有绝对的逍遥，就是圣人了。"故圣人付当于尘垢之外，而玄合乎视听之表，照之以天而不逆计，放之自尔而不推明也。"②圣人一旦消泯主客观差别，就与天地万物合为一体，一切顺其自然，不进行预测（逆计），也不进行逻辑推理（推明）。这是一种神秘的直觉。

在"言意"之辩上，即对于神秘境界能不能用言语、概念来表达这个问题，《庄子注》认为"有而无之"，就是要"求道于言意之表"。说：

> 夫言意者有也，而所言所意者无也，故求之于言意之表，而入乎无言无意之域，而后至焉。③

---

① 郭象：《齐物论》注，《庄子集释》，第 71 页。
② 同上书，第 106 页。
③ 郭象：《秋生》注，《庄子集释》，第 572 页。

就是要把名言、概念全都抛弃。这种所谓"入乎无言无意之域"，无非是庄子所说的"浑沌"。那么，是否真的什么都不说了呢？却又不是。《庄子注》说：

> 付之与物而就用其言，则彼此是非，居然自齐。若不能因彼而立言以齐之，则我与万物复不齐耳。[①]

它以为真正达到了"无言无意之域"，那就我与万物为一，就能"因彼而立言以齐之"。举"小大之辩"为例：人们通常用名言、概念来区别小大，而《庄子注》却以为这只能造成迷惑，说：

> 惑者求正，正之者莫若先极其差而因其所谓。所谓大者至足也，故秋毫无以累乎天地矣；所谓小者无余也，故天地无以过乎秋毫矣。[②]

"因其所谓"，仍然用的是大家所使用的概念"小"和"大"，但它把"大"定义为"至足"，把"小"定义为"无余"，这样，天地也可说无余，秋毫也可说至足。"小"和"大"成了可以引用于万物的"达名"，当然就没有小大的差别了。这就是"因彼而立言以齐之"的方法。

按照同样的道理，《庄子注》又说：

---

① 郭象：《寓言》注，《庄子集释》，第942页。
② 郭象：《秋水》注，《庄子集释》，第565页。

> 夫因其所异而异之，则天下莫不异。而浩然大观者，官天地、府万物，知异之不足异，故因其所同而同之，则天下莫不皆同；又知同之不足有，故因其所无而无之，则是非美恶莫不皆无矣。[①]

这也仍然是用大家所使用的"同、异"，"有、无"等概念，而实际上已把它们提升为"达名"，给以新的涵义。"同"是指万物一体，而"无"是指一切差别的泯除。当《庄子注》用这种"因其所谓而极其差"的方法来进行阐述、论证时，如前面已经指出的，确实使用了一些接近辩证法的语言，运用的概念显得是生动的、灵活的。但《庄子注》的"辩证法"仅仅停留在黑格尔所说的"主观的辩证法"上，并没有达到揭示事物的本质矛盾的客观辩证法，它实际上是相对主义。

综上所述，在名教与自然的关系上，向秀、郭象以儒道为一，将名教与自然统一起来，认为名教中的圣人在精神上是绝对逍遥的。在"有无（动静）"之辩上，他们提出"有而无之"，"独化于玄冥之境"，将有与无、动与静、独化与相因统一起来了。在人道观上，他们讲仁义出于人性（人事亦是天然），"遇"即是"命"（偶然即是必然）。在认识论上，他们提出要达到形与神、心与物的统一，既要"求道于言意之表"，又要"因彼而立言以齐之"。总之，对当时争论的主要问题，向、郭都用"对生互有"或"相反而不可以相无"来加以解决；然而，这在本质上是一种相对主义的思辨，并不是真

---

① 郭象：《德充符》注，《庄子集释》，第197页。

正的辩证法的总结。

不过,对《庄子注》要一分为二,它既有精致化的唯心主义思辨,也有唯物主义和辩证法的因素。向、郭的"独化"说向右发展,就成为支道林、僧肇的玄学化的佛学;向左发展,就引导到范缜的《神灭论》。范缜在"有无"、"形神"问题上的观点无疑是受到了《庄子注》的影响的。

《庄子注》讲"对立统一",虽然只是"主观的"思辨,并没有揭示事物的矛盾运动,但也构成了思维发展的一个必要环节。"有无(动静)"的统一、"形神"的统一等思想,如果密切结合形象进行,那就立刻成为生动的具体的东西,而不是纯思辨、抽象的统一了。这对文学艺术和美学理论的发展起了相当积极的作用。

与裴颜、郭象差不多同时,陆机[①]写了《文赋》,考察了艺术想象的特点,说:

> 课虚无以责有,叩寂寞而求音。[②]

就是说,艺术的形象思维是"有无"、"动静"的统一。更具体地说:

> 其始也,皆收视反听,耽思傍讯,精骛八极,心游万仞。

① 陆机(公元 261 年—303 年),西晋文学家。字士衡,吴郡吴县华亭(今上海松江人)。少时任吴国门将。吴亡,居家勤学。太康末,与弟云同至洛阳,文才轰动一时,时称"二陆"。诗重藻绘排偶,且多拟古之作,也善骈文。所作《文赋》为中国古代重要的文学论文。原有集,已散失,后人辑有《陆士衡集》。
② 陆机:《文赋》,金涛声点校:《陆机集》,中华书局 1982 年版,第 2 页。

> 其致也，情瞳眬而弥鲜，物昭晰而互进，倾群言之沥液，漱六
> 艺之芳润……观古今于须臾，抚四海于一瞬。①

在他看来，首先要集中精神深思，使想象力不受视听和时空的限制，而后文思涌来，情感越来越鲜明，物象互相组合，再吸取传统中的精华，使文逮意、意称物，从有限中揭示无限。这就是艺术意境的创作过程。后来刘勰②的《文心雕龙》讲"神思"，也说：

> 陶钧文思，贵在虚静……元解之宰，寻声律而定墨；独照
> 之匠，窥意象而运斤……夫神思方运，万涂竞萌，规矩虚位，
> 刻镂无形；登山则情满于山，观海则意溢于海。③

刘勰把艺术形象的构思（"窥意象而运斤"）和表现（"寻声律而定墨"）的过程看作是神与形、情与景、虚与实、动与静、言与意的统一，相当深刻地揭示了艺术创作中的形象思维的辩证法。魏晋南北朝时期文艺理论、美学理论比较发展，到刘勰达到最高成就。刘勰是和范缜同时代的人。陆机、刘勰等人的理论固然是从文艺创作实践中总结出来的，但也同这一时期哲学家们在"形神"之辩、"言意"之辩、"有无（动静）"之辩上所获得的成就相联系着。

---

① 陆机，《文赋》，《陆机集》，第 1—2 页。
② 刘勰（约公元 465 年—约 552 年），南朝梁文学理论批评家。字彦和，原籍东莞莒县（今属山东），世居京口（今江苏镇江）。早年笃志好学，依沙门僧祐，精通佛教经论。梁武帝时深为萧统所重。晚年出家为僧。于南齐末年写成《文心雕龙》10 卷，共 50 篇，比较全面地总结了前代的文学现象，把文学理论推向新的阶段，成为我国古代文学批评理论的名著。
③ 刘勰：《神思》，《增订文心雕龙校注》，第 356 页。

大体说来,美学上的艺术意境理论是在六朝奠定基础的,唐代文学艺术之所以出现空前繁荣,是和这种理论准备有关的。

第六节　葛洪的道教哲学

到东晋时,儒、道、释鼎立的局面已经形成。道教、佛教之所以盛行,一方面是由于封建统治者的提倡,另一方面也是因为社会长期混乱,许多人感到不能掌握自己的命运,于是只好到宗教的幻想中去寻求安慰。这时期,道教和佛教在理论上都有了较快的发展,哲学史已不能忽视道教哲学和佛教哲学。

佛教传入中国和道教的兴起,都可上溯到汉代。据《后汉书》记载,汉明帝时楚王刘英"诵黄老之微言,尚浮屠之仁祠"[1],汉桓帝时大臣襄楷上书称"闻宫中立黄老、浮屠之祠"[2],可见当时已将黄老与浮屠并称。

东汉时出现的《太平经》一书,为道教的建立作了思想准备。《太平经》可能受了佛教的影响,但主要是依附于黄老的神仙方术。如在"形神"问题上,它宣传中国传统的迷信,说人死了就变鬼,修炼则可以成为神仙;又讲人行了善却没有得到善报,是因为"承负先人之过",本人行了恶,却未得恶报,是因为他祖先立了大功。这种认为祖先的善恶可以影响到子孙的说法,和佛教讲"因果报应"就有不同。前面已说,《太平经》是部内容庞杂的书,其中包含有反映劳动人民利益的思想和农民反抗剥削的呼声,在汉末

---

① 范晔:《楚王英传》,《后汉书》第 5 册,第 1428 页。
② 范晔:《郎颉襄楷列传》,《后汉书》第 4 册,第 1082 页。

农民起义中起了积极的作用。

　　正因为黄巾军曾利用原始道教作为组织和动员起义的工具，因此，曹操下令禁止道教。但是以后统治阶级又转而利用道教。到晋南北朝时，作为封建统治工具的道教逐渐盛行，东晋葛洪写了《抱朴子》①，为道教提供了哲学根据。

　　葛洪（公元284年—364年）②，字稚川，自号抱朴子，丹阳句容（今江苏）人。他的著作《抱朴子》分《内篇》和《外篇》："其内篇言神仙方药、鬼怪变化、养生延年、禳邪却祸之事，属道家；其外篇言人间得失，世事臧否，属儒家。"③《内篇》所讲的道家即指道教，《外篇》的思想则来自儒家。《内篇·明本》说："道者儒之本也，儒者道之末也。"④《抱朴子》对道和儒即自然和名教做了折衷主义的解决，一方面把道家术语附会于神仙、金丹的教理；另一方面又坚持纲常名教，并对魏晋以来清谈风气表示不满。

　　在政治上，葛洪明确主张用德教和刑法两手进行统治，说："仁者养物之器，刑者惩非之具。"⑤"仁者为政之脂粉，刑者御世之辔策。脂粉非体中之至急，而辔策须臾不可无也。"⑥认为仁政是统治者的装饰，刑法是统治者必用的工具。仁政并不一定时时需要提倡，而刑法却是一刻也离不了。葛洪本人因参加了镇压农民

---

① 《抱朴子》：主要有《四部丛刊》本和清孙星衍平津馆校刊本。近人王明《抱朴子内篇校释》（中华书局1980年版）是研究葛洪哲学思想的重要参考书。
② 关于葛洪的生卒年代，又说为公元283年—343年。
③ 葛洪：《抱朴子外篇·自叙》，王明校释：《抱朴子内篇校释》，中华书局1985年版，第377页。
④ 葛洪：《明本》，《抱朴子内篇校释》，第184页。
⑤ 葛洪：《用刑》，杨明照校注：《抱朴子外篇校笺》，中华书局1991年版，第330页。
⑥ 同上书，第344页。

起义有"功",被封为侯,因此很知道用刑法、武力维护封建统治的重要性,可见他在政治上是反动的。

不过,葛洪在科学技术史上,特别是在炼丹术发展史上,有重要的地位。炼丹术是近代化学的先驱。东汉魏伯阳著《周易参同契》①,被称为丹经之祖。而葛洪的《抱朴子内篇》则记述了许多具体的炼丹的方法与药物,把炼丹术推进了一大步。同时,葛洪对医学也有贡献,著有《金匮药方》、《肘后备急方》。正是这种科学上的成就,使得葛洪的道教神学中包含有一些不容忽视的哲学思想。

《抱朴子》一书从哲学上来说主要也是讨论"有无"、"形神"问题。《内篇·畅玄》一开始便写道:

> 玄者,自然之始祖,而万殊之大宗也……因兆类而为有,托潜寂而为无。②

他把"玄"作为世界的本源。道就是玄,就是"有"和"无"的统一。

> 道者涵乾括坤,其本无名。论其无,则影响犹为有焉;论其有,则万物尚为无焉。③

---

① 《周易参同契》:道家著作。书中借用坎、离、水、火、龙、虎、铅、汞等法象,以明炼丹修仙之术。大旨是参同"大易"、"黄老"、"炉火"三家理法而会归于一,能"妙契大道",故名。是道家系统地论述炼丹的最早的著作。道教奉为"丹经王"。后蜀彭晓有《周易参同契通真义》3卷,宋朱熹有《参同契考异》1卷,此外注解尚有40余家。
② 葛洪:《畅玄》,《抱朴子内篇校释》,第1页。
③ 葛洪:《道意》,《抱朴子内篇校释》,第170页。

这里讲的"其本无名"，显然具有"贵无"说的倾向。

葛洪讲的"玄"虽然神秘，但其天道观却颇接近于汉人。他说"玄"是自然之"始祖"，它"胞胎元一（元气），范铸两仪（天地），吐纳大始（万物之始），鼓冶亿类"[①]。这里讲的宇宙形成论，无非是说道生一，一生二，以至产生万物。

葛洪以为，天地万物都是自然形成的。他说：

> 浑茫剖判，清浊以陈，或升而动，或降而静，彼天地犹不知所以然也。万物感气，并亦自然，与彼天地，各为一物，但成有先后，体有巨细耳……天地虽含囊万物，而万物非天地之所为也。譬犹草木之因山林以萌秀，而山林非有事焉。鱼鳖之[②]托水泽以产育，而水泽非有为焉。[③]

这是说，清气升而为天，浊气降而为地；天地之间，气交感而生万物，都是自然而然，并非有意的作为。这很像是唯物主义的"莫为"说。

葛洪还认为，自然界是不断变化的，变化能使得事物从这一类变为另一类，亦即发生质的变化。正因为此，人可以有"变化之术"。他说：

> 夫变化之术，何所不为。盖人身本见，而有隐之之法。

[①] 葛洪：《畅玄》，《抱朴子内篇校释》，第1页。
[②] "之"字明《道藏》本无，此从孙星衍校补。——初版编者
[③] 葛洪：《塞难》，《抱朴子内篇校释》，第136—137页。

鬼神本隐，而有见之之方。能为之者往往多焉。水火在天，而取之以诸、燧。铅性白也，而赤之以为丹。丹性赤也，而白之而为铅。云雨霜雪，皆天地之气也，而以药作之，与真无异也。至于飞走之属，蠕动之类，禀形造化，既有定矣。及其倏忽而易旧体，改更而为异物者，千端万品，不可胜论。人之为物，贵性最灵，而男女易形，为鹤为石，为虎为猿，为沙为鼋，又不少焉。至于高山为渊，深谷为陵，此亦大物之变化。变化者，乃天地之自然，何为嫌金银之不可以异物作乎?①

这段话是科学与神话的混合。其中所说的"以阳燧向日取火，用方诸在月下聚水"，铅经过化学变化可以变成铅丹，即红色的四氧化三铅(Pb_3O_4)，而从四氧化三铅(Pb_3O_4)又能分解出铅，以及用药物可以人工制造雨雾冰雪等等，反映了当时的科学成就。而讲修道者有隐身术，能使鬼神现形，男女易形，人还可以变为仙鹤、石头、老虎等等，则是毫无根据的。"变化者，乃天地之自然"②，这话不错。正是根据自然变化规律，人创设条件，"能为"变化之术，这是科学的见解。但是，无条件地讲一切物类可以互相转化，人的变化之术可以达到神奇莫测的地步，就成了神话、迷信了。葛洪说：

　　夫陶冶造化，莫灵于人。故达其浅者，则能役用万物，得

---

① 葛洪:《黄白》,《抱朴子内篇校释》,第284页。
② 同上注。

其深者，则能长生久视。①

由此我们可以看到，道教和道家不同。道家讲"无为"，而道教则讲人"能为"，能役用万物，并认为凭人的主观能动性，能"夺阴阳造化之机"。诚然，战胜自然，役用万物，这是科学的任务，但过分夸大了这一点，说人可以成为神仙，那就是道教的神学。

关于"形神"关系，葛洪在《内篇·至理》中说：

> 夫有因无而生焉，形须神而立焉。有者，无之宫也。形者，神之宅也。故譬之于堤，堤坏则水不留矣。方之于烛，烛糜则火不居矣。身②劳则神散，气竭则命终。③

他以为"形神"关系即"有无"关系，精神是形体的主宰；又用堤与水、烛与火来作比喻，说明精神也不能离形体而存在。从语言上看，这与嵇康说的"形恃神以立，神须形以存"相似，不过嵇康只讲延年益寿，而《抱朴子》却讲一个人修炼可以成仙，宣扬神不灭论：

> 知上药之延年④，故服其药以求仙。知龟鹤之遐寿，故效其道引以增年……众木不能法松柏，诸虫不能学龟鹤，是以

---

① 葛洪：《对俗》，《抱朴子内篇校释》，第 46 页。
② "身"，刻本作"形"，从孙星衍平津校刊本。——初版编者
③ 葛洪：《至理》，《抱朴子内篇校释》，第 110 页。
④ "年"，罗振玉敦煌石室本作"命"，从孙星衍校改。——初版编者

短折耳①。人有明哲②，能修彭老③之道，则可与之同功矣。④

人们锻炼身体和服用补药可以却病延年，增强体质精力，这是符合科学的。但葛洪讲的是用炼丹、服药、导引、吐纳等方术求长生不死。他认为，人有"明哲"，可以效法龟鹤、松柏，修彭祖、老聃之道。什么是"彭老之道"呢？葛洪附会《老子》所说的"一"，说："子欲长生，守一当明。""守一存真，乃得通神。"⑤就是说，通过修炼、服药来"守一"，可以成为神仙。葛洪所谓"一"，既是神秘的，也是具体的。他说："一有姓字服色，男长九分，女长六分"⑥，位于脐下下丹田或心下中丹田或眉间上丹田之中。这些都是神学的呓语。

我们对这类呓语不感兴趣，但其中包含有理论思维的教训。这就牵涉到葛洪关于"命"和"力"的学说。他说：

> 命之修短，实由所值，受气结胎，各有星宿……所乐善否，判于所禀，移易予夺，非天所能。譬犹金石之消于炉冶，瓦器之甄于陶灶，虽由之以成形，而铜铁之利钝，瓮罂之邪正，适遇所遭，非复炉灶之事也。⑦

把寿命的长短，说成同受胎时遇到什么星宿有关，这当然是迷信。

---

① "耳"，敦煌本原无，从孙星衍校改。——初版编者
② "哲"，敦煌本作"知"，从孙星衍校改。——初版编者
③ "彭老"，敦煌本、宝颜堂本作"老彭"，从孙星衍校改。——初版编者
④ 葛洪：《对俗》，《抱朴子内篇校释》，第 46 页。
⑤ 葛洪：《地真》，《抱朴子内篇校释》，第 323 页。
⑥ 同上书，第 323 页。
⑦ 葛洪：《塞难》，《抱朴子内篇校释》，第 136 页。

但这样讲"命"，却是把"寿夭之命"归结为"触值之命"。他认为，一个人在母胎里受气成形，而后诞生于天地之间，他的"命"并不是由天地和父母决定的（就像冶炼和制陶器，并不是由炉灶决定铜铁和瓦器的质地一样），而是"适遇所遭"。有人"上得列宿之精"，"受命偶值神仙之气，自然所禀。故胞胎之中，已含信道之性"[1]，而多数人则缺乏这种禀赋，便不信不求。这种禀赋的差异是出于偶然。葛洪又以为，一个人能否成仙，不但要看他结胎受气之日是否"偶值神仙之气"，同时也要看他是否有坚强的意志。他说：

> 夫求长生，修至道，诀在于志，不在富贵也。[2]

在他看来，成仙的两个主要条件是：一要禀受神仙之气，二要发挥主观意志的力量，百折不挠地坚持下去。如果缺乏"信道之性"，又无"超世之志、强力之才"[3]，那是不可能得仙道的。这样，他把求仙学道的事最后归结到要靠信仰和意志力，表现了唯意志论的倾向。

在魏晋时期，"力命"之争从一个侧面反映了"天人"之辩。玄学的主流是强调"力"不能胜"命"：王弼讲"顺命"，郭象讲"安命"，《列子·力命论》把"力"与"命"截然对立起来，说："既谓之命，奈何有制之者邪？"张湛注也说："命者，必然之期，素定之分也。虽此事未验，而此理已然。若以寿夭存于御养，穷达系于智力，此惑

---

① 葛洪:《辨问》,《抱朴子内篇校释》,第 226 页。
② 葛洪:《论仙》,《抱朴子内篇校释》,第 17 页。
③ 葛洪:《对俗》,《抱朴子内篇校释》,第 47 页。

于天理也。"①

在这之前只有嵇康向宿命论提出过挑战。他说："苟寿夭成于愚智，则'自然之命不可求'之论，奚所措之?"②嵇康讲"守志"、"得志"，强调德性的培养要出于自愿和发挥意志力；同时又说"当先求自然之理"③。因此，他基本上是用唯物主义态度对待"力命"之争的。

葛洪则对"力命"之争采取了折衷主义态度。他一方面说"命之修短，实由所值"，表现了宿命论观点；另一方面又说"诀在于志"，强调"变化之术，何所不为"，表现了唯意志论倾向。这种折衷主义理论是明显错误的。不过，值得注意的是，道教讲"能为"，也重视人力，如葛洪说人"能役用万物"，《关尹子》④说"人之力有可以夺天地造物者"⑤等，包含有人力胜天的科学思想。但是，把"能为"的思想夸大了，便可导致唯意志论。以后，我们在李筌那里清楚地看到这一点。

第七节　佛学的玄学化⑥

汉代时佛教传入中国。

---

① 张湛：《力命论》注，《列子集释》，第 203—204 页。
② 嵇康：《难宅无吉凶摄生论》，《嵇康集校注》，第 474 页。
③ 嵇康：《声无哀乐论》，《嵇康集校注》，第 349 页。
④ 《关尹子》：相传春秋末关尹著。《汉书·艺文志》著录《关尹子》9 篇，已佚。现存者系后人伪托，被道教奉为经典，称《文始真经》。
⑤ 尹喜：《关尹子》，中华书局 1985 年版，第 50 页。
⑥ 本节及第七章关于佛教思想的引文，除注明版本的以外，均采用频伽精舍本《大藏经》和涵芬楼影印《续藏经》。

当时，佛教被认为是方术的一种。其主要教义是，灵魂不死，轮回报应。袁宏《后汉记》说："又以为人死精神不灭，随复受形，生时所行，善恶皆有报应。故所贵行善修道，以炼精神而不已，以至无为而得为佛也。"[①]这就是，佛教讲灵魂轮回，因果报应，以为通过修行达到涅槃（无为）而成为佛。汉末佛教著作《理惑论》[②]也说："魂神固不灭矣，但身自朽烂耳。""有道虽死，神归福堂，为恶既死，神当其殃。"[③]《理惑论》以五谷的根叶与种子来比喻形与神，认为根叶虽死而种子未亡，得道身灭而神归天堂。

由于佛教是外来的，而不是像道教那样土生土长的，所以它同中国的传统思想颇多抵触，不易为中国人所接受。但佛教在印度、西域已经历了长期发展，佛学已达到相当高的思辨水平，佛教文化还包括有丰富的艺术、科学等，这不能不引起中国人的很大兴趣。于是，就经历了一个咀嚼、分解、消化的过程，使得这种外来的文化与中国传统结合起来。这也就是佛教文化（包括佛学）的中国化过程。

魏晋时玄学盛行，佛学的中国化首先表现为玄学化，以适应门阀士族的需要。当时名士和名僧交游，盛行用老、庄理论讲解佛学的风气。大乘佛教空宗的经典《般若经》当时已传到中国，有各种译本，大都是用玄学语言来翻译的。

---

① 袁宏：《后汉纪》卷十，周天游校注：《后汉纪校注》，天津古籍出版社 1994 年版，第 276 页。
② 《理惑论》：中国最早的佛教著作之一。相传东汉末牟融作，文中针对佛教传入中国以后在社会上引起的种种反响、疑难，分别予以解答和反驳，并广引孔子、老子的论点，为佛教作辩护，宣扬佛教与儒、道精神一致。收入南朝齐梁佛教学者僧祐所编《弘明集》中。
③ 牟融：《理惑论》，《弘明集校笺》，第 27 页。

东晋、南北朝所盛行的玄学化的佛学即般若学。般若学当时有六家七宗①。这些学派在哲学上论争的主要问题也是"有无(动静)"之辩和"形神"之辩。不过自此时起,由于佛学重视主客体关系的讨论,"心物"关系问题便越来越突出了。

佛教作为一种外来的宗教,必须依附于中国封建统治才能得到发展。正因为此,中国大多数佛教徒是不反对名教的,而是说佛教对名教有帮助。当时有名的佛教徒有道安②、慧远③等人。慧远说:"道法之于名教,如来之于尧孔,发致虽殊,潜相影响,出处诚异,终期相同。"④认为儒、释二者虽有入世、出家的不同,但所要达到的目的是一致的。慧远对名教的这种态度,是当时佛教徒共同的态度。

一、僧肇:"非有非无","即动求静"

在慧远居庐山的后期,鸠摩罗什⑤到长安,译了很多经论,其

---

① 六家七宗:据元康《肇论疏》为:本无宗、本无异宗、即色宗、识含宗、幻化宗、心无宗、缘会宗。本无与本无异二宗为一家,故称六家七宗。

② 道安(公元314年—385年),东晋、前秦时高僧。当时最有影响的佛教领袖。本姓卫,常山扶柳(今河北冀县)人。12岁出家为僧,拜著名佛教徒佛图澄为师,深得赏识。早年在华北一带讲学传教,后转襄阳、长安等地。主张"本无"(即性空)之学,为般若学六家之一。著述很多,并多次主持翻译工作,总结了汉代以来流行的禅法与般若二系学说,整理了新旧译的经典,编纂目录。确定戒规,主张僧侣以"释"为姓,为后世所遵行。

③ 慧远(公元334年—416年),东晋高僧。本姓贾,雁门楼烦(今山西代县)人。早年博通六经,尤善老庄,后从道安出家,精般若性空之学。着重发挥佛教"三世报应"和"神不灭"的理论。东晋太元六年(公元381年)入庐山,倡导弥陀净土法门。相传他与18高贤共结莲社,同修净业。后世净土宗人推尊为初祖。著有《法性论》(已佚)和《沙门不敬王者论》等。

④ 慧远:《沙门不敬王者论》,《弘明集校笺》,第84页。

⑤ 鸠摩罗什(公元344年—413年),后秦高僧。与真谛、玄奘并称中国佛教三大翻译家。原籍天竺,生于西域龟兹国(今新疆库车)。幼年出家,初学小乘,后遍习大乘,尤善般若,并精通汉语文。他和弟子僧肇等800余人于长安(今陕西西安)译出经、论共74部,384卷。所译《中论》、《百论》、《十二门论》等,为后世三论宗之渊源。成实师、天台宗亦都是本于他所译的经论而创立的。

中绝大部分属大乘空宗即以龙树、提婆为代表的中观学派。鸠摩罗什的弟子中有两个有名的学者，即僧肇、竺道生。

僧肇（公元384年—414年），后秦高僧，本姓张，京兆长安（今陕西西安）人。早年醉心老庄，后读旧译《维摩诘经》，转而治佛学。以擅长般若学著称。著有《肇论》[①]、《维摩诘经注》等书。

僧肇在当时被称为"解空第一"。在"有无"之辩上，他标榜"非有非无"，实际上还是以"虚无"为本体。他写的《不真空论》，一开头便说：

> 夫至虚无生者，盖是般若玄鉴之妙趣，有物之宗极者也。自非圣明特达，何能契神于有无之间哉？[②]

这里，僧肇将"至虚无生"，即绝对的虚无寂灭，说成是"般若玄鉴之妙趣"，即智慧直觉的神秘境界。从本体论来讲，他是把绝对的虚静看作是万物的本体；从认识论来讲，他是把绝对的虚静认作是智慧所要掌握的内容。僧肇以为，真正的圣明就在于体会"非有非无"。可见，他实际上是把虚静作为第一原理。

他在《不真空论》中批评了三个学派，即"心无"、"即色"、"本无"。这三家是鸠摩罗什到长安前已有的六家七宗中的主

---

① 《肇论》中收入僧肇的作品，有《不真空论》、《物不迁论》、《般若无知论》等。其中《宗本义》、《涅槃无名论》可能是伪作。另有《宝藏论》一书，经汤用彤先生考证系伪作（见所著《汉魏两晋南北朝佛教史》上卷第十章）。关于《肇论》的注解，有唐元康《肇论疏》等。

② 僧肇：《不真空论》，张春波校释：《肇论校释》，中华书局2010年版，第32页。

要派别。

"心无"宗的代表是支愍度①等，主张"无心于万物，万物未尝无"。意思是，心要空虚，以虚待物，并不否认万物的客观存在。这种说法有唯物主义因素，与郭象有相似之处。因为它不认为外物是"无"，所以被认为违背了佛教教义，受到其他佛教学派的排斥。僧肇对"心无"说的批评是：

> 此得在于神静，失在于物虚②。

以为其可取之处在于精神虚静，而错误在于不知万物本虚。

"即色"宗的代表是支遁③，他写了《即色游玄论》，认为"色不自色，虽色而空"。"色"代表形色，即一切物质现象。因为现象都是因缘合成，所以是没有"自性"、"自体"的，"色"是"空"的。僧肇对"即色"批评道：

> 直语色不自色，未领色之非色也。④

---

① 支愍度，东晋成帝时名僧，生平事迹及其佛教思想已不可详考。是"心无义"的开创人。曾作《经论都录》和《经论别录》各1卷，今并散失，现仅存《合首楞严经纪》和《合维摩诘经序》两篇序文，保存在《出三藏记集》中。
② 僧肇：《不真空论》，《肇论校释》，第39页。
③ 支遁（公元314年—366年），即支道林。东晋著名佛教学者。本姓关，陈留（今河南开封南）人。25岁出家，活动于浙江、苏南一带，晚年曾被哀帝诏往京师讲《道行般若经》。与谢安、王羲之等交游。好谈玄理，释《庄子·逍遥游》，不同于向、郭。作《即色游玄论》，宣扬"即色是空"，发挥般若学的性空思想，为般若学的六家之一。重要著述大多散失，尚有若干零星篇章，保存在《弘明集》、《广弘明集》和《出三藏记集》中。《逍遥论》残篇见《世说新语·文学》篇注。
④ 僧肇：《不真空论》，《肇论校释》，第40页。

就是说，它只看到现象不是自己形成的，尚未领会一切色都是"假有"，本性是"空"。

"本无"在六家中是最重要的一家，又可分两派。一派以道安、慧远为代表。道安说："无在万化之前，空为众形之始。夫人之所滞，滞在末有。若宅心本无，则异想便息。"①认为"无"是本体，人要以"无"为本，让精神与"无"成为一体，从"末有"解脱出来。道安讲"本无"即"性空"，也就是"一切诸法，本性空寂"的意思，这同印度空宗的原意是比较接近的。另一派也称"本无异宗"，以竺法汰②等为代表，主张"无"在"有"先，"有"在"无"后，"无"就是"壑然无形，而万物由之而生者也"。僧肇批评"本无"（主要指竺法汰一派）说：

> 情尚于无多，触言以宾无。③

即偏到"无"这一端去了，成了"好无之谈"，并非真正的"中道"。

僧肇以为真正的"中道"应该"非有非无"：

> 欲言其有，有非真生；欲言其无，事象既形。象形不即无，非真非实有。然则不真空义显于兹矣。故《放光》云：诸

---

① 吉藏疏：《中论·百论·十二门论》，上海古籍出版社 2011 年版，第 136 页。
② 竺法汰（公元 320 年—387 年），东晋僧人，般若学派"六家七宗"的"本无异宗"代表人物之一，与道安同学，同师佛图澄。晋简文帝请讲《放光般若经》，帝亲参加，学众千数。在般若学方面，与竺法琛主张相同，著有《本无论》、《中论疏记》等。
③ 僧肇：《不真空论》，《肇论校释》，第 40 页。

法假号不真。譬如幻化人，非无幻化人，幻化人非真人也。①

"不真空"的意思就是：不真即空。僧肇以为，事物按本性来说，"非真生"，"非实有"；然而既已形成现象，它又非湛然不动之"无"。世界上的一切都是幻象，不是没有幻象，但幻象即是不真实的，所以说"非有非无"。他论证说：

> 夫有若真有，有自常有，岂待缘而后有哉？譬彼真无，无自常无，岂待缘而后无也？若有不能自有，待缘而后有者，故知有非真有。有非真有，虽有不可谓之有矣。不无者，夫无则湛然不动，可谓之无。万物若无，则不应起，起则非无，以明缘起，故不无也。②

借"缘起"说来论证"诸法性空"，是大乘空宗的形而上学的思辨。世界上一切事物都"待缘而后有"，都是有条件地相对地存在着，所以不是"常有"，也不是湛然不动之"无"。这样用"缘起"来说明"非有非无"，立"不真空"义，就是僧肇所谓"即万物之自虚，不假虚而虚物也"。这是僧肇关于"有无"关系问题的观点。

僧肇在"动静"关系问题上主张"即动而求静，以知物不迁"。他在《物不迁论》这篇著作中专门论证了这一观点。他说：

> 寻夫不动之作，岂释动以求静，必求静于诸动。必求静

---

① 僧肇：《不真空论》，《肇论校释》，第 56 页。
② 同上书，第 54—55 页。

于诸动，故虽动而常静。不释动以求静，故虽静而不离动。①

这是说"静不离动"，不能离开变动讲静止，实际上他是从静止的观点看运动。他对"求静于动"进行论证：

> 求向物于向，于向未尝无；责向物于今，于今未尝有。于今未尝有，以明物不来；于向未尝无，故知物不去。覆而求今，今亦不往。是谓昔物自在昔，不从今以至昔；今物自在今，不从昔以至今。故仲尼曰：回也见新，交臂非故。如此，则物不相往来明矣。既无往返之微朕，有何物而可动乎？②

就是说，事物没有一个从过去发展到现在的过程。昔物在昔，过去的事物就是停留在昔日的事物；今物在今，现在的事物就是出现在当前的事物。它们之间不相往来，所以说"物不迁"，世界完全是静止的。他举例说："然则旋岚偃岳而常静，江河竞注而不流，野马飘鼓而不动，日月历天而不周。复何怪哉？"③僧肇这个理论同先秦辩者的"飞鸟之影未尝动也"的命题一样，揭露出运动中的静止。但他不是在讲运动和静止的矛盾，而是用绝对静止的观点解释运动。他讲的"交臂非故"，用语和庄子、郭象相同，意思却颇有差别。郭象说"我与今俱往"，也可以说是以静止观点描绘运动，但郭象以"有即化"为世界的第一原理，认为运动是绝对的，世

① 僧肇：《物不迁论》，《肇论校释》，第 11 页。
② 同上书，第 17 页。
③ 同上注。

界是一个日新之流,事事刹那生灭,所以成了"玄冥之境"。而僧肇以"至虚无生"为世界的第一原理,认为静止是绝对的,"法"本无相常住,但静不离动,应该借万物的变动来揭示世界的永恒寂静。僧肇说:"谈真有不迁之称,导俗有流动之说。"[1]认为讲变动,只是为了引导俗人,只有讲一切不变,才是真理;一切事物都是处于绝对静止状态中,没有任何发展和变迁,"古不至今,今亦不至古,事各性住于一世"[2];时间是一个完全静止的架子,实际上就是没有时间或绵延。

僧肇还从绝对静止的观点否认事物之间的因果联系。他说:

> 果不俱因,因因而果。因因而果,因不昔灭,果不俱因,因不来今。不灭不来,则不迁之致明矣。[3]

在他看来,因果关系无非是前后相随,前因在前,后果在后,各住于各位,所以无所谓因果关系。更一般地说,诸法"假号不真",任何事物的条件、因缘当然也都是"假号"。总之,世界"实相"是无条件的绝对的空虚和寂静。这就是佛教所追求的"涅槃"、"寂灭"。

二、僧肇:"般若无知"

在僧肇看来,真正达到涅槃、寂灭境界的人,就是佛。但佛是个什么样的人格呢? 僧肇说:

---

[1] 僧肇:《物不迁论》,《肇论校释》,第 24 页。
[2] 同上注。
[3] 同上书,第 29 页。

> 经云：法身者，虚空身也。无生而无不生，无形而无不形……微妙无象不可为有，备应万形，不可为无。[1]

> 夫法身之宴坐，形神俱灭。道绝常境，视听之所不及……心智永灭，而形充八极。顺机而作，应会无方。[2]

僧肇用这些神学的语言论述了"形神"关系。他以为，从一般意义的"形"、"神"来说，法身"形神俱灭"；但正是这个达到永恒寂灭的"神"，它无形而无不形。这当然是神不灭论。不过，它又不同于流行的佛教迷信所讲的"灵魂不死"。般若学所说的法身，不是一个个灵魂，而是与绝对的本体合一的精神。

僧肇写了《般若无知论》来讨论圣人（佛）的神明，以为真正的智慧（般若）是"无相之知，不知之照"。他从"能知"与"所知"的关系来对此作论证。他说：

> 夫知与所知，相与而有，相与而无……夫智以知所知，取相故名知。真谛自无相，真智何由知？所以然者，夫所知非所知，所知生于知。所知既生知，知亦生所知。所知既相生，相生即缘法。缘法故非真，非真故非真谛也。[3]

意思是说，认识的主体与对象是互相依存的。能知"取相"，所知

① 僧肇：《维摩诘经注·方便品》，石峻等编：《中国佛教思想资料选编》第 1 卷，中华书局 1980 年版，第 172 页。
② 僧肇：《维摩诘经注·第子品》，《中国佛教思想资料选编》第 1 卷，第 172 页。
③ 僧肇：《般若无知论》，《肇论校释》，第 88 页。

"有相",叫做"知";"知"与"所知"相生,亦即互相为"缘"。而真谛"无相",真智"无取",就叫做"无知"。"真智观真谛,未尝取所知。"这种"观"不是"缘",不是普通的认识关系。他又说:

> 智之生也,起于分别,而诸法无相,故智无分别。智无分别,即智空也。诸法无相,即法空也。以智不分别于法,即知法空也。岂别有智空,假之以空法乎? 然则智不分别法时,尔时智法俱同一空,无复异空。①

意思是,认识就是对对象作"分别",而"智空"、"法空"、"俱同一空",那就无所谓"分别"或认识了。但这并非说圣智同木石一样无知。圣人"无知,故无所不知",他"俯仰顺化,应接无穷"。这就是所谓"用即寂,寂即用,用寂体一"②。

这种神秘主义者的"般若",当然是不能用名言、概念来表达的。僧肇不仅一再说"无相无名,乃非言象之所得"③,"无相之体,同真际、等法性,言所不能及,意所不能思"④;而且他还一般地否认了名实之间的对应关系。他说:

> 夫以名求物,物无当名之实;以物求名,名无得物之功。物无当名之实,非物也;名无得物之功,非名也。是以名不当

---

① 僧肇:《维摩诘经注・问疾品》,《中国佛教思想资料选编》第 1 卷,第 179 页。
② 僧肇:《般若无知论》,《肇论校释》,第 106 页。
③ 同上书,第 67 页。
④ 僧肇:《维摩诘经注・阿閦佛品》,《中国佛教思想资料选编》第 1 卷,第 187 页。

实，实不当名，名实无当，万物安在？①

僧肇把人们在进行逻辑思维和交流思想时所必须承认的名与实、概念与对象之间的相当（对应）关系，看作是不真实的。他认为，一切名言都是"假号"，一切事象都是"缘起"而有，怎能说名与实相当呢？并说："有也无也，心之影响也；言也象也，影响之所攀缘也。"②万事万物都是心的影响所成，从心产生有无之相，又附着于语言文字，其实这都是"惑取"。

在僧肇看来，一切名言、概念都只能使人背离正道。他说：

> 而今谈者，多即言以定旨，寻大方而征隅，怀前识以标玄，存所存之必当。是以闻圣有知，谓之有心，闻圣无知，谓等太虚。有无之境，边见所存，岂是处中莫二之道乎？③

就是说，现在许多人凭借名言以确定意旨，想寻求大道而只得一隅之见，把所谓的"前识"当作玄妙之理，以为自己心中所存想的必定与实在相当。因此，或说圣智"有心"，或说圣智"等太虚"，或执着"有"，或偏于"无"，都是片面的见解，而非"中道"。

不过，僧肇也知道："言虽不能言，然非言无以传。"④对"处中莫二之道"如何言传呢？那就是用破除"边见"、排除对立的办法，

---

① 僧肇：《不真空论》，《肇论校释》，第 57 页。
② 僧肇：《论主复书释答》，《肇论校释》，第 151 页。
③ 同上书，第 157 页。
④ 僧肇：《般若无知论》，《肇论校释》，第 84 页。

如"非有非无,非实非虚,虚不失照,照不失虚"等表述的方式,上面所举的关于"即物自虚"、"即动求静"、"智法俱空"等思辨的论证,都是用的这种办法:把对立的"边见"排除,以启发人去把握无条件的绝对的虚静,也就是通过相对主义的论辩,以求达到形而上学的绝对。这种论辩能给人以似是而非的满足,但也只是黑格尔所说的"主观的辩证法"的一种形式。

总之,僧肇的相对主义和《庄子注》的相对主义有相似之处,但有着更多的形而上学色彩,因为它所追求的是绝对的虚静。

三、竺道生:"一阐提人皆得成佛"和"顿悟成佛"

竺道生,本姓魏,生年已不可详考,死于公元 434 年,巨鹿(今河北平乡)人。鸠摩罗什的主要弟子之一,参加译出《大品般若经》和《小品般若经》,晚年开讲《大涅槃经》。融汇佛教的毗昙学、般若学和涅槃学,尤对涅槃学深有所得。其著作甚多,现在保留下来的有《妙法莲华经疏》,另有在《维摩诘经注》和《大般涅槃经集解》中的若干残篇。

竺道生吸取了王弼关于"得象忘言,得意忘象"的思想,针对当时一般佛教徒拘守佛经字句的流弊,敢于打破流行的佛教教义的束缚,提出自己的见解。他说:

> 夫象以尽意,得意则象忘。言以诠理,入理则言息。自经典东流,译人重阻,多守滞文,鲜见圆义。若忘筌取鱼,始可与言道矣。[1]

---

[1] 慧皎撰,汤用彤校注:《高僧传》,中华书局 1992 年版,第 256 页。

竺道生正是用了"忘筌取鱼"的方法，提出了"一阐提人皆得成佛"和"顿悟成佛"的学说。

关于"形神"关系问题，佛教主张"神不灭"。般若学讲"法身无相"，涅槃学讲"佛性常住"，各有所侧重。竺道生把二者结合起来，而被人称为"涅槃圣"。他说：

> 理既不从我为空，岂有我能制之哉？则无我矣。无我本无生死中我，非不有佛性我也。①

"理"，真理，即精神本体，本身就是"空"，不因为我认识它"空"才是"空"，理的"空"是不以我为转移的。"无我"的本来意义，就是没有在生死中轮回的"我"，而不是说没有佛性。如果精神与本体为一，就成了佛，也就永恒不灭了。死生轮回的灵魂是虚假的，而佛性是本来有的，一旦觉悟，佛性就永恒常驻。他说：

> 一切众生，莫不是佛，亦皆泥洹。②
>
> 良由众生，本有佛知见分，但为垢障不现耳。佛为开除，则得成之。③

就是说，一切众生本有佛性，不过就像明镜蒙了尘垢，神明不现了；而受了佛的教导，去了尘垢，就能成佛。

---

① 竺道生：《维摩诘经注·弟子品》，《中国佛教思想资料选编》第 1 卷，第 270 页。
② 竺道生：《法华经疏·见宝塔品》，《中国佛教思想资料选编》第 1 卷，第 204 页。
③ 竺道生：《法华经疏·方便品》，《中国佛教思想资料选编》第 1 卷，第 203 页。

竺道生根据这一对佛性的看法,提出了"一阐提人皆得成佛"的命题。当时翻译过来的《泥洹经》中说一阐提迦是极恶的断了善根的人,这样的人不能成佛。而竺道生却说,一阐提人也是含生之类,也应有佛性,也能成佛。这个理论与中国传统的儒家学说中孟子说的"人皆可以为尧舜"是相一致的,而与佛教经典相违背。因此,竺道生受到当时佛教徒的猛烈攻击。后来《大涅槃经》传入中国,其中确有明文说一阐提迦也能成佛,于是,竺道生的学说才得到承认。竺道生的这个观点,至少抽象地承认了人在佛性面前是平等的,这就使佛教能为更多的人所接受,也更适应了中国封建统治阶级的需要。

竺道生还提出"顿悟成佛"的学说,这在当时也是新颖的见解。据慧达《肇论疏》:

> 竺道生法师大顿悟云:夫称顿者,明理不可分,悟语极照。以不二之悟,符不分之理……见解名悟,闻解名信,信解非真,悟发信谢。理数自然,如果就自零。悟不自生,必籍信渐。①

意思是说,真理是不可分割的,要认识本体就要把握它的整体,这叫"悟","悟"就是与真理的全体合一;既然整体不可分,所以把握整体一定是一下子把握,而不能分为几个阶段("不容阶级"),这就叫"顿悟"。听人说教而信奉、渐修,是必要的,但不可能因此获得真知灼见;只有经过渐修而一旦贯通,把握真理全体,即像果子

---

① 慧达:《肇论疏》,转引自汤用彤《汉魏两晋南北朝佛教史》(增订本),北京大学出版社2011年版,第363页。

熟了就会一下子掉下来一样，那才是大彻大悟。这显然是一种神秘主义的理论。但竺道生猜测到人的认识过程中有突变，把握整体要经过突变，这却有合理因素。竺道生的"顿悟"说对后来禅宗有很大影响。

谢灵运《与诸道人辩宗论》赞成竺道生的"新论"，认为竺道生的"顿悟"说是孔、释二家的折衷。他说，释氏以为圣道"积学能至"，主张渐悟；而孔氏则以为"虽颜殆庶"，因为"理归一极"，非学能至。"今去释氏之渐悟，而取其能至，去孔氏之殆庶，而取其一极。"①这样便形成了一种"新论"，肯定圣人可学而至，但必须经过顿悟把握"一极"。谢灵运所说的"孔氏之论"，其实是玄学家的理论。我们不管他所谓的"折衷"是否确切，但有一点可以肯定：竺道生关于"佛性"和"顿悟"的学说，确实是佛学与玄学的结合。经过道安、慧远、僧肇、竺道生等人的努力，佛教大乘空宗的学说实现了玄学化，开始成为中国传统思想的有机组成部分。

第八节　范缜对"形神"之辩的总结
——唯物主义的质用统一原理的运用

南北朝时，儒、道、释三家互相斗争，互相影响。斗争有时很激烈，不仅在理论上进行争辩，而且还使用了暴力。特别是在北朝，道教和佛教都曾企图凭借政治权力来压倒对方。但当时多数统治者的态度是：既要利用儒家的纲常名教，又要利用道教、佛教

---

① 谢灵运：《与诸道人辩宗论》，《谢灵运集》，第306页。

的宗教迷信来进行欺骗。梁武帝原来信道教，后来做了皇帝，就信佛教，将佛教定为国教，但同时也大搞"衣冠礼乐"，设五经博士。南朝齐梁时代，佛教发展很快，势力很大。梁武帝时，有一个名叫郭祖深的人向皇帝上疏，说：当时京城里有五百多所寺庙，和尚尼姑有十余万，占有很多田产，而且和尚有白徒，尼姑有养女，这些人在寺庙里劳动，没有户口，可逃避抽壮丁，天下户口几乎有一半为寺庙所占有，影响了国家的赋税和军队的实力，造成了严重的祸害。[1] 可见寺庙的经济实力相当强大。郭祖深上疏时抬着棺材，表示不怕因得罪皇帝和僧徒而被处死，说明佛教在政治上也极有势力。

"神不灭论"是佛教、道教的根本教义。因此，科学反对宗教迷信的斗争反映在哲学上，就表现为"形神"问题的论战十分突出。南朝宋时著名的天文学家何承天[2]驳斥了佛教神不灭论。齐梁时，范缜写了著名的《神灭论》，对长期以来的"形神"之辩作了总结，将我国古代朴素唯物主义和无神论提高到一个新的水平。

一、战斗的无神论者

范缜（约公元 450 年—515 年），字子真，南乡舞阴（今河南泌阳西北）人。出身于寒门庶族，家境贫困，自小刻苦勤学，是当时著名学者刘瓛的学生。好"危言高论"，不畏权势。先后仕齐梁，

---

[1] 见《郭祖深传》，李延寿：《南史》第 6 册，中华书局 1976 年版，第 1721—1722 页。

[2] 何承天（公元 370 年—447 年），南朝宋无神论思想家、天文学家。东海郯（今山东郯城西南）人。历官衡阳内史、御史中丞等。精历算，通音律，曾奉命修纂《宋书》，未成而卒。他运用当时自然科学知识，多次进行反佛理论斗争。在"形神"问题上集中批判佛教的神不灭论和因果报应论，著有《报应问》、《达性论》。

任尚书殿侍郎、尚书左丞等职。其哲学著作保存至今的主要有
《神灭论》。①

　　据史书记载，范缜的《神灭论》一出，"朝野喧哗"，先是受到萧
子良和一批僧徒官僚的围攻，后来又受到梁武帝和王公朝贵六十
多人的声讨。但范缜坚持真理，毫无惧色。他"辩摧众口，日服千
人"②。萧子良曾以官位诱惑，要范缜放弃真理，范缜断然回绝，表
示决不"卖论取官"③。这些都表现了范缜为真理而斗争的精神和
品德。

　　在政治上，范缜所描绘的理想图景是：

　　　　小人甘其垄亩，君子保其恬素。耕而食，食不可穷也；蚕
　　以衣，衣不可尽也。下有余以奉其上，上无为以待其下，可以
　　全生，可以养亲，可以为己，可以为人，可以匡国，可以霸君，
　　用此道也。④

他所谓"此道"，也无非是儒道为一的无为之治。他要求发展生
产，使国家富强；要求抑制兼并，反对横征暴敛。他指出，用人应
该是"片善宜录，无论厚薄；一介可求，不由等级"，并且推荐过一

---

① 《隋书·经籍志》著录："范缜集十一卷"，已散失。现仅存 5 篇文章，其中有关哲学的仅
　　有两篇，即《神灭论》和《答曹舍人》，均见僧祐编的《弘明集》中。此外，《梁书》和《南史》
　　的《范缜传》中亦有引述。今人有许多注释和今译都可参考。
② 萧琛：《难神灭论》，《弘明集校笺》，第 458 页。
③ 李延寿：《范缜传》，《南史》第 5 册，第 1422 页。
④ 范缜：《神灭论》，《弘明集校笺》，第 477 页。

些"身贱名微"的人才①,还主张"布衣穷贱之人,咸得献其狂瞽"②。表明他对门阀制度的不满。他不信鬼神,在做太守时,禁止祭祀神庙,在理论上和实践上都是一个旗帜鲜明的无神论者。

《神灭论》揭露了佛教在政治上、道德上、社会习俗上造成的危害:

> 浮屠害政,桑门蠹俗,风惊雾起,驰荡不休……又惑以茫昧之言,惧以阿鼻之苦,诱以虚诞之辞,欣以兜率之乐。故舍逢掖,袭横衣,废俎豆,列瓶钵,家家弃其亲爱,人人绝其嗣续。致使兵挫于行间,吏空于官府,粟罄于惰游,货殚于土木,所以奸宄弗胜,颂声尚拥,惟此之故也。③

就是说,佛教已对社会造成了非常严重的祸害。佛教虚构阿鼻地狱和兜率天宫之类来骗人,叫人舍弃儒服,披上袈裟,破坏了礼教和家庭,要人们倾家荡产去求神拜佛,以致造成士兵在战争中挫败,官吏在机关中挂空名,粮食被游手好闲的僧侣挥霍光,财富被奢侈的寺院建筑耗尽,弄得社会上奸徒充斥,却还高颂"阿弥陀佛"!

范缜对佛教的批评,实际上也是对门阀士族的批评。当时许多官僚、名士都认为名教与佛教一致,说:"内圣外圣,义均理一",

---

① 见姚思廉:《裴子野传》,《梁书》第 2 册,中华书局 1973 年版,第 442 页。
② 欧阳询撰,汪绍楹校:《艺文类聚》,中华书局 1965 年版,第 425 页。
③ 范缜:《神灭论》,《弘明集校笺》,第 477 页。

"佛即周孔，周孔即佛"。[①] 范缜认为，佛教与名教是不可调和的，信佛教就要抛弃儒家的名教，就会在政治上造成莫大的危害。他是站在维护名教的立场上，反对佛教。当时，萧子良批评范缜"有伤名教"，梁武帝批评他"违经背亲"，其实，范缜倒是站在名教的立场上的。不过范缜的视野比一般儒者要宽广得多，他指出，人们之所以"竭财以赴僧，破产以趋佛"，是由于"厚我之情深，济物之意浅"。[②] 只从个人出发，考虑生死事大，要求解脱，便不会关心国家大事和别人的生活问题了。这表现了他忧国忧民的思想，也揭露了包含在宗教迷信中的自私心理。

二、"森罗均于独化"

关于"有无（动静）"之辩，范缜讲得不多。他说：

> 若知陶甄禀于自然，森罗均于独化，忽焉自有，怳尔而无，来也不御，去也不追，乘夫天理，各安其性。[③]

就是说，如果能认识到事物的生成是出于"自然"，"森罗万象"都是自己运动，自己变化，忽然发生了，忽然又自己消灭了，对它的发生既不能防止，对它的消灭也不去追回，这样，人们就会顺从自然的天理，各自安于自己的本性。可见，范缜的天道观受到《庄子注》"独化"说的影响，但他的唯物论观点却比《庄子注》要鲜明

---

① 孙绰：《喻道论》，《弘明集校笺》，第 151 页。
② 范缜：《神灭论》，《弘明集校笺》，第 477 页。
③ 同上注。

得多。

范缜坚持了唯物主义的气一元论。当时，梁武帝执政时的尚书论功郎曹思文引了《礼记·檀弓》中的话："骨肉归复于土，而魂气无不之也"，作为"形亡而神不亡"的论据。范缜回答说：

> 人之生也，资气于天，禀形于地。是以形销于下，气灭于上。气灭于上，故言"无不之"。"无不之"者，不测之辞耳，岂必其有神与知邪？[1]

以为人的气、形得自天地，人死了，形体骨肉归于土，而气则消散于空中，不测其所往。既然形腐朽，气消散，那怎么还会有什么精神和知觉呢？可见范缜的神灭论，是建立在气一元论基础上的。

范缜肯定事物的变化、生灭是有规律的，即所谓"天理"或"物之理"。他说"乘夫天理，各安其性"，就包含有"理"即性之必然的意思。他又说：

> 生灭之体要有其次故也。夫歘而生者必歘而灭。渐而生者必渐而灭。歘而生者，飘骤是也；渐而生者，动植是也。有歘有渐，物之理也。[2]

以为物体的生灭要有一定的发展程度，有的突然产生，如飘风骤雨；有的逐渐演变，如动物植物。这样讲"物之理"，就是要求考察

---

① 范缜：《答曹舍人》，《弘明集校笺》，第 489 页。
② 范缜：《神灭论》，《弘明集校笺》，第 466 页。

物质实体的转化规律。

不过，范缜在理论上也未能解决必然与偶然的关系问题。据《南史·范缜传》记载：

> （萧）子良问曰："君不信因果，何得富贵贫贱？"缜答曰："人生如树花同发，随风而堕，自有拂帘幌坠于茵席之上，自有关篱墙落于粪溷之中。坠茵席者，殿下是也。落粪溷者，下官是也。贵贱虽复殊涂，因果竟在何处？"子良不能屈，然深怪之。[1]

范缜把人生比作一树花，随风飘落，有的飘在大厅漂亮的座垫上，就荣华富贵；有的飘落到厕所里，就卑下贫贱，认为富贵贫贱都是偶然性造成的。这对于儒家的天命论和佛教的因果报应论是一种批判。因为当时的封建统治者，既利用儒家的理论，把贵贱等级秩序归诸天命；又利用佛教的迷信，说享富贵是前世行善的结果，而受苦难则是前世作恶的报应，用一种虚构的学说来解释人间有贵贱之分的原因，要广大人民安于贫贱，把希望寄托于来世。范缜却说人生的贵贱之分出于偶然，根本否认因果报应，故他的树花之喻在当时有其不容置疑的积极意义。然而范缜叫人"乘夫天理，各安其性"，也还是"安命"的意思。可见，范缜同《庄子注》一样，以"遇"为"命"，把必然性降低为偶然性了。

三、"形神相即"，"形质神用"

"形神"关系问题的争论由来已久。自先秦以来，特别是汉以

---

① 李延寿：《范缜传》，《南史》第 5 册，第 1421 页。

后，就成了哲学论争的中心之一。范缜的《神灭论》，可以说是对"形神"之辩作了比较正确的朴素唯物主义的总结。这是范缜在哲学上的重要贡献。

《神灭论》用问答的形式，一开始便阐明自己的基本观点：

> 或问："子云神灭，何以知其灭也？"答曰："神即形也，形即神也。是以形存则神存，形谢则神灭也。"
>
> 问曰："形者无知之称，神者有知之名。知与无知，即事有异，神之与形，理不容一。形神相即，非所闻也。"答曰："形者神之质，神者形之用。是则形称其质，神言其用，形之与神，不得相异也。"
>
> 问曰："神故非质，形故非用，不得为异，其义安在？"答曰："名殊而体一也。"①

这几段话表明，范缜是运用唯物主义的"质用"统一原理来解决形神关系问题的。"形神相即，形质神用，名殊体一"，这就是他的基本观点。

《神灭论》讲质用统一，也就是"体用不二"的意思。它以为实体（体）即质料因（质），而作用（用）即实体的自己运动，或者说是质料（质性）的自然表现。范缜运用这样的观点来阐述"形神"关系问题，指出：一方面，形是质料因、实体，神是作用；"用"依存于"质"，精神不能离开形体而独立存在；这是第一性、第二性的关

---

① 范缜：《神灭论》，《弘明集校笺》，第 460—464 页。

系。另一方面，"形神相即"，"形神不二"，精神就是特定的形体（人体）的自己运动、自然表现。这是辩证法思想。范缜用"形质神用"的观点说明"形神不二"，指出形与神并不是具有外在关系的两个东西，因而可合可分，而是"名殊体一"，根本不得相异。这样，范缜就反对了以为"形神"可以割裂、神可以离形而不灭的唯心论与二元论。因为二元论和唯心论的一个重要论据是：形无知，神有知，二者相异，"生则合而为用，死则形留而神逝"①。

《神灭论》运用质用统一原理，不仅有力地反驳了唯心论的神不灭论，而且也克服了以往唯物论者在形神关系问题上的理论缺陷。

> 问曰："名既已殊，体何得一?"答曰："神之于质，犹利之于刃；形之于用，犹刃之于利。利之名非刃也，刃之名非利也。然而舍利无刃，舍刃无利；未闻刃没而利存，岂容形亡而神在?"②

在范缜以前，唯物主义者都以为形与神"精粗一气，始终同宅"，神如火，由精气构成，形如烛或木，由粗气构成。例如，何承天说过："形神相资，古人譬以薪火，薪弊火微，薪尽火灭。虽有其妙，岂能独传?"③显然，这个从桓谭、王充以来的薪火或烛火的比喻，不仅不能克服形神二元论，而且会被唯心论钻空子。慧远也曾用这个

---

① 曹思文：《难神灭论》，《弘明集校笺》，第 482 页。
② 范缜：《神灭论》，《弘明集校笺》，第 464 页。
③ 何承天：《宗炳答何衡阳难释黑白论》，《弘明集校笺》，第 184 页。

比喻,说:"火之传于薪,犹神之传于形;火之传异薪,犹神之传异形。……惑者见形朽于一生,便以谓神情俱丧,犹睹火穷于一木,谓终期都尽耳。"①于是,薪火之喻便转过来成了论证"形尽神不灭"的武器,这正说明桓谭、王充、何承天等人的比喻本身有缺点。直到范缜用刀刃与锋利的关系来比喻形神关系,指出形与神不是精粗关系,而是"质用"关系,即实体与作用的关系,才克服了这个缺点。这并不只是简单地换了一个比喻的问题,而是标志着唯物主义者对形神关系问题的认识又深入了一步。

列宁在《哲学笔记》中说:实体"是人类对自然界和物质认识的发展过程中的重要阶段"。"一方面,应该从对物质的认识深入到对实体的认识(概念),以便探求现象的原因。另一方面,真正地认识原因,就是使认识从现象的外在性深入到实体。"②在王充提出了"气自变"、"物自生"以后,哲学家们对事物运动原因的认识的深入,就表现为提出了实体范畴和"体用不二"的思想,认为实体以自身为原因,作用即实体的自己运动或自然表现。而对唯物主义来说,实体即质料因。范缜用"质用不二"的观点来分析"形神"关系,正是"从现象的外在性深入到实体"。

范缜认为,实体与作用是统一的,所以不同的质有不同的用。精神并不是一切物质都具有的"用"。人非草木,"人之质,质有知也,木之质,质无知也"。有"如木之质",就不能有"异木之知"。他说:

---

① 慧远:《沙门不敬王者论》,《中国佛教思想资料选编》第 1 卷,第 86 页。
② 列宁:《哲学笔记》,人民出版社 1990 年版,第 133 页。

> 死者有如木之质,而无异木之知;生者有异木之知,而无
> 如木之质也……生形之非死形,死形之非生形,区已革矣。[①]

就是说,活形体与死形体是根本不同的,所以两者的作用也根本不同。只有活人的质,才具有知觉的精神作用,死者之骨骼是完全无知的。生者与死者,有质的不同。活体变为死体,如荣木变为枯木,是质的变化,这种变化是有规律的。

范缜还用"形质神用"的观点,来说明人的精神活动的生理基础。在生理学上,"质用"关系即是生理结构和功能(包括心理的功能)的关系。他把人的统一的精神活动分为两部分,一是感觉痛痒的"知",即知觉;一是能判断是非的"虑",即思维。他说"浅则为知,深则为虑"[②],以为知觉属感官而思虑属心器。他认为不同的精神作用依存于不同的生理器官。这些见解固然有其正确的一面,不过,他简单地把"形神"关系说成是精神依赖于肉体,而没有认识到意识从一开始就是社会实践的产物,因而不可能彻底战胜唯心论。这是马克思以前的旧唯物主义者的共同的局限性。范缜还把圣人和凡人的差别归结为生理结构不一样,说圣人"非惟道革群生,乃亦形超万有"[③],以为圣人的形体天生超过凡人,这也是错误的论点。

尽管如此,范缜对"形神"之辩所作的朴素唯物主义的总结,

---

① 范缜:《神灭论》,《弘明集校笺》,第 465—466 页。
② 同上书,第 468 页。
③ 同上书,第 472 页。

是中国古代哲学史上杰出的成就之一。一切唯心论、神学都有一个基本特征，认为精神可以脱离物质而独立存在，于是虚构出一个脱离现实的彼岸世界或精神本体，并把物质世界说成是精神的产物。正如后来戴震所揭露的那样，唯心论者是"以形神为二本"，把形神割裂开来，然后把神说成不灭，从神推出世界。梁武帝在发动王公大臣围攻范缜时说："三圣说教，皆云不灭。"①他对范缜的责难，正好从反面说明：儒、道、释三家的唯心主义和神学都以"神不灭"作为立论的基础。范缜反对神不灭论正是打中了唯心论的要害，否定了永恒的精神本体，对当时门阀士族、僧侣贵族的精神支柱是有力的冲击。

四、《神灭论》的"穷理"逻辑

我们再从"名实"、"言意"之辩来对《神灭论》作一点分析。

神不灭论者从"名实"关系提出诘难："形者无知之称，神者有知之名……神之与形，理不容一。"②这是从"名实"应该相对应的观点来立论的，似乎很有道理。范缜却回答说：

> 形称其质，神言其用。形之与神，不得相异也……名殊而体一也。③

这里包含有两层意思：一方面，形神殊名，各有所指，名与实确是

---

① 萧衍：《敕答臣下神灭论》，《弘明集校笺》，第 498 页。
② 萧琛：《难神灭论》，《弘明集校笺》，第 460 页。
③ 范缜：《神灭论》，《弘明集校笺》，第 460—464 页。

相对应的，正如"利之名非刃，刃之名非利"，形与神之名也不容混淆。另一方面，范缜不是像欧阳建那样停留在"欲辨其实，则殊其名"，而是进一步指出形神"不得相异也"，要求从"殊名"中来把握"体一"（具体的统一）。他朴素地表达了这样一个思想：只有从联系中来把握形神关系，即全面地把握"形神相即"、"形质神用"的关系，才是真正把握"具体"。这实际上就是要求人们辩证地思维，从概念、范畴的联系中来揭示真理。

范缜严格区分了"穷辩"（诡辩）和"穷理"。他在《答曹舍人》中写道：

> 难曰："其寐也魂交，故神游于蝴蝶，即形与神分也。其觉也形开，蘧蘧然周也，即形与神合也。"答曰："此难可谓穷辩，未可谓穷理也。子谓神游蝴蝶，是真作飞虫邪？若然者，或梦为牛，则负人辕辀；或梦为马，则入人跨下；明旦应有死牛、死马，而无其物，何也？"[①]

在他看来，诘难者讲形与神可分可合，其实是混淆梦境与现实的诡辩。如果庄周梦蝴蝶是真的变成了蝴蝶，有人梦为牛、马也是真的变成了牛、马，那么醒来后既然是神回到人体，就应该有死蝴蝶、死牛或死马，但实际上并没有。所以，只要用事实来检验一下，这种诡辩就立刻被驳倒了。

那么，真正要"穷理"应该如何呢？那就要根据事实来提出

---

① 范缜：《答曹舍人》，《弘明集校笺》，第 488 页。

"精据"（精密的论据），作出"雅决"（纯正的判断）①。《神灭论》一文，为我们提供了一个"立论"的榜样。

《神灭论》可分作三大部分：

第一部分即开头四段（我们在上面全已引了）提出全文的根据。待证的论题是"形存则神存，形谢则神灭"，基本论据是"形神相即，形质神用，名殊体一"，也就是运用唯物主义"质用"统一原理来论述"形神"关系，而"质用"统一原理则可以用刃与利不可分割等事实来验证。

第二部分是文章的主体，从不同侧面（人之质与木之质，生形与死形，是非与痛痒，圣人与凡人等等）来展开上述论据，对"形神不二，形谢神灭"的论点作了多方面的论证。

第三部分即最后一大段，则是回答"知此神灭有何利用邪？"这个问题，亦即阐明理论的目的。

这三个部分可看作是互相联系着的三个环节，每个环节都有像荀子说的"辨合"、"符验"，并对诘难者的谬误观点作了批判。这种立论的逻辑结构，大体相当于辩证逻辑所说的分析与综合相结合的方法的三个环节：开始、进展和目的。② 当然，范缜并没有用明确的逻辑语言作出这样的概括，但《神灭论》确实自觉或不自觉地遵循了这种方法。

范缜的"穷理"，可以说是嵇康的"先求之自然之理，理已足，然后借古义以明之耳"③的发展。在讲到"古义"时，范缜也赞成嵇

① "精据"、"雅决"，见范缜：《答曹舍人》，《弘明集校笺》，第486页。
② 参见黑格尔著，贺麟译：《小逻辑》，商务印书馆1980年版，第424—427页。
③ 嵇康：《声无哀乐论》，《嵇康集校注》，第349页。

康的"得意而忘言"的主张。在《答曹舍人》中，当谈到儒家经典有"为之宗庙，以鬼享之"，"春秋祭祀，以时思之"等语时，范缜说：

> 宗庙郊社，皆圣人之教迹；彝伦之道，不可得而废耳……宁可求之蹄筌，局以言教？①

意思是，儒家讲祭祀，是为了通过言教来培养孝道，应该"得意而忘言"，而不能局限于蹄筌，把祭祀看作是真的有鬼神来受享。虽然范缜替"神道设教"作了辩护，以为这是圣人教化"黔首"的一种方法，因而有其局限性；但他用不能"局以言教"来否定鬼神、上帝的存在，反对以经书为教条，这在当时是很大胆的言论。

范缜为了捍卫神灭论思想，不倦地进行论战。《神灭论》以其"精据"、"雅决"使论敌们"无以折其锋锐"。梁武帝先是亲下敕文组织围攻，未能见效。最后便只好以势压人，加给范缜以"背经"、"乖理"、"灭圣"的罪名，说："灭圣难以圣责，乖理难以理诘，如此则言语之论，略成可息"②，宣告这场辩论草草收场。这也正好从反面说明，《神灭论》的"穷理"具有巨大的逻辑威力，它是不可战胜的。

第九节　贾思勰《齐民要术》的科学方法

唯物主义和无神论的胜利，同科学的进步密切相联系。范缜

---

① 范缜：《答曹舍人》，《弘明集校笺》，第490页。
② 萧衍：《答曹舍人》附《诏》，《弘明集校笺》，第492页。

的《神灭论》也是和医学的成就分不开的。从方法论来说,他运用
"质用"统一原理来解决"形神"关系问题,又和当时科学方法的发
展有机地联系着。

古代朴素的辩证逻辑的比较法在不同的科学领域各有所侧
重:天文历法、音律等领域侧重于定量(比类度量),医学、农学等
领域侧重于定性(比类取象)。同度量密切相关,数学发展了,由
刘徽奠定了中国古典数学的理论基础,而数学方法又推动了科学
的进步。随着医学、农学等学科的发展,比类取象的方法也提高
到了新的水平。

在魏晋南北朝时期,历法有重大改进,而每次改进都遭到迷
信古法的人的反对。南朝科学家祖冲之[①]编制的《大明历》,改进
了闰法,制定了岁差,定"交点月"日数为 27.212 2 日,以一回归年
日数为 365.242 8 日,这在当时都是很先进的。而宋孝武帝的宠
臣戴法兴却以为古制不可革,加给祖冲之以"诬天背经"的罪名。
祖冲之驳斥了这种"信古而疑今"[②]的谬论,指出:"浮辞虚贬,窃非
所惧"[③],表现了科学家的坚持真理、无所畏惧的精神。祖冲之说
他自己"考影弥年,穷察毫微,课验以前,合若符契,孟子以为千岁
之日至,可坐而知,斯言实矣"[④]。又说:"迟疾之率、非出神怪,有
形可检,有数可推。"[⑤]这些话包含有对"形神"问题的唯物主义见
解,同时也包含着一种"求故"的科学方法论:首先,要对事物进行

———————

① 祖冲之(公元 429 年—500 年),南朝科学家,字文远,范阳遒(今河北涞水北)人。
② 沈约:《律历志》,《宋书》第 1 册,中华书局 1974 年版,第 310 页。
③ 同上书,第 314 页。
④ 同上注。
⑤ 同上书,第 315 页。

系统的考察。既要亲自观测，取得第一手资料，也要"远考唐典，近征汉籍"[①]把直接经验和间接经验结合起来；而"谶记碎言，不敢依述"[②]，对于一切神怪之说，必须加以排除。其次，要运用严密的数学方法进行推算。他指出，过去"乾象历"（东汉末刘洪造）和"景初历"（曹魏时杨伟造）的缺点，"匪谓测候不精，遂乃乘除翻谬"[③]。又说："立圆旧误，张衡述而弗改；汉时斛[④]铭，刘歆诡谬其数。"[⑤]就是说，张衡对球体积的计算和刘歆所定的圆周率都有错误。祖冲之精确地推算出圆周率 π 的值在 3.141 592 6 和 3.141 592 7 之间，并提出 π 的约率 $\frac{22}{7}$ 和密率 $\frac{355}{113}$，密率值的提出要比欧洲早一千多年。他认为只有改进数学方法，力求推算严密，才能达到孟子说的"求其故，千岁之日至，可坐而知"[⑥]。祖冲之以为天体的运行有其恒常的规律，它"有形可检，有数可推"，这是唯物主义的观点。祖冲之是继刘徽之后的杰出的数学家，在数学上有很大的贡献。可惜的是，他和他的儿子祖暅合写的重要著作《缀术》和《九章术义注》在唐以后便失传。关于他的方法论，我们也因文献不足而无法多加论述了。

以下我们着重论述贾思勰的科学方法。

贾思勰，北魏时人，生卒年代已无法查明，其生活年代大概比范缜、祖暅略晚。山东益都人，曾任北魏高阳（今山东临淄西北）

---

① 沈约：《律历志》，《宋书》第 1 册，第 312 页。
② 同上注。
③ 同上书，第 306 页。
④ "斛"，各本作"解"，此据《隋志》及《九章算术·方田章注》校改。——初版编者
⑤ 沈约：《律历志》，《宋书》第 1 册，第 306 页。
⑥ 同上书，第 314 页。

太守。他从文献中搜集资料，并且访问老农，结合自己的观察和试验，写成《齐民要术》①（约成书于公元 553 年—554 年间）一书。《齐民要术》系统地总结了我国古代劳动人民丰富的农业生产经验，不仅在农业科学技术史上具有重要地位，而且也是一部具有朴素唯物主义思想的重要著作。

《齐民要术》有鲜明的重视物质生产的思想。在序的一开始便说："盖神农为耒耜，以利天下。"②又引《管子》的话说："一农不耕，民有饥者；一女不织，民有寒者。""仓廪实，知礼节；衣食足，知荣辱。"并引用荷蓧丈人的话批评孔子："四体不勤，五谷不分，孰为夫子？"还抨击那些社会寄生虫由于"积习"而鄙视劳动，是"蓼中之虫，而不知蓝之甘"③。这种重视生产、重视实践的观点，必然导致唯物主义。

虽然贾思勰并没有花时间去讨论哲学家所热衷的"有无"之辩，但他是一个气一元论者，实际上是"崇有"的。他大段引了《礼记·月令》的话，如："孟春之月……天气下降，地气上腾；天地同和，草木萌动。""孟冬之月，天气上腾，地气下降，天地不通，闭藏而成冬。"④他用气的变化来解释季节的交替，这同《月令》是一样的。不过，贾思勰力求清除传统的阴阳学说中所掺杂的迷信成

---

① 《齐民要术》：我国古农书中完整地保存至今的最早的一部，也是世界农业科学史上第一部比较系统的农学著作。全书 92 篇，分为 10 卷。分别论述各种农作物、蔬菜、果树、竹木的栽培和育种，家畜、家禽的饲养，农产品加工及副业等，系统总结了 6 世纪以前黄河中下游地区人民丰富的农业生产经验，并上升为比较系统的农业科学。通行的有《四部丛刊》本。
② 贾思勰：《齐民要术序》，石声汉校释：《齐民要术今释》，中华书局 2009 年版，第 1 页。
③ 同上书，第 2 页。
④ 贾思勰：《耕田》，《齐民要术今释》，第 11 页。

分,删去了《月令》中的那些牵强附会的比附。他还说:"《史记》曰:'阴阳之家,拘而多忌。'止可知其梗概,不可委曲从之。谚曰:以时及泽,为上策也。"①他以为,阴阳家关于种植要避"忌日"之类的说法是不可信的,而农谚所说的"赶上时令,趁地里有墒情"那才是上策。可见,他主张要按实际情况办事。

正是从这种朴素的唯物主义出发,贾思勰提出了一套科学方法,主要包括下列四个方面。

首先,系统地掌握资料。他在《齐民要术》的序中说:

> 今采捃经传,爰及歌谣,询之老成,验之行事。起自耕农,终于醯醢,资生之业,靡不毕书。②

就是说,既要收集文献资料,又要总结民间经验;既要向有经验的老农学习,又要在自己的亲身实践中验证。从耕种到制醋、制酱,所有有关生产和生活的事,全都应记录下来。这种力求客观地、全面地把握所考察的领域的事实资料的态度,显然是坚持了唯物主义方法论的原则。关于这一点,虽然前人也已经说过,但贾思勰的特点在于:非常重视直接生产者的经验。《齐民要术》书名中的"齐民",就是平民的意思。他还说:

> 谚曰:"智如禹汤,不如尝更。"是以樊迟请学稼,孔子答曰:"吾不如老农。"然则圣贤之智,犹有所未达,而况于凡庸

---

① 贾思勰:《种谷》,《齐民要术今释》,第50页。
② 贾思勰:《齐民要术序》,《齐民要术今释》,第12页。

者乎?①

就是说,圣贤的聪明才智,也不如亲身经历的人。归根结底,一切知识发源于人们的直接经验。但是,直接经验也不是完全自发地取得,而要进行科学的观察。贾思勰对观察方法举了很好的实例。他非常详细地谈论了"相马之法",指出在相马时,应先把马群一分为二,把瘦弱、发育不良的马除去,再对其余的马进行考察。而在考察每一匹马时,既要从头到蹄进行系统的观察,又要重点突出,看马头、眼、脊背、胸腹、四肢等部分是否符合要求;还要依据表里相关的原理,从耳、鼻等外形来推断它的内脏的情况,从口色来鉴定马的体质,等等。②

其次,进行科学的分类。因为要从经验上升到理论,便必须对事实材料进行分类,并给每一类以适当的名称。贾思勰在谈到粟的分类时说:

> 今世粟名,多以人姓字为名目,亦有观形立名,亦有会义为称。③

名称总是约定俗成的,有的以培育者的姓字命名,如"乐婢青";有的根据外形特征命名,如"宝珠黄";有的则以反映品种特性的概念的意义来命名,如"易春"。贾思勰列举了九十多种粟名,把它

---

① 贾思勰:《齐民要术序》,《齐民要术今释》,第 5 页。
② 详见贾思勰:《养牛马驴骡》,《齐民要术今释》,第 493 页。
③ 贾思勰:《种谷》,《齐民要术今释》,第 41 页。

们分为四类：第一类十四种，具有"早熟、耐旱、免虫"的特性，第二类二十四种，具有"穗皆有毛，耐风、免雀暴"的特性……在这样分类之后，又概括说：

> 凡谷：成熟有早晚，苗秆有高下，收实有多少，质性有强弱，米味有美恶，粒实有息耗。[1]

在这里，他以成熟期的早晚、苗秆的高度、质性的强弱、产量的多少、米味的美恶、出米率的高低等性状作为谷子的分类标准，是相当全面的。其他作物、果木、家畜等的分类也相似。总之，他以生物的本质特征作为分类的根据，揭示各品种之间本质上的同和异，从而由经验上升到理论，概括出规律性的认识。

第三，按照类的本质，即事物的性能来利用事物。贾思勰将作为生物分类根据的本质特征归结为性与能两方面，他在谈到家畜的饲养管理时说：

> 服牛乘马，量其力能；寒温饮饲，适其天性；如不肥充繁息者，未之有也。[2]

这里所说的"天性"（质性）和"力能"，大体相当于范缜所说的"质"和"用"，而且也很容易使我们联想到《庄子注》："物任其性，事称

---

① 贾思勰：《种谷》，《齐民要术今释》，第42页。
② 贾思勰：《养牛马驴骡》，《齐民要术今释》，第493页。

其能,各当其分,逍遥一也。"①不过《庄子注》讲"物任其性",忽视了人的主观能动作用,而贾思勰则重视人的主观能动作用。他主张根据自然物的性能来利用和改造自然物,这是唯物主义的方法。

贾思勰还认为天性并非一成不变的。他在《种椒》中说:

> 此物(指花椒——引者注)性不耐寒:阳中之树,冬须草裹(不裹即死);其生小阴中者,少禀寒气,则不用裹。(所谓习以性成,一木之性,寒暑易容,若朱蓝之染,能不易质,故观邻识士,见友知人也。)②

这是说,树木的"性"有阴阳之别,是由于禀气不同。有的植物性不耐寒,但若让它从小就生长在比较阴冷的地方,得到了锻炼,禀得寒气,那么它也就能适应环境,冬天也用不着裹草了。这就好像人的"习以性成",染于朱则朱,染于蓝则蓝,是环境条件造成的。贾思勰以为生物的"质性"既有遗传的一面,也有变异的一面,是遗传性与变异性的统一。因此,人们就可以通过选择来培育优良品种。《齐民要术》中论述了对羊、猪、鹅、鸭以及各种粮食作物、瓜类、水果等进行选择、留种的方法。后来达尔文说:"在一部古代的中国百科全书中,已有关于选择原理的明确记述。"③很可能就是指《齐民要术》所论述(或后人根据《齐民要术》所作的论

① 郭象:《逍遥游》篇目注,《庄子集释》,第1页。
② 贾思勰:《种椒》,《齐民要术今释》,第389页。
③ 达尔文著,谢蕴贞译:《物种起源》,科学出版社1972年版,第25页。

述）的这些内容。

第四，在按照客观规律利用、改造自然时，要因时因地制宜。贾思勰说：

> 顺天时，量地利，则用力少而成功多。任情返（反）道，劳而无获。①

就是说，随心所欲地违反规律（"道"），只能白费力气。而按客观规律来培育作物，顺应天时，估量地力，就可以获得成功。《齐民要术》中讲到了各种作物的播种期，如种谷子，"二月上旬，及麻菩杨生种者，为上时；三月上旬及清明节桃始花，为中时；四月上旬及枣叶生桑花落，为下时"②。也讲到了"地势有良薄，山泽有异宜"③，以为良田可种晚些，而薄田要早种；山田应种强苗，而泽田可种弱苗，等等。这些都是说植物的种植要以时和地的条件为转移。

以上所说，不仅适用于农学、生物学，而且具有更一般的方法论意义。《齐民要术》提出：要对所考察的领域进行系统的观察和全面搜集资料；根据事物的本质特征进行分类，揭示各类对象的自然性能；从其自己运动与周围条件的联系中来把握它们的规律性；依据规律来利用改造自然。这些都是经验科学的方法论的基本原则，尽管还是朴素的，但具有辩证法的因素，是颠扑不破的。

---

① 贾思勰：《种谷》，《齐民要术今释》，第 44 页。
② 同上书，第 45 页。
③ 同上书，第 44 页。

这是因为，经验科学要成为科学，第一步就是要在详细占有事实材料的基础上进行分类；而为要根据本质特征进行科学的分类，就必须探求事物的所以然之"故"；而真正要认识事物的原因，那就必须使认识从现象的外在性深入到实体，也就是要用"质"（质性）、"用"（功能）统一的观点来确定根据，作为分类的标准。然而汉人缺乏"质用不二"的思想，所以他们在"比类取象"时，容易陷入外因论（"或使"说）和犯从现象的外在性进行比附的毛病。《齐民要术》则克服了这种毛病。贾思勰关于进行科学的分类以及按各类事物的性能来利用事物的学说，就理论思维的方式来说，和范缜运用"质用不二"原理有相通之处。可以说，他们是同一时代的理论思维的代表。

当然，《齐民要术》也有其历史局限性，如掺杂有一些迷信思想，理论也还不够系统，但它的方法论及其在农学上的成就，无疑代表了那个时代的先进水平。

第七章
儒、道、释的相互作用与合流

第一节　儒、道、释合流的趋势及其对哲学的影响

隋王朝统一中国,结束了南北朝长期分裂的局面,使封建经济有所发展。但到隋炀帝时,阶级矛盾又空前激化。隋炀帝大兴土木,四出巡游,并连年发动战争。这样,繁重的兵役和徭役逼得广大劳动人民流离死亡,终于爆发了继黄巾起义后的又一次规模巨大的农民起义——隋末农民起义。这次起义把斗争的矛头直接指向门阀士族。起义军"得隋官及士族子弟,皆杀之",使不少士族趋于衰落,"名虽著于州闾,身未免于贫贱"。[①] 而魏晋以来的部曲、荫户(农奴)和奴婢在起义中纷纷挣脱锁链,以世家豪族为代表的农奴式的剥削制度受到沉重打击,农民对地主的人身依附有所减轻,自耕农数量增加,因而促使社会生产力得到发展,于是唐代在经济、文化方面都出现了新的繁荣。

唐初统治者唐太宗李世民,采取了一些有助于发展生产、稳

---

① 司马光著,胡三省注:《资治通鉴》第183卷,中华书局1976年版,第5715页。

定社会秩序的积极措施，如继续推行北魏以来的均田制，抑制土地兼并；沿袭隋朝科举取士制度，选拔官吏不拘士族门第界限，使庶族地主有机会上升为官僚；采取了一些促进民族统一的政策，等等。李世民同汉初统治者一样，经常想着怎样才能使王朝长久，不被农民起义推翻的问题。他说："周得天下，增修仁义。秦得天下，益尚诈力。此修短之所以殊也。盖取之或可以逆得，守之不可以不顺故也。"①这和汉代陆贾、贾谊的"逆取而顺守"、"诈力"与"仁义"两手并用的论点是相同的，是汉以来的统治阶级的基本策略。所不同的是，李世民说了更多的假仁假义的话以掩盖武力、刑法一手；并且他的仁义、教化一手，除了宣扬儒家的那一套之外，还利用道教和佛教。他采取了儒、道、释并用的政策，以巩固封建王朝和麻痹劳动人民。

儒、道、释鼎立，这是南北朝以来的既成事实。为了适应统一的王朝的需要，王通②在隋代已提出"三教合一"的主张。《文中子·问易》：

　　程元曰："三教何如？"子曰："政恶多门久矣。"曰："废之何如？"子曰："非尔所及也。真君、建德之事，适足推波助澜，纵风止燎尔……三教于是乎可一矣。"③

———————

① 司马光：《资治通鉴》第 192 卷，第 6036 页。
② 王通（公元 584 年—617 年），隋哲学家。字仲淹，门人私谥曰"文中子"，绛州龙门（今山西河津）人。曾上太平策，不见用，退居河、汾之间，授徒讲学，有弟子多人。主张儒、道、佛合一，其基本立足点则为儒学。著作有《中说》，亦称《文中子》，由其子孙们辑成。有宋代阮逸的注解，通行本有《四部丛刊》本、《续古逸丛书》本。
③ 王通：《问易》，张沛校注：《中说校注》，中华书局 2013 年版，第 134—135 页。

这里的"真君"是后魏太武年号，"建德"是后周武帝年号。王通以为，像魏太武帝和周武帝那样用武力取缔佛教，只能起推波助澜、鼓风煽火的作用。他主张在儒家的基础上，促使儒、道、佛合流。

在隋、唐、五代，总的发展趋势是儒、道、佛互相影响，趋于融合。学者已经提出"三教合一"论，皇帝也采取调和的政策。唐德宗生日，命和尚、道士、儒生讲论于麟德殿，当然都是说些吉利奉承的话，而决不会吵架的。不过，他们之间的争吵也经常发生，有时斗争还很激烈。特别是佛教势力过于强大，不仅引起道教徒的不满，而且也使世俗地主和僧侣地主之间的矛盾加深。从傅奕[①]到韩愈，这些反佛的健将，都是从世俗地主立场立论的。这种矛盾的激化，最后还导致唐武宗和周世宗两次运用政治力量打击佛教。

尽管如此，从意识形态领域来说，却是儒、道、释日渐趋于合流，这也是这一时期哲学发展的基本趋向。佛教从南北朝发展到隋唐，进入全盛时期。道教则因唐王室自认为是李耳后代，得到大力提倡，也十分兴盛。这两种宗教为了更适应地主阶级政治上的需要，在理论上便也越来越儒学化了。而儒家也不断地从佛教、道教那里吸取思想资料，因而使得孔孟之道具有了僧侣主义色彩，最后就产生了宋代理学。不言而喻，这个合流的过程就是宗教神学和唯心主义的泛滥。

---

① 傅奕（公元 555 年—639 年），唐初学者。相州邺（今河北临漳西南）人。精天文历数。曾任太史令。上疏请除去佛教，认为"生死寿夭，本诸自然"，揭露佛教徒"恐吓愚夫，诈欺庸品"，寺院是"剥削民财，割截国贮"，"寺多僧众，损费为甚"。著作有《老子注》、《老子音义》。并集魏晋以来反对佛教思想家的言行，作《高识传》10 卷。

不过,哲学还是在发展。这时期不仅产生了像柳宗元、刘禹锡这样的唯物主义哲学家,而且在唯心主义的形式下,人类理论思维的某些环节、因素,得到比以前更为深入的考察,这当然也是进步。哲学的进步是同科学文化的发展相联系的。唐代封建经济的空前繁荣,带来了文化的高潮,特别是文学艺术,真可说是百花齐放。唐代的诗歌、散文、雕塑、绘画、书法、音乐、舞蹈等都有很大发展。同时,科学也有发展,例如:在数学方面,李淳风等注《算经十书》(其中包括唐初王孝通的《缉古算经》);在天文学方面,一行发现恒星的位置并非固定不移,并主持了世界上第一次子午线长度的测量活动;在医学方面,有孙思邈的《千金方》、王焘的《外台秘要》等著作;在史学方面,有刘知几的《史通》和杜佑的《通典》等等。这些艺术和科学的成就,为哲学概括提供了资料。还应看到,唐代在学术上也有百家争鸣的气氛(虽然不及春秋战国),如傅奕、吕才公开和佛教徒辩论;刘知几写《疑古》、《惑经》,对儒家经典提出批评。又如,韩愈、柳宗元是好朋友,但他们的学术观点不同,便展开了争论。这种气氛是有助于哲学发展的。

另外,唐代国内各民族的互相影响和国际上的文化交流,也有力地促进了学术的活跃和繁荣。当时的长安是一个国际城市,是亚洲的文化中心。在隋唐以前,中国哲学基本上只在本土传播;而自隋唐以后,中国哲学至少在东亚已成为国际性的了。

所有这些都促进了隋唐时期哲学的发展。但这种发展主要表现为在宗教唯心主义的形式下曲折地前进,最后达到挣脱宗教唯心主义的束缚。我们知道,宗教把世界两重化,把俗世和天国、此岸和彼岸对立起来。于是,魏晋时期所争论的名教和自然的关系问题，到隋唐就演变为俗世和天国的关系问题了。而儒、道、释合流，就是意味着要把两个世界统一起来。禅宗和尚说："听说依此修行，天堂只在目前"[①]，"担水砍柴，无非妙道"。他们以为天国就在现实世界的日常生活之中。李翱也说："制礼以节之，作乐以和之……所以教人忘嗜欲而归性命之道也。"[②]他以为提倡礼乐，正是为了教人能过清静无欲的僧侣般的生活。但不论是哪一种说法，实际上都是把现实世界"出世间化"了。这一基本态度反映到哲学上，就是儒、道、释学士都以这样那样的方式来论证虚静的精神本体为世界的第一原理。因此，隋唐时期，"有无（动静）"之辩继续成为论争的中心，而"心物"之辩也越来越突出了。

隋唐时期以佛学为最盛。自大乘佛教空宗、有宗相继传入中国以来，佛教学者便上承玄学，热衷于讨论"空有"关系问题，并且总是和"心物（性相）"之辩互相联系着。"人能否成为圣人和理想人格如何培养"这个老问题，到了佛教徒那里就成了"人能否成佛以及如何才能成佛"。这当然是荒谬的问题，但是正是为了回答这个问题，为了替神秘主义作理论的阐明和论证，佛教学者从本体论和认识论来考察人的精神现象，对"空有"、"心物"、"性相"等关系作了探讨。

与"心物"之辩、"有无"之辩相结合，"言意"之辩、"力命"之争也继续着。这些哲学论争在唯心主义的形式下经历了曲折的发展，最后，柳宗元、刘禹锡使唯物主义又重新登上哲学的"王座"。

[①] 慧能：《坛经·疑问品》，丁福保笺注：《六祖坛经笺注》，华东师范大学出版社 2013 年版，第 194 页。

[②] 李翱：《复性书》上，郝润华点校：《李翱集》，甘肃人民出版社 1992 年版，第 7 页。

他们在气一元论基础上考察"有无"、"动静"关系，对魏晋以来的"力命"之争作了总结，在更高阶段上向荀子的"明于天人之分"的观点复归。

第二节　天台宗论"三谛圆融"

佛教在隋唐时期最为盛行，形成了许多宗派。宗派不同于一般学派。各佛教宗派都有自己崇奉的经典和模仿世俗地主的封建宗法制度而建立的传法系统，拥有各自独立的寺院经济。当时僧侣地主把持的寺院，垄断了大量的土地和劳动力，拥有庄园、当铺和奴婢，享有免役免税的特权。而这些拥有雄厚的寺院经济的和尚又往往和朝廷、官府有密切的关系，如天台宗的智𫖮，就是南朝陈王朝本家的人，陈宣帝特别"割始丰县①调以充众费"，把一个县的税收划给寺院作为供养僧徒的经费，可见智𫖮和朝廷关系的密切程度。隋王朝建立后，智𫖮又为隋统治者服务，曾为隋炀帝（当时他在扬州为晋王）"受菩萨戒"，而隋炀帝则给智𫖮赐名为"智者大师"。② 其他如法相宗的玄奘，华严宗的法藏、澄观，密宗的不空等，都是地位很高、很著名的和尚，受到当时帝王的宠信。有些和尚还非常热衷于政治活动，如法藏就曾为武则天做皇帝造了很多舆论。③

---

① 即今浙江天台县。
② 道宣：《释智𫖮传》，郭绍林点校：《续高僧传》，中华书局 2014 年版，第 627 页。
③ 详见赞宁：《法藏传》，范祥雍点校：《宋高僧传》，上海古籍出版社 2014 年版，第 80—81 页。

从哲学上讲，影响较大的佛教宗派是三论宗、天台宗、法相宗、华严宗和禅宗。三论宗基本上是鸠摩罗什、僧肇的学说，法相宗很注意忠实于印度佛教，这两派学说流传的时间较短。而天台宗、华严宗和禅宗都是中国人自己创立的宗派，适合于中国封建统治的需要，故能在中国扎下根，流传也较广。任何一种外来文化要在中国生根、开花，就必须使之中国化，佛学也概莫能外。佛学的中国化分两步：第一步是玄学化，由道安、慧远、僧肇和竺道生等在晋南北朝时完成；第二步是建立宗派，并渐趋儒学化。在这以前，中国哲学对精神现象的分析、研究是比较粗略的，而佛学各宗派分别对"心"的各个侧面作了细致考察，以论证唯心主义，并且使佛学的唯心主义越来越接近儒家的形态。这是隋唐佛学发展的基本趋势。

天台宗和三论宗[1]在隋代已正式成为宗派。三论宗的实际创立人是吉藏[2]。三论宗以印度大乘空宗，即中观学派的"三论"（龙树的《中论》、《百论》，提婆的《十二门论》）为主要经典。这三部论都是鸠摩罗什在东晋后秦弘始年间（公元 399 年—415 年）所译。

三论宗在哲学上着重讲"有无"之辩，把僧肇"不真空"说引向烦琐哲学。佛教用来说法的方式，有俗谛（世谛）、真谛（第一义谛）之分。三论宗以为二谛有三重或四重：第一重，"言诸法有者，凡夫谓有。此是俗谛，此是凡谛。贤圣真知诸法性空，此是真谛，

---

[1] 三论宗的传法世系是：鸠摩罗什——僧肇……僧朗——僧诠——法朗——吉藏。
[2] 吉藏（公元 549 年—623 年），本西域安息人，先世避仇移居南海，住在交广（今越南、广西）一带，后迁居金陵而生吉藏。幼年时，父亲带他去见过真谛，真谛为他取名吉藏。7岁即从法朗出家，19 岁开始讲经。以后，声望日高。隋定江南，遂移居会稽（今浙江绍兴）秦望山嘉祥寺，被称为"嘉祥大师"。

此是圣谛"①。第二重，"有"和"无"本是相对的，"俗"和"真"、"生死"和"涅槃"也都是相对的，所以，"说有说无"是世谛，"非有非无"、"非真非俗"、"非生死非涅槃"，才是"不二中道"，"第一义谛"。第三重，"非有非无"和"有、无"也是相对的，"不二"和"二"，"中"和"偏"仍是相对的，所以"偏之于中，还是二边，二边故名世谛；非偏非中，乃是中道第一义谛也"②。以上是"二谛三重"说。最后，吉藏以为，所有这一切都还是"有所得"，都是"俗谛"，只有破了又破，达到"言忘虑绝"，一无所得，才是诸法实相，即绝对真理。加上这最后一重，就成"四重"说。三论宗基本上还是玄学化的大乘空宗学说，没有多少新的见解。

我们在这一节中着重论述天台宗。天台宗③的实际创立者是智顗。智顗（公元 538 年—597 年）④，俗姓陈，祖籍颍川（今河南许昌），后迁居荆州华容，18 岁投湘州（今湖南长沙）果愿寺法绪出家。陈文帝天嘉元年（公元 560 年）听说慧思禅师从北方南下，居于光州（今河南光山）大苏山，就前往请益。陈光大元年（公元 567 年），慧思嘱他去金陵（今南京）传弘禅法。智顗和陈王朝建立了十分密切的关系，陈太建七年（公元 575 年）他和弟子慧辩等 20 余人入天台山，以后主要在天台山居住。隋朝建立后，他和隋王朝

---

① 吉藏：《二谛章》，《中国佛教思想资料选编》第 2 卷第 1 册，第 388 页。
② 同上书，第 388—389 页。
③ 天台宗：也称法华宗，传法世系是：龙树……慧文——慧思——智顗——灌顶——智威——慧威——玄朗——湛然。
④ 关于智顗的生卒年代，记载不一。陈垣《释氏疑年录》说：智顗"隋开皇十七年卒，年六十（公元 538 年—597 年）。《续僧传》、《弘赞法华传》作年六十七，《智者大师别传》、《景德录》、《释门正统》作年六十，与《佛祖统纪》九《法喜传》'陈光大元年智者年三十'之说合。今从之"。此依陈说。

又建立了密切的关系。智𫖮的著作很多，比较重要的有称为"天台三大部"的《法华玄义》《法华文句》和《摩诃止观》等，绝大部分由他的大弟子灌顶①记录成书。从哲学史来说，智𫖮和在他之前的慧思②、大弟子灌顶以及中唐时的湛然，这四人比较重要。

天台宗的特点是能把南北不同风格的佛教学派的学说熔于一炉，建立自己独特的体系，以适应政治上统一的需要。原来北朝佛教比较注重"禅定"，讲究修养，南朝佛教则重"义理"，讲究理论、智慧。南北朝趋于统一，天台宗提出"止观"学说，主张"定慧双修"，止（定）观（慧）二者不能偏废。这就融合了南北佛教。同时，天台宗还吸取了道教的某些东西。如慧思《南岳思大禅师立誓愿文》中讲的"外丹"、"内丹"、"长寿五通仙"等，就是道教的语言。而天台宗对政治的关心，又使教义带上儒学的色彩，"止观"学说后来也明显地影响了儒学。天台宗的历史，从一个侧面反映了儒、佛、道三教合流的趋势。

什么是天台宗的"止观"学说呢？智𫖮说：

> 止乃伏结之初门，观是断惑之正要；止是爱养心识之善资，观则策发神解之妙术；止是禅定之胜因，观是智慧之由籍

---

① 灌顶（公元561年—632年），俗姓吴，祖籍常州义兴（今江苏宜兴），后迁至临海章安。20岁出家。从陈后主至德元年（公元583年）师事智𫖮起，到隋开皇十七年（公元597年）智𫖮死为止，一直不曾离开过智𫖮，成为其创建天台宗的得力助手。被天台宗尊为五祖，又称"章安大师"。

② 慧思（公元515年—577年），俗姓李，后魏南豫州汝阳郡武津县（今河南上蔡）人。15岁信仰佛教出家。先在北方游学，梁代承圣二年（公元553年），南下居光州，历时14年，以后带了徒众40余人入住南岳直至去世。著作主要有《诸法无诤三昧法门》、《南岳思大禅师立誓愿文》等。

> ……当知此之二法，如车之双轮，鸟之两翼，若偏修习，即堕邪倒。[①]

"伏结"即解脱烦恼的系缚，"断惑"即扫除迷惑的认识。智顗以为，"止"就是解脱烦恼、修养心灵以达到禅定的方法，"观"就是扫除迷惑、启发神明以获得智慧的方法，二者不能偏习，而应该结合起来，"双弘定慧"。如果偏修禅定而不学智慧，那便是"愚"；如果偏学智慧而不修禅定，那便是"狂"。慧思说：

> 般若诸慧皆从禅定生。[②]

这是讲由定发慧。智顗说：

> 以是空慧，照诸禅定，种种法门，无染无著。[③]

这是讲以慧照定。他们认为，正确的途径应是由定发慧，以慧照定。这从认识论来说，无非是在修习禅定的过程中进行内省（观照）的意思。以为凭内省或反思就能获得智慧，这正是天台宗在理论上的特点。

　　天台宗的中心教义是"一心三观"或"三谛圆融"，这就是它通过"止观"即在禅定中进行内省或反思的方法而获得的道理，也就

---

① 智顗：《修习止观坐禅法要》，《中国佛教思想资料选编》第 2 卷第 1 册，第 85 页。
② 慧思：《诸法无诤三昧法门》，《中国佛教思想资料选编》第 1 卷，第 368 页。
③ 智顗：《法界次第初门》，《永乐北藏》第 167 册，线装书局 2005 年版，第 545 页。

是它在"心物"之辩和"有无"之辩上的哲学主张。天台宗认为：

> 若一法一切法，即是因缘所生法，是为假名假观也；若一切法即一法，我说即是空，空观也；若非一非一切者，即是中道观。一空一切空，无假中而不空，总空观也；一假一切假，无空中而不假，总假观也。一中一切中，无空假而不中，总中观也。即《中论》所说不可思议一心三观。[1]

> 夫三谛者，天然之性德也。中谛者，统一切法；真谛者，泯一切法；俗谛者，立一切法。举一即三，非前后也。含生本具，非造作之所得也。[2]

所谓"一心三观"，是从认识主体来说的；所谓"三谛圆融"，是从认识对象来说的。二者讲的是一回事。在智𫖮看来，一切事物都是虚幻不实，无有自性，这就是"空观"、"真谛"；诸法虽"空"，却又"因缘"凑合而显现为"假有"，这就是"假观"、"俗谛"；"空"即"假"，"假"即"空"，不执"空"、"假"，亦不离"空"、"假"，本体与现象合一，这就是"中道"。天台宗以为，"一心"在同一时间观照得"空"、"假"、"中"三种实相，相即不离，无有先后，所以说它们"圆融"；"三谛"是精神本体的属性，是人们天生就具有的；通过"止观"来获得"三谛圆融"的道理，并不是分阶段"渐修"，也不是凭主观"造作"，而不过是破除迷惑，唤醒"天然之性德"罢了。

　　天台宗的"三谛圆融"或"一心三观"，来源于《中论》所说："众

---

① 智𫖮：《摩诃止观》，《中国佛教思想资料选编》第2卷第1册，第39页。
② 湛然：《始终心要》，《中国佛教思想资料选编》第2卷第1册，第267页。

因缘生法，我说即是空，亦为是假名，亦是中道义。"①《中论》这个"三'是'偈"也是三论宗讲"二谛"的理论来源。所以，天台宗和三论宗在"有无（假、空）"之辩上的论点有相似之处。但三论宗主要是用"破相"的方法、否定的方法来讲"二谛"，以求达到"言忘虑绝"的境界。而天台宗则主张用"显性"的方法、肯定的方法来说明"三谛"统一于心体（佛性），并且还提出"一念三千"的说法。智颛说：

> 夫一心具十法界，一法界又具十法界、百法界。一界具三十种世间，百法界即具三千种世间，②此三千在一念心。若无心而已，介尔有心，即具三千。亦不言一心在前，一切法在后；亦不言一切法在前，一心在后……若从一心生一切法者，此则是纵；若心一时含一切法者，此则是横；纵亦不可，横亦不可，只心是一切法，一切法是心故。③

智颛以为，"一念心"即具三千世间，每个人心中都具备宇宙万象，只不过或隐或现。这是"空"、"假"、"中"具于"一心"的应有的推论。按照"一念三千"的理论，"一心"与"一切法"不能分时

---

① 《中论·百论·十二门论》，第 62 页。

② 这里依据《华严经》、《法华经》和《大智度论》的说法，认为一心同时具足十种迷悟不同的境界，即六道（地狱、饿鬼、畜生、修罗、人间、天上）、四圣（声闻、缘觉、菩萨、佛）。这十界消息相通、不相隔离，虽在地狱，也可上通佛界，所以又叫十界互具。每一界又同时具有十种不同的属性，叫做十如：如是相、如是性、如是体、如是力、如是作、如是因、如是缘、如是果、如是报、如是本末究竟。一法界具十法界，十法界各具十如，加起来就是百法界。每一界中又有三种世间：众生世间、国土世间、五蕴世间。一法界即十法界，这就是三十种世间。百法界就成了三千世间。

③ 智颛：《摩诃止观》，《中国佛教思想资料选编》第 2 卷第 1 册，第 36 页。

间上的前后，也不能有空间上的包含关系，所以说"纵亦不可，横亦不可"。佛家讲心体和诸法的关系（即哲学上的"心物"之辩）都用"缘起"说，但如何"缘起"，却有不同说法。地论师[1]以为诸法缘生，以法性（清静的心性）为依持的本体，而摄论师[2]则以为依持于阿赖耶识（污染的藏识）。智颛在《摩诃止观》中批评了这两种说法，以为根本用不着讲"依持"，"心是一切法，一切法是心"[3]，三千世间本来具备于一念心中，只是由于业感缘起而有隐有显。

当人们用内省方法来考察自己的精神活动时，确实可以体验到精神（心）与精神现象（心相）是统一的，并没有一个在先或在外的精神实体作为精神现象的依持者。所以就这一点来说，智颛是有所见的。但是他以为内省所见就是一切，一心统一切法，泯一切法，立一切法，此外并无客观实在，这就成了神秘主义的幻觉了。

天台宗以为心和万法的关系就是体和用、性和相的关系。相传为慧思作的《大乘止观法门》[4]说："以体作用，名为世谛；用全是体，名为真谛。"[5]而"中谛"就是"体用无二"，"真俗"统一。《大乘止观法门》写道：

　　今云体用无二者，非如揽众尘之别用，成泥团之一体。

---

① 地论师：以研究《十地经论》为主的佛教学派。
② 摄论师：以研究《摄大乘论》为主的佛教学派。
③ 智颛：《摩诃止观》，《中国佛教思想资料选编》第 2 卷第 1 册，第 36 页。
④ 陈寅恪以为，《大乘止观法门》一书，恐系华严宗盛后，天台宗伪托南岳慧思而作（见冯友兰旧著《中国哲学史》附"审查报告三"）。
⑤ 慧思：《大乘止观法门》，《中国佛教思想资料选编》第 1 卷，第 401 页。

> 但以世谛之中，一一事相，即是真谛全体，故云体用无二。以
> 是义故，若真谛摄世谛中一切事相得尽，即世谛中一一事相
> 亦摄世谛中一切事相皆尽。①

就是说，本体并不是像泥团一样，由千差万别的事物的团聚而成。所谓"体用无二"，是说每一事物、现象，都是本体的完全的显现。本体即是现象界，所以本体包摄一切现象，每一现象也包摄一切现象，本体和现象统一于真心。书中又说：

> 一切法悉是心作，但以心性缘起，不无相别。虽复相别，
> 其唯一心为体，以体为用，故言实际无处不至，非谓心外有其
> 实事。心遍在中，名为至也。②

心外无事，心外无法。心虽是本体虚静，但以无明作缘，就显出种种互相差别的现象，而每一现象都是心体的直接显现，所以说"实际无处不至"（"实际"即指真如）。但这个"至"不是指心外有个实在的世界，心能普遍达到的意思。如果这样讲"至"，就是把心性和事相、本体和作用分割为二了。

正是根据这种唯心主义的"体用无二"、"事相相摄"的观点，《大乘止观法门》说"一念即是三世时劫"、"一尘即是十方世界"。③这可以说是"一念三千"说的引申。该书还为此作了通俗的解释，

---

① 慧思：《大乘止观法门》，《中国佛教思想资料选编》第1卷，第402页。
② 同上注。
③ 同上书，第401页。

叫人用内省的方法忆想一小毛孔，又忆想一大城，广数十里。在想小毛孔时，自心全体唯作一小毛孔；在想大城时，自心全体便作大城。"心既是一，无大小故，毛孔与城，俱全用一心为体，当知毛孔与城，体融平等也。"①天台宗以为，大城与小毛孔，须弥山与芥子，这些空间上的大小都是主观的。所以一方面，大小之相，本来非有，是平等的；而另一方面，既然都是一心的显现，便可以举小收大，举大摄小，互相融合，所以可以说"纳须弥于芥子"。同样道理，梦中经历十年五载或几个月、几十天，而醒来却只经历一餐饭的时间。时间上的长短也是一心的显现，是主观的。"是故圣人依平等义故，即不见三世时节长短之相。依缘起义故，即知短时长时体融相摄。"②

这些论证，都是根据内省（反思）之所见，包含着一些貌似辩证法的东西，能给人以似是而非的满足。人的思想按其内容来说可以不受时空限制，一念可概括三世，一念可囊括十方；人的思想按其活动来说常常要求全神贯注，忆想放大镜下的小毛孔和忆想一个大城都是如此。用这些内省能见到的精神现象，来揭示思想与客观实在之间的矛盾，是有意义的。但是利用它们来论证唯心主义，就成了诡辩。

天台宗到湛然那里获得了中兴。

湛然（公元711年—782年），俗姓戚，常州晋陵荆溪（今江苏宜兴）人，其家世习儒学。17岁游浙东，寻师访道，从方岩法师受止观法。20岁求学于天台宗八祖左溪玄朗（公元673年—754

---

① 慧思：《大乘止观法门》，《中国佛教思想资料选编》第1卷，第402页。
② 同上书，第403页。

年）。38 岁出家于宜兴净乐寺。其活动年代在唐天宝、大历年间。当时法相宗已盛极而衰,华严宗、禅宗十分盛行。湛然以中兴天台宗为己任,撰天台宗三大部的注释及其他著作数十万言,被尊为天台宗九祖,世称荆溪大师,亦称妙乐大师。

湛然除了继续发挥"三谛圆融"的教义外,还提出了"无情有性"的新理论。关于佛性问题,当时除法相宗坚持"五种姓"说、承认有无佛性的人之外,别的宗派都主张凡有情众生皆有佛性,也即继承竺道生的理论。湛然写了《金刚錍》,以为不仅人人可以成佛,而且无情之物也具有佛性。这是天台宗的"体用无二"思想的合乎逻辑的推论。因为"一念三千"是把一切有情、无情都包括在三千世间之内的,所以有情、无情都是心体的显现,是平等的。湛然说:"一尘一心即一切生佛之心性。"[1]就是说,每一对象,不论有情无情,都具有佛性。他论证说:

> 万法是真如,由不变故。真如是万法,由随缘故。子信无情无佛性者,岂非万法无真如邪? 故万法之称宁隔于纤尘,真如之体何专于彼我?[2]

即是说,从"体用不二"的观点看,"万法"即"真如","真如"无所不在。纤毫之尘既属万法之一,也是同一真如的表现;真如之体,并非只有我(有情)才专有。体和用的关系,就如水性和波澜的关系:

---

① 湛然:《金刚錍》,《中国佛教思想资料选编》第 2 卷第 1 册,第 235 页。
② 同上书,第 235—236 页。

> 无有无波之水，未有不湿之波。在湿讵间于混澄，为波
> 自分于清浊。虽有清有浊，而一性无殊。纵造正造依，依理
> 终无异辙。①

此处"正"即"正报"，指人身；"依"即"依报"，指山河大地。二者虽有清与浊、有情与无情之别，而一性无殊，都是"真如"本体的表现。所以，应该说，草木瓦石都具有佛性。尽管有人引经据典，以为"真如在无情中但名法性，在有情内方名佛性"，但湛然认为这是"迷名而不知义"②。

在湛然这里，唯心主义确实是彻底了。精神实体囊括一切，内在于一切领域；佛性无所不在，佛性就等于自然界。这就接近泛神论观点。列宁在谈到德国古典哲学的唯心主义发展时曾说：黑格尔的"绝对观念"把康德的唯心主义的一切矛盾和费希特主义的一切弱点集中起来，编成一条中国式的辫子。费尔巴哈只要认真地前进一步，剪掉这条辫子，抛弃绝对观念，把自然界作为基础，就可以回到唯物主义了。③ 可以说，佛教唯心主义的发展也是如此，湛然提出"无情有性"的理论，使天台宗的佛教唯心主义变得更彻底了。也就是说，他把这一条辫子编好了。如果有人认真地前进一步，剪去这条"佛性"的辫子，就可以回到唯物主义。

---

① 湛然：《金刚錍》，《中国佛教思想资料选编》第 2 卷第 1 册，第 236 页。
② 同上注。
③ 见列宁：《唯物主义和经验批判主义》，《列宁选集》第 2 卷，人民出版社 1995 年版，第 175 页。

第三节　法相宗论"一切唯识"与华严宗论"法界缘起"
——唯心主义的经验论与唯理论的对立

印度大乘佛教主要分两派:一派是大乘空宗,即中观学派,由龙树、提婆创立。另一派是大乘有宗,即瑜珈行学派,由无著、世亲两兄弟所创立。有宗是在空宗的基础上建立起来的,它在否定客观世界的同时,宣传万法唯识。在中国先盛行空宗,但瑜珈行学派在南北朝时也已传入。到了唐代,玄奘大量地翻译和介绍了法相唯识之学的著作。玄奘及其弟子窥基是法相宗①在中国的实际开创人。

在法相宗盛行后,法藏创立华严宗。法相宗从分析法相来论证"万法唯识",是经验论的唯心主义;而华严宗则讲"法界缘起",以显示理性本体,是唯理论的唯心主义。华严宗也是有宗,但被称为性宗,不同于相宗。相宗与性宗在共同的佛学唯心主义形式下,分别强调了相(现象、感觉经验)和性(本质、理性思维)的环节。

一、玄奘的"法相唯识"学说

玄奘(公元 600 年—664 年)②,俗姓陈,本名祎,河南洛州缑氏(今河南偃师南)人。世称三藏法师,与鸠摩罗什、真谛并称为中

---

① 法相宗:也称慈恩宗,由玄奘、窥基创立,窥基传慧沼,再传智周,即渐趋衰落。
② 关于玄奘的年岁,有 63、65、69 诸说,此据重校内学院本《大慈恩寺三藏法师传》,暂定 65 岁。

国佛教三大翻译家。少时因家境贫困，从其二兄长捷法师去洛阳净土寺学习佛经，三五年间，究通诸部。后又遍访国内名师，感到所说纷纭，便决心往印度求法。唐太宗贞观三年（公元 629 年）[①]，从凉州出玉门关西行，历尽艰辛，抵达天竺后，在那烂陀寺从戒贤受学，听讲《瑜珈师地论》，其后南游各地，遍学大小乘经论及各家学说，会通了大乘空、有两宗，其成就远远超过了当时印度一般学者的水平。经历 17 年，于贞观十九年（公元 645 年）回到长安。译出经、论 75 部，凡 1335 卷。译笔谨严，为中印文化交流作出了卓越的贡献。他是个非常博学的学者，精通因明。著《大唐西域记》，为研究印度、尼泊尔、巴基斯坦、孟加拉国以及中亚等地古代历史、地理及考古的重要资料。自称"皆存实录，匪敢雕华"，说明他有科学精神。但他是个虔诚的佛教徒，其"法相唯识"理论是主观唯心主义的体系。主要见于他编译的《成唯识论》。

窥基（公元 632 年—682 年），玄奘的高足弟子，俗姓尉迟，京兆长安（今属陕西西安市）人。17 岁时出家，受度为玄奘弟子，参与慈恩、西明、玉华等寺的译场。玄奘死后，他专事撰述，外出游历时沿途仍讲经造疏，继承玄奘宣扬唯识教义。著有《成唯识论述记》、《因明入正理论疏》等三四十部。因居大慈恩寺，故世称慈恩大师。

法相宗的中心教义是"一切唯识"。它与佛教各派一样，对识和法、即心和物的关系问题作唯心主义的解决。但其特点在于用主观唯心主义的经验论方法来破除所谓"我"、"法"二执，认为作

---

① 又说贞观元年（公元 627 年）。

为认识主体的"我"与作为认识对象的"法"都是"但由假立,非实有性":

> （二者）皆依识所转变而假施设……变,谓识体,转似二分,相、见俱依自证起故。[①]

这里讲的"二分",即"见分"与"相分"。法相宗以为,通常所谓的认识主体与认识对象,其实是自己的"识"所变现的"见分"与"相分"。"见分"指具有认识能力的部分,即"能缘";"相分"指被认识的形相部分,即"所缘",二者是同一"识体"变现出来的。这个"识体"自觉有识,叫"自证分";又自觉有"自证分",叫"证自证分"。"相分"、"见分"都是依"自证分"而起。这种理论实际上是把一切事物、现象都说成是经验要素（"见分"与"相分"）的复合物,否认有离开"识"而独立存在的客观世界。显然,这同西方哲学史上的贝克莱、休谟、马赫等人的学说颇为相似。

法相宗对"识"作了分析、描述,认为除了通常说的六识（五种感觉加意识）外,还有第七末那识、第八阿赖耶识。阿赖耶识即藏识,其中包藏有诸法"种子"（即潜能）,是世界上一切现象的精神本体。这无非是灵魂的别名罢了。末那识则是经常把第八识当作实我的自我意识,它联系着第八识与前六识。

法相宗对精神现象（心法及心所有法）和物质现象（色法）作了非常详细的考察,无非是要说明世界上一切事物都是假相,是

[①] 玄奘:《成唯识论》卷一,韩廷杰校释:《成唯识论校释》,中华书局1998年版,第2页。

阿赖耶识的产物。从"心物"之辩来看，这些详细的分析考察都是在论证它的"唯识"学说。在玄奘的《成唯识论》卷七中，有人从朴素唯物主义观点提出责问："色等外境分明现证，现量所得宁拨为无？"①所谓"现量"，即是直接经验。按照常识、科学和唯物主义观点，形形色色的外界对象是人们亲眼目睹的，感觉能给予客观实在，对象的客观存在为每人直接经验所证实，怎么能说它是"无"呢？法相宗回答说：

> 现量证时不执为外。后意分别妄生外想。故现量境是自相分识所变，故亦说为有。意识所执外实色等妄计有故，说彼为无。②

这是说，直接经验时并不以其所得的形形色色为外在的，后来意识才作主客、内外的分别，于是产生有外界对象的妄想。其实，经验中的对象是"识"自身的"相分"，它是"识"的作用的表现，也可说"有"；而意识执着它为外在的实物，以为它离开"识"而存在，所以应说"无"。这样的论证是以唯心主义经验论的共同偏见为前提，即人的经验所得不能超出主观范围。列宁说："任何一个没有被教授哲学弄糊涂的自然科学家，也和任何一个唯物主义者一样，都认为感觉的确是意识和外部世界的直接联系，是外部刺激力向意识事实的转化。这种转化每个人都能看到千百万次，而且的确到处都可以看得到。唯心主义哲学的诡辩就在于：它把感觉

---

① 《成唯识论》卷七，《成唯识论校释》，第 493 页。
② 同上注。

不是看作意识和外部世界的联系，而是看作隔离意识和外部世界
的屏障、墙壁；不是看作同感觉相符合的外部现象的映象，而是看
作'唯一的存在'。"①列宁对唯心主义经验论的批评，完全适用于
法相宗。

主观唯心主义者把感觉看作"唯一的存在"，因此必然导致把
现实与梦境混为一谈。《成唯识论》接着说：

> 又色等境非色似色、非外似外，如梦所缘，不可执为是
> 实、外色。②

就是说，现实事物和梦中所见一样，都不在感觉之外，所以不可执
为实有。常识和朴素唯物主义还向主观唯心主义者提出其他种
种责问：我们所见的山（譬如说，终南山）存在于一定空间、一定时
间，并不现于一切处、一切时，可见它是客观的；客观存在的实物
同有眼病者所见的虚假现象有区别，假相并无实物的功用，等等。
对于这类责问，法相宗一概回答说："如梦境等应释此疑。"③以为
梦中虽无实在的外界对象，但所见到村园男女等，也有一定处、一
定时，也有虚妄作用。法相宗以为，人生其实就是做梦，一个人
"未得真觉恒处梦中"④，梦醒之后，就觉一切事物都是虚幻不实
的了。

---

① 列宁：《唯物主义和经验批判主义》，《列宁选集》第 2 卷，第 47 页。
② 《成唯识论》卷七，《成唯识论校释》，第 493 页。
③ 同上书，第 492 页。
④ 同上书，第 493 页。

　　如果一切唯"识"，那么所谓"万法"或现象界的种种差别又是如何产生的呢？对这一问题，佛教各派都用"缘起"说来解释。法相宗的"缘起"理论也有其特点。它说，阿赖耶识含藏一切"法"的"种子"，"种子"具有产生与自己同类的现象的功能，"能亲办自果"，所以是产生诸"法"的主要原因（即"因缘"）。也可以说，"种子"与现行之"识"的关系是潜能与现实的关系，当"助缘"具备时，潜在的"种子"就变为现行了。而现行之"识"又转过来使潜在的"识"受到熏染，正如香花和胡麻子拌在一起，胡麻子受到熏染，榨出的油也有香气一样，人们的经验所得也使藏识中的"种子"受到熏习。从熏习来说，现行为能熏，"种子"为所熏。可见，"种子"与现行是互为因果的。这是讲的"因缘"。此外，还有三种"助缘"，即"等无间缘"（"前念识"与"后念识"相续无间断，前念为后念之等无间缘）、"所缘缘"（指识所缘之境）、"增上缘"（其他起作用的条件）。通过这些分析，法相宗说明了现象界的互相依存与永恒流转。玄奘说：

　　　　依，谓一切有生灭法仗[①]因托缘而得生住，诸所仗托皆说为"依"，如王与臣互相依等。[②]

正如王与臣民互相依赖，一切现象都"仗因托缘"而生成，都处在因果关系之网中，而归根结底，则是"以根本识为共依"（"根本识"即阿赖耶识）。所以，现象界的因果关系之网，也就是阿赖耶识的

---

① "仗"，或作"依"，此从《玄奘法师译撰集》（金陵刻经处本）。——初版编者
② 《成唯识论》卷四，《成唯识论校释》，第 262 页。

永恒流转的表现。法相宗用"恒"、"转"二字来形容阿赖耶识。所谓"恒",是说它是"一类相续,毫无间断"的绵延的流,个体有生灭,而它不会消灭,如瀑流一样,把众生卷入生死轮回中不能出离。所谓"转",是说它依据因果律的作用,"念念生灭,前后变异"。玄奘说:

> 此识性无始时来,刹那刹那果生因灭,果生故非断,因灭故非常,非断非常是缘起理,故说此识恒转如流。①

但是,法相宗用"缘起"理论构造出这样一个"刹那刹那,果生因灭,非断非常,恒转如流"的世界图景,正是为了说明世界是虚幻的。玄奘说:

> 因、果等言皆假施设,观现在法有引后用,假立当果对说现因,观现在法有酬前相,假立曾因对说现果。假,谓现识似彼相现。如是因果理趣显然,远离二边,契会中道。②

意思是说,经验所把握的唯有"现法",因为看到"现法"有"引后"的功用,"遂心变作未来之相,此似未来,实是现在,即假说此所变未来名为当果。对此假当有之果,而说现在法为因"③。同样,因为看到现法有"酬前"(承前)之相,于是心变为过去,此似过去,实

---

① 《成唯识论》卷三,《成唯识论校释》,第171页。
② 同上书,第175页。
③ 窥基:《成唯识论述记》第2册,新文丰出版公司1974年版,第71页。

是现在，便假说此所变过去名为"曾因"，对此假曾有之因，而说现在法为果。所以，因果关系是假立，是现法似因果之相而现，是非有似有，"非因非不因，非果非不果"。这样讲因果，便是远离"有"、"无"二边，契合"中道"了。

大乘佛教各宗都说自己是"双离空有"的"中道"，而其实都是以绝对的虚静为世界的第一原理，以涅槃（寂灭）为最高境界。不过法相宗是有宗，它和空宗有不同之处。《成唯识论》说：

> 外境随情而施设，故非有如识，内识必依因缘生故，非无如境……境依内识而假立，故唯世俗有，识是假境所依事故，亦胜义有。[1]

这是说，外境非有，是"识"体的假现；"内识"非无，是"假境所依"。但照法相宗的"缘起"理论，不仅一般人认为实有的物质现象（外境）是虚妄的，而且一切精神主体和精神作用（"诸心、心所"）也是犹如幻事，非真实有。万法唯"识"，唯有"识"是"胜义有"，但也不能"执着"。"为遣妄执心、心所外实有境故，说唯有识，若执唯识真实有者，如执外境，亦有法执。"[2]法相宗要求最彻底地破除"法执"，也就是否定客观世界，将万物归结到虚无。

在法相宗看来，一般人依据名、言表示，以种种分别为实有，这是"遍计所执性"。按"缘起"理论，一切物质和精神现象都犹如幻事、梦境、镜象、水月，依各种因缘而生起，似有非有，这叫"依他

---

① 《成唯识论》卷一，《成唯识论校释》，第 2 页。
② 《成唯识论》卷二，《成唯识论校释》，第 86 页。

起性"。懂得了"诸法缘起"的道理,于是"破除妄执","我法俱空",显示了"实相",这叫"圆成实性"。法相宗以为,这样讲"三性",就是对"有"、"无"有了正确的认识:遍计所执为虚妄,是"无";一切法依他起,即依阿赖耶识而起(可以用阿赖耶识的种子与现行的因果联系来说明),所以是"假有";而去掉妄执,见到一切唯"识",理解了诸法实相,便是"实有"("胜义有")。"三性"说体现了所谓的"空、无我所显真如,有、无俱非,心言路绝"①的中道观,那显然是神秘主义者的幻觉。

二、法相宗与因明

玄奘在传播法相唯识学的同时,把印度的因明②也介绍到中国。公元七世纪时,他翻译了陈那的《因明正理门论》和陈那门人天主(即商羯罗主)的《因明入正理论》,并且在译场中为学者详细讲说,提出许多新的见解。从现存的窥基的《因明入正理论疏》中,可以看到玄奘对因明的发展。③

《因明入正理论》开头有一颂概括全书,大体说明了玄奘所介绍的因明的基本内容。

---

① 《成唯识论》卷二,《成唯识论校释》,第 82 页。
② 因明:古代印度五明之一。"因"指原因、根据、理由;"明"含有学术的意义。因明实际即是关于逻辑推理的学说。有古因明和新因明之分。古因明起源于古代印度正理派,后为大乘佛教瑜伽行派所吸取和发展。古因明的推理用五支作法。6 世纪陈那及其弟子们所发展的为新因明。新因明的推理用三支作法。在中国,唐玄奘于公元 7 世纪将因明介绍到中国。从 11 世纪起法称的因明传入中国西藏,有较大的发展。有许多重要的因明著作在印度原文已佚,仅赖藏文译本得以流传至今。
③ 参见吕澂:《因明学说在中国的最初发展》。原载《江海月刊》1962 年 3 月号,收入甘肃人民出版社《因明论文集》(1982 年版)中。

能立与能破，及似，唯悟他。

现量与比量，及似，唯自悟。[①]

这里的"立"指证明，"破"指反驳；"现量"指感觉经验，"比量"指推理知识。这个颂的意思是说：证明与反驳，以及指明论证与驳斥中的谬误，是用来使别人理解的手段；感觉与推理，以及揭露感觉与推理中的谬误，是自己取得知识的途径。玄奘介绍的因明以"悟他"为主，他主要把因明看作是立破的工具，用来论证他的法相唯识学说。他在印度曲女城无遮大会上所立的"真唯识量"[②]，就是他运用因明"三支比量"来为唯心主义辩护的一个例子。

把因明看作是从属于"法相唯识"学的立破工具，这就使这门科学受到了很大限制。玄奘介绍因明，曾引起当时的科学家、无神论者吕才[③]的极大兴趣。他研读了玄奘的译稿，又看了神泰、明觉、靖迈三法师的义疏，发现他们颇有参差、矛盾之处，于是便著作《因明注解立破义图》三卷[④]，对神泰等人的注疏进行评析："所说，善者因而成之，其有疑者，立而破之。"[⑤]提出了 40 余条新义。

---

① 窥基：《因明入正理论疏》，《中国佛教思想资料选编》第 2 卷第 3 册，第 145 页。
② 玄奘的"真唯识量"，见窥基《因明入正理论疏》卷五，它是个"三支比量"：

真故极成色，不离于眼识——宗；

自许初三摄，眼所不摄故——因；

犹如眼识——喻。

③ 吕才（公元 600 年—665 年），博州清平（今山东聊城）人。精通阴阳、方伎、舆地、历史之书，尤长于乐律，曾任太常博士、太常丞。奉命删定《阴阳书》，颁布天下。著作很多，大部已佚。但从保存在《旧唐书》本传中的《叙宅经》、《叙禄命》、《叙葬书》及《大藏经》中的《因明注解立破义图序》等篇中，可见其反对宗教迷信及逻辑思想的一斑。
④ 《因明注解立破义图》已佚，仅《序》被保存在《大慈恩寺三藏法师传》卷八。
⑤ 慧立、彦悰著，孙毓棠、谢方点校：《大慈恩寺三藏法师传》，中华书局 2000 年版，第 168 页。

吕才在该书的《序》中高度赞扬了玄奘介绍因明的功绩,他对自己的著作也很谦虚,说:"今既不由师资,注解能无纰紊?"①但他希望法师们"择善而从,不简真俗"②。这本是一个学者的严肃态度,却遭到了译场中的僧徒们的猛烈攻击。他们指斥吕才是"以常人之资,窃众师之说","苟觅声誉,妄为穿凿"。③ 还说"造疏三德,并是贯达五乘,墙仞罕窥,词锋难仰"④等等。总之完全是宗派情绪,不许译场以外的人染指因明之学。后来这场争论由玄奘裁决,可能玄奘对僧徒们有所偏袒,而吕才对玄奘的因明理论也确有误解之处,所以《三藏法师传》中说吕才最后"词屈谢而退焉"⑤。但此后更无像吕才那样敢于提出新义的人了,因明成了法相宗的垄断物(佛学其他宗派也不讲因明),这就使它的发展受到了严重束缚。

　　在中国古代,形式逻辑没有得到持续的发展,是一件令人遗憾的事。鲁胜之后,《墨辩》又被冷落了。因明传入中国,本来也是名学复兴的机会。但是因明未能与中国传统相结合,便随着法相宗的衰落而被人们遗忘了。(在西藏地区,因明后来还有较大发展,但在汉族地区则很快被冷落了。)中国古代哲学总是更多地注意发展朴素的辩证逻辑,而各门科学也总是注意从朴素的辩证逻辑去取得方法论的指导。可能正是由于这一方面的成功,使得中国人容易产生忽视形式逻辑的倾向。中国人在逻辑思维上的这种特点,是在长期历史发展中形成的。因明之所以被冷落,最

---

① 慧立、彦悰:《大慈恩寺三藏法师传》,第 169 页。
② 同上书,第 169 页。
③ 同上书,第 170 页。
④ 同上书,第 177 页。
⑤ 同上书,第 178 页。

根本的原因可能在此。但因明为法相宗一派所垄断，无疑也是它不能获得大的发展的原因。

三、法藏关于"理、事"的学说

华严宗①实际的创立者是法藏，在这之后比较重要的是宗密。以下着重讲法藏关于"理、事"的学说。

法藏（公元 643 年—712 年），原籍西域康居。17 岁时入太白山求法。不久从智俨于云华寺学《华严经》，并深为智俨所赏识。法藏精通梵文，曾参加过玄奘的译场，因意见不合离去。此后，广事讲说和著述，大振华严宗风，并曾参加 80 卷的《华严经》的翻译工作。因武则天赐以贤首的称号，后人尊他为"贤首大师"。主要著作有《华严经义海百门》、《华严经探玄记》、《华严一乘教义分齐章》（又名《五教章》）等。

华严宗的中心教义，是"法界缘起"。"法界"指现象界及其本体。华严宗用缘起说来解释法界，认为宇宙间的任何事物不是独立存在的，而是普遍联系的。华严宗以"一真法界"作为世界的本源。它说：

> 统唯一真法界，谓总该万有，即是一心，然心融万有，便成四种法界：一、事法界；二、理法界；三、理事无碍法界；四、事事无碍法界。②

---

① 华严宗也称贤首宗，传法世系为：杜顺——智俨——法藏——澄观——宗密。
② 宗密：《注华严法界观门》，《中国佛教思想资料选编》第 2 卷第 2 册，第 394—395 页。

这个"一真法界"也就是"心"或绝对精神,它融通"万有",体现于"万有"的内在联系中,就表现为四种法界。

法相宗说"万法唯识",华严宗说"三界唯心",两个宗派都是唯心论,但有差别,法相宗是经验论,而华严宗则是唯理论。华严宗强调思维,杜顺①的《华严法界观门》反复说"思之"、"思之可见"、"深思令观明现"等等,以为关于法界的学说,是要靠理性思维来把握的。华严宗以为世界的本体就是绝对、无限的理性,当杜顺说"理性全体在一切事中"、"无边理性全在一尘"时,这个理性就是绝对精神的别名。既然理性遍在于一切,人们的智慧当然是一致的、相通的。法藏在谈到一和多、一和十这些数量关系时,说:

> 《经》云:譬如算数法,从一增至十,乃至无有量,皆从本数起,智慧无差别。②

他用数学计算人人相通作为根据,说明人们的智慧无差别,这正是唯理论者常用的论证。华严宗以为,只要通过修养,让心地干干净净,通过"深思令观明现"即思辨的方法,就能把握真理的全体。法藏说:

---

① 杜顺(公元 557 年—640 年),雍州万年(今陕西长安)人。本姓杜,名法顺。18 岁出家,曾于终南山开讲《华严经》,发挥义理,为后来法藏正式创立华严宗打下了基础。著有《华严法界观门》等。
② 法藏:《华严经义海百门》,《中国佛教思想资料选编》第 2 卷第 2 册,第 116 页。

> 一切事法，依心而现，念既无碍，法亦随融。是故，一念即见三世一切事物显然。①

意思是说，既然一切事物都是心体的显现，念和法、思维和存在是同一的，我看到了观念之间的无碍，也就认识了事物之间的融通，所以"一念"中能明白见到过去、现在、未来一切事物。这同智顗讲的"一念三千"相似而又有所不同。法藏说"一切事法，依心而现"②，以为"心"是事法之所"依持"。而智顗以为，三千世间本来具备于一念心中，根本用不着讲"依持"。从认识论来说，华严宗讲法界缘起，主要诉诸理性的思辨；而天台宗的"一心三观"，则主要诉诸内省（反思）之所得。

华严宗从唯心主义的唯理论观点出发，把"有无"之辩作为"事"（相）和"理"（性）的关系来进行考察。它讲的"事"，其实并不是我们所讲的客观事物，而是"心"所表现的现象。它讲的"理"，也不是我们讲的客观规律，而是精神本体，是他作为世界第一原理的虚无。"理"即"无"，"事"即"有"，即"假有"。法藏说：

> 以事无体，故事随理而圆融；体有事，故理随事而通会。是则终日有而常空，空不绝有；终日空而常有，有不碍空。③

---

① 法藏：《华严经义海百门》，《中国佛教思想资料选编》第2卷第2册，第116页。
② 同上注。
③ 同上书，第117页。

可见他说的"理事"关系就是"空"和"有"的关系,"空"不绝"有",
"有"不碍"空",就是"理事无碍"。在华严宗看来,"理"是"无分
限"的精神本体,"事"是"有分限"的种种现象。而"理"即在"事"
中,"理"内在于每一事物。杜顺说:

　　一一事中,理皆全遍,不全即是可分非是分遍……何以故?
彼真理不可分故。是故一一纤尘,皆摄无边真理,无不圆足。①

因为真理不可分割,所以每一事、每一微尘都蕴含着全部真理。
反过来讲,"理"也不在"事"外,"理"也只有"举体皆事,方为真
理"。正如水的湿性和波动相虽有差别,然而"无动而非湿故,即
水是波",水性全体表现为波,每一个波都是水的运动。所以讲
"理事无碍"。
　　华严宗又讲"事事无碍",认为现象与现象之间互相联系,整
个世界就是现象普遍联系的一个"网"。法藏对缘起法作了细致
分析,他说:

　　一、体有无,二、力有无,三、约待缘不待缘……由空有义
故,有相即门也;由有力无力义故,有相入门也;由有待缘不
待缘义故,有同体异体门也。由有此等义门,故得毛孔容刹
海事也。思之可解。②

① 杜顺:《华严法界观门》,《中国佛教思想资料选编》第 2 卷第 2 册,第 405 页。
② 法藏:《华严一乘教义分齐章》卷第四,《中国佛教思想资料选编》第 2 卷第 2 册,第 187
　 页。

这里讲了三层意思：第一是"相即"（同一）的关系，这是从"体"的有无来说的。诸法相即，"己"与"他"合为一体，从"他"来说是"废己同他"，从"己"来说是"摄他同己"。第二是"相入"（蕴含）的关系，这是从"用"的有力、无力来说的。在这种关系中，甲"依"于乙，乙能"持"甲；甲被夺入于乙，甲"无力"，乙"有力"。第三是同体异体的关系，这是从是否有待其他条件（"缘"）来说的。从"同体"、即事物"自具德"来说，它的存在、得性以自身为原因，并非由于其他条件；而从"异体"、即事物"待缘"来说，不同事物间有互为条件的关系。法藏从"体"与"用"、"因"（自因）与"缘"（条件）等方面来考察现象间的普遍联系，和《庄子注》有相似之处，而华严宗提出的"一即多，多即一"，"一即一切，一切即一"①的论点，也可看作是《庄子注》的"区区之身乃举天地以奉之"的思想的发展。法藏以为，一方面"诸缘各异"、"体用各别"，"各各守自一"；另一方面诸缘"互遍相资"、互相渗透、互相依存，每个一"即具多个一"或"各具一切一"。两个方面相结合，方成缘起，因此每一缘既"住自一"，又"遍应多缘"。从"相即"来说，"无有不一之多，无有不多之一"；从"相入"来说，"无有一而不摄多，亦无有多而不摄一"。② 总之，多是依赖于一而存在的。一也是依赖于多而存在的。从"得此一缘，令一切成起"来说，一是能起，多缘及果是所起；反之，多缘具备，才令此一成就，多是能起，一是所起。比如房子，缺少了一根椽子，整个房子就不成其为房子，而每一根椽子也依赖于其

---

① 法藏：《华严一乘教义分齐章》卷第四，《中国佛教思想资料选编》第2卷第2册，第187页。
② 以上引文见法藏：《华严经探玄记》卷一，《中国佛教思想资料选编》第2卷第2册，第284页。

他椽子和柱子、砖瓦等。所以说，"一即多，多即一"。

法藏用房子和椽子的关系作比喻来说明"六相圆融"。"六相"就是指"总相"和"别相"、"同相"和"异相"、"成相"和"坏相"三对范畴。法藏说：

> 总即一舍，别即诸缘，同即互不相违，异即诸缘各别，成即诸缘办果，坏即各住自法。别为颂曰：
> 一即具多名总相，多即非一是别相；
> 多类自同成于总，各体别异现于同；
> 一多缘起理妙成，坏住自法常不作；
> 唯智境界非事识，以此方便会一乘。①

"总相"指事物的总体，"别相"指事物的各个组成部分。比如房子是"总相"，椽子、砖瓦是"别相"。椽子和砖瓦等共同组成房子这个整体，有同一性，即"互不相违"，这就是"同相"；但椽子、砖瓦等又各有差异，这就是"异相"。许多的椽子、砖瓦等共同构成了一所房子，"诸缘办果"，这就是"成相"；但各个部分又"各住自法"，并没有成为房子，这就是"坏相"。现象界第一事物，是总相和别相、同相和异相、成相和坏相的统一。

华严宗对现象的普遍联系以及一和多、整体和部分、同和异、生成和毁坏这些范畴作了比较认真的考察，显然突破了形式逻辑的"整体是部分的总和"的观点，揭示了辩证法的因素。但也仍然

---

① 法藏：《华严一乘教义分齐章》卷第四，《中国佛教思想资料选编》第 2 卷第 2 册，第 199 页。

是如黑格尔所说的"主观的辩证法"。因为像"一即多，多即一"等命题，是纯思辨的产物，缺乏科学的论证和检验。而用"十玄门"来说明"事事无碍"，则显然只能给人以似是而非的满足。十玄门之一是"因陀罗网境界门"。华严宗认为，每一现象都是"真如"这个绝对精神的显现，所以每一现象蕴含着一切事物的现象，而这一切现象又各自蕴含着一切现象。它把世界比喻为一个"因陀罗网"，"因陀罗网"是天帝戴的结了珍珠的网帽子，网上每颗珍珠都照见全部其他珍珠的影子，而影子中又照见影子，交相辉映，重重无尽。为了表现这个道理，法藏用十面镜子，安排在八方和上下，相去丈余，面面相对，中间放一尊佛像，点上大蜡烛照明，这样，每一镜中都反映出无数镜子、无数佛像。在《金师子章》中，法藏以金喻本体，狮子喻现象界。他说："一一毛中，皆有无边师子，又复一一毛，带此无边师子，还入一毛中。如是重重无尽，犹天帝网珠。"①这样用形象化的方法来说明"事事无碍"，能给人以诗的境界，但不是科学的真理。

华严宗的"法界缘起"学说把整个世界看作是一个普遍联系的网，这就使人想起德国哲学家莱布尼茨讲的：事物的究竟的原因就是本体，就是现象世界的普遍联系，每一事物与一切事物相联系，每一事物都是"宇宙的一面永恒的活的镜子"②。华严宗和莱布尼茨都属于唯理论一派，他们把理性思维所把握的联系之"网"抽象化、绝对化，导致客观唯心论体系。莱布尼兹强调了世

---

① 法藏：《金师子章》，《中国佛教思想资料选编》第 2 卷第 2 册，第 202 页。
② 莱布尼兹：《单子论》，参见《十六—十八世纪西欧各国哲学》，商务印书馆 1975 年版，第 492 页。

界的和谐,华严宗也说,世界上的每一现象都是真理之体现,所以世界上的一切都是十分圆满的,是天然合理的,世界是一个和谐的整体,本来是最美好的世界,顺应它,就可以使人得到精神上的满足。每个人本来都是佛,"无一众生而不具有如来智慧",只是由于妄想,才生种种烦恼。一旦觉悟,"即见一切有为之法,更不待坏,本来寂灭"①。就是说,观点一改变,立刻就看清楚世界是虚静的、无矛盾的、天然合理的。所以,这种说法归根到底是一种形而上学世界观,是替当时现存的封建制度的"合理"性作论证的。

四、宗密的"判教"理论

隋唐佛学各宗派都有所谓"判教":从本派的观点出发,对其他各派进行剖析,说明它们在佛教的统一体中有其不同的地位,而最后归结到自己一派最为优越。华严宗的"判教"理论,从智俨、法藏到宗密,前后有不少变化。这里只考察一下宗密的"判教"理论。

宗密(公元 780 年—841 年),俗姓何,梁州西充(今四川充县)人。少时通儒书,28 岁时出家,师事华严四祖澄观等,广学诸宗,特从华严。因居陕西鄠县(今户县)圭峰,世称"圭峰大师"。其著作现存主要有《注华严法界观门》、《华严原人论》、《禅源诸诠集都序》、《华严经疏》等。宗密是"华严五祖",又和禅宗有密切关系,他和会"宗"、"教",形成了一个带总结性的"判教"体系。

宗密的《原人论》以为,佛教自浅之深,略有五等:一、人天教,

① 法藏:《金师子章》,《中国佛教思想资料选编》第 2 卷第 2 册,第 202 页。

指相信因果报应的佛教；二、小乘教；三、大乘法相教，指法相宗；四、大乘破相教，指空宗；五、一乘显性教，指华严宗，也叫性宗。而在《禅源诸诠集都序》中，把前三者总括为"密意依性说相教"，后两者则改称为"密意破相显性教"、"显示真心即性教"。又把禅宗分为三家："息妄修心宗"①、"泯绝无寄宗"、"直显心性宗"，以之与大乘教相宗、空宗、性宗相配，并把天台宗也视为性宗的一部分。宗密这个"判教"体系，在方法论上颇有值得注意之处。宗密在解释为什么须"和会"和如何"和会"时说：

　　问："是者即收，非者即拣，何须委曲和会？"

　　答："或空或有，或性或相，悉非邪僻，但缘各皆党己为是，斥彼为非，彼此确定，故须和会。"

　　问："既皆非邪，即各任确定，何必会之？"

　　答："至道归一，精义无二，不应两存。至道非边，了义不偏，不应单取。故必须会之为一，令皆圆妙。"

　　问："以冰杂火，势不俱全；将矛刺盾，功不双胜。诸宗所执，既互相违，一是则有一非，如何会令皆妙？"

　　答："俱存其法，俱遣其病，则皆妙也。谓以法就人即难，以人就法即易。人多随情互执，执即相违，诚如冰火相和，矛盾相敌，故难也。法本称理互通，通即互顺，自然凝流皆水，钗钏皆金，故易也。"②

---

① 频伽精舍本作"息妄修行宗"，此从金陵刻经处本。——初版编者
② 宗密：《禅源诸诠集都序》卷上，邱高兴校释：《禅源诸诠集都序》，中州古籍出版社2008年版，第23页。

这是说，佛教各派，禅门各家，或说空，或说有，或说破相，或说显性，都有一定的道理。但只认自己一派为真理，摈斥其他各派，把彼此界限看作确定不可逾越，那便造成冰火不相容，矛盾不双胜了。这都是人们凭主观执着造成的。其实，真理是全面的，"了义"非一偏之见，所以应该把各派综合起来，"会之为一"。如何才能"和会"呢？那就是要保留各派的合理见解，而排除他们的谬误之处，而要做到这点，便须"以人就法"，而不是"以法就人"。诸法实相本来是合理的，彼此通达、顺乎自然的。所以"以人就法"，那就易于"和会"了。以什么作标准来进行"和会"呢？佛教徒当然是以佛说作标准。宗密接着便说"经如绳墨，楷定邪正"；又说"经有权实，须依了义"。[1] 他以为"佛了义实教"就是"显示真心即性教"[2]（性宗），而人天教、小乘教、大乘法相教、大乘破相教都是"偏浅"的，但由浅入深地诱接学者，使之"会权归实"，也是必要的。宗密的"判教"虽是神学理论，却包含有辩证法因素。

那么，为什么说性宗是"了义"、真正"直显真源"了呢？宗密在《禅源诸诠集都序》中以水作比喻：假使有人问，那澄之即清、混之即浊、能灌溉万物、洗涤万秽的是什么？回答说：是水。这固然不错，但他只讲了作用、功能，而没有指明水之体。所以应进一步问：何者是水？得到的回答是：湿即是水，清浊水波都是具有湿性的。这样认识就深入了。同样道理，对"心"的认识也要由浅入深：

---

[1] 宗密：《禅源诸诠集都序》卷上，第 25 页。
[2] 同上注。

设有人问："每闻诸经云，迷之即垢，悟之即净，纵之即凡，修之即圣，能生世间出世间一切诸法，此是何物？"答云："是心。"愚者认名，便谓已识，智者应更问："何者是心？"答："知即是心。"……即真妄垢净善恶，无义不通也。空宗相宗为对初学及浅机，恐随言生执，故但标名而遮其非。唯广以义用，而引其意。性宗对久学及上根，令忘言认体，故一言直示。认得体已，方于体上照察义用，故无不通矣。①

宗密以为空宗、相宗只是讲了心的种种作用，引导人们不要"随言生执"；而性宗则直示心之体即"知"，叫人从体上察用。他所谓"知"，就是灵明觉知。他在区别空宗与性宗时说："空宗以分别为知，无分别为智，智深知浅。性宗以能证圣理之妙慧为智，以该于理、智，通于凡圣之灵性为知，知通智局。"②如僧肇说"般若无知"，圣智无有分别之知，智深知浅，这是空宗的用语。宗密讲"知"则是指人人皆有之灵性，它本来具有"理"，由凡入圣，能证此圣理便是"智"，所以说知"该于理、智，通于凡圣"。

宗密很推崇禅宗中的神会一派，说达摩传心，神会才明言"知之一字，众妙之门"③。宗密以"知"为心之体，而知"该于理、智"，显然这已是将华严宗的"理性"与禅宗的"自心"相结合了。

———————————

① 宗密：《禅源诸诠集都序》卷下，第 60—61 页。
② 同上书，第 58 页。
③ 同上书，第 38 页。

第四节　禅宗"顿悟"说

禅宗①分为南宗和北宗两大派。我们这里讲的禅宗主要指南宗。创立南宗的是和法藏同时的慧能，他标榜"自心是佛"、"顿悟成佛"的学说，使禅宗成为在中国最为盛行的佛教宗派。

一、"凡夫是佛，世间即出世间"

慧能（公元 638 年—713 年），俗姓卢，世居范阳（今北京城西南）。为其父谪官至岭南新州（今广东新兴东）后所生。幼年丧父，家境贫困，靠卖柴养母。据说他听人诵《金刚经》，颇有领会，发心学佛。24 岁投禅宗五祖弘忍门下。本与神秀（约公元 606 年—706 年）同为弘忍门下大弟子。因顿、渐之争，遂分为南北两

---

① 神宗传法世系（慧能以后只列本书中提到的）：菩提达磨 ——

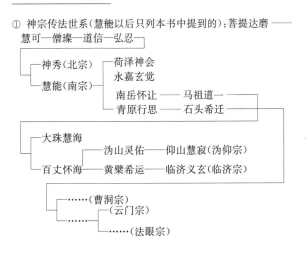

宗。而弘忍对慧能十分赏识，将衣钵传于他。后来，在韶州（今广东韶关）曹溪宣传其学说。死后，他的言论被其弟子法海编为《六祖大师法宝坛经》[①]。

自唐代中叶以后，禅宗南宗越来越流行，其他的佛教宗派逐渐衰弱。这和唐代阶级关系的演变是分不开的。在唐代，门阀士族日趋衰落，庶族地主中的一部分上了台，成为官僚、豪强，变成新的特权集团。唐王朝在前期曾保持了一百多年的繁荣强盛，但和平时期积累起来的社会矛盾，终于酿成天宝年间的"安史之乱"，从此便战乱频仍，破坏了安定局面。这种政治斗争形势也曲折地反映到佛教中来。

原来佛教的一些宗派和门阀士族的关系比较密切，随着门阀士族的衰落，这些佛教宗派也日趋衰落；庶族地主的一部分上台以后，依附于这个新的特权集团的佛教宗派就代之而兴。禅宗南宗就是这样的宗派。神会[②]把"世间事"与"出世间事"进行类比：如"布衣顿登九五"，如周太公、傅说"起自匹夫，位顿登台辅"，是"世间不思议事"；而"众生心中，具贪爱无明宛然者，但遇真善知

[①]《六祖大师法宝坛经》：简称《坛经》，是唐代佛教禅宗的重要典籍。中国佛教著作被尊为经的，就此一部。《坛经》在流传过程中，经过后人不断的修订，文字和篇章都有很大变化。先后有敦煌写本、惠昕写本、契嵩本和宗宝本。其中以敦煌写本最古，较为可信。现在流行的本子都是经元宗宝修订过的刻本。通行的有金陵刻经处本，丁福保的《六祖坛经笺注》（此书对《坛经》作了较详的注解）。近人郭朋《坛经对勘》一书（1981 年齐鲁出版社出版），对《坛经》的四个版本作了对勘，并略加评按，有一定的参考价值。此外，禅宗的重要史料还有《古尊宿语录》和《景德传灯录》等。

[②] 神会（公元 668 年，一作 686 年—760 年），俗姓高，襄阳（今属湖北）人，14 岁出家，参禅宗六祖慧能于韶州曹溪。慧能死后，往洛阳宣扬慧能学说，于开元十八年（公元 730 年），在洛阳定南北宗是非大会上抨击北宗，扩大了南宗的影响。因曾住洛阳荷泽寺，世称"荷泽大师"。

识,一念相应,便成正觉,岂不是出世不思议事!"①他以为两者"于理相应,有何可怪? 此明顿悟不思议"②。在唐代,"选佛"犹如"选官",是士大夫进身之阶,甚至是"终南捷径"。而禅宗的特点,就是比其他各种宗派更为廉价地出售进入天国的门票。原来流行的宗派认为,要成佛就必须搞累世修行、布施财物、研究佛教这套烦琐哲学等,这些只有门阀士族才能做到。禅宗摈弃了这一套,认为只要"顿悟",人人都可以成佛。这种简易直捷的成佛的途径和比较"平民化"的教义,反映了庶族地主的要求,同时也使一般人在战乱时期便于找到精神的"避难所",因而使佛教更能起到麻痹人民、缓和阶级矛盾的作用,以适应封建统治阶级的需要,因此它就得到了广泛的迅速的流行。当然,禅宗初兴时确实是比较"平民化"的。慧能本人出身贫苦,是个文盲,从事劳力,生活比较接近下层,在禅宗寺院里最初有师徒共同劳动的制度。但是慧能的弟子神会已出入宫廷,在安史之乱后,帮助朝廷推行纳钱度僧的制度。而自慧能的再传弟子马祖以后,禅宗更为兴盛。许多禅师"或名闻万乘,入依京辇,或化洽一方,各安郡国"③,非常广泛地勾结当时的封建朝廷、官僚集团。

从中国佛学的演变(以及更一般地从中国哲学的发展)来看,禅宗南宗的盛行标志着佛学儒学化的完成。禅宗的"顿悟"说,把俗世和天国,凡夫和佛统一起来了。慧能说:

---

① 神会:《神会语录》,《中国佛教思想资料选编》第 2 卷第 4 册,第 88 页。
② 同上书,第 106 页。
③ 《百丈怀海禅师塔铭》,李继武校点:《敕修百丈清规》,中州中籍出版社 2011 年版,第 217 页。

> 佛法在世间，不离世间觉，离世觅菩提，恰如求兔角！[①]

此颂敦煌本《坛经》作：

> 法元在世间，于世出世间，勿离世间上，外求出世间。[②]

在禅宗看来，世间即是出世间，凡夫即佛，烦恼即菩提，两者的差别只在于一念之间。"前念迷即凡夫，后念悟即佛。前念著境即烦恼，后念离境即菩提。"[③]传统的佛教宣称修行、念佛是为了上西天佛国，慧能反问说："东方人造罪，念佛求生西方，西方人造罪，念佛求生何国？"[④]他又说："菩提只向心觅，何劳向外求玄。听说依此修行，西方只在目前。"[⑤]他认为，一旦觉悟了自己是佛，净土就在眼前。所以对觉悟了的人来说，"随所住处，恒安乐"[⑥]。这种"西方只在目前"、"一念悟时，众生是佛"的说教，否定了累世修行、念佛坐禅，把佛说成是一个"寻常无事人"，和凡人一样穿衣吃饭、屙屎拉尿，但他觉悟了，就自由自在了。

这套说教要人们安于现状，不必对现实世界中不合理的事提出抗议，也不要寻找摆脱苦难的道路，一旦顿悟了，就可以把苦难变为安乐，就能够成佛。所以它具有很大的欺骗性。不过，它也

---

① 慧能：《般若品》，《六祖坛经笺注》，第 175 页。
② 李申合校，方广锠简注：《敦煌坛经合校简注》，山西古籍出版社 1999 年版，第 52 页。
③ 慧能：《般若品》，《六祖坛经笺注》，第 147 页。
④ 慧能：《疑问品》，《六祖坛经笺注》，第 182 页。
⑤ 同上书，第 194 页。
⑥ 同上书，第 182 页。

有积极的一面,那就是反对了烦琐哲学,摆脱了佛教种种名相的束缚;强调了解脱要依靠自力,着重考察了意识主体的能动性。

二、"自心是佛"与"顿悟成佛"

从哲学来说,佛教各宗派在"心物"关系问题上,都主张"心外无物",一切法都是"心法"。所不同的是,它们各自夸大"心"的某个侧面,以论证唯心主义。天台宗讲"止观"、"三谛圆融"、"一念三千",用的是内省法。法相宗讲"万法唯识",用感觉经验来解释一切。华严宗讲"法界缘起",以为理性思维是唯一实在。禅宗南宗则用自我意识吞没一切,它标榜"自心是佛",以为自己的灵明鉴觉就是佛性;并强调意识的整体性,把认识过程中确实存在的突变加以绝对化,以为对"自心是佛"、"本性是佛"的觉悟是顿然间实现的,所以说"顿悟成佛"。

关于"心性"关系,慧能说:

> 心是地,性是王。王居心地上,性在王在,性去王无。性在身心存,性去身心坏。佛向性中作,莫向身外求。①

他把"心"比作一块土地,而佛性则是这块土地上的统治者,也就是说,佛性是人的精神的本质和身心的主宰。那么,精神的本质是什么? 就是灵明觉知。临济义玄②说:

---

① 慧能:《疑问品》,《六祖坛经笺注》,第 185 页。
② 义玄(? —公元 867 年),俗姓邢,临济宗的开创者。曾参谒洪州黄檗山的希运禅师,唐大中八年(854 年)在河北镇州(今河北正定)滹沱河边建立临济院,广接徒众。

> 你欲得识祖佛么？只你面前听法底是……你要与祖佛不别，但莫外求。你一念心上清净光，是你屋里法身佛。你一念心上无分别光，是你屋里报身佛。你一念心上无差别光，是你屋里化身佛。此三种身是你，即今目前听法底人。[1]

就是说，自己心中的灵明，听法者的清净意识，就是佛性。所以，人人都具有成佛的本性，人性就是佛性。既然人性就是佛性，为什么又有佛和众生的区别呢？慧能说："自性若悟，众生是佛。自性若迷，佛是众生。"[2]这里所说的"迷"和"悟"，就是对自己心中固有的佛性是否唤醒而言。慧能以为，只要人们唤醒了自心中的佛性，就立即进入了"佛国"、"净土"。

慧能不仅说人心具有佛性，是成佛的基础，而且认为人心也就是客观世界的基础。他说：

> 自心是佛，更莫狐疑。外无一物而能建立，皆是本心生万种法。[3]

就是说，宇宙万物都是本心的产物。据说慧能到广州法性寺时，看到两个和尚在争论"风吹幡动"的问题。一个和尚说是风动，另一个和尚说是幡动，两人争论不休。慧能说，不是风动，也不是幡

---

① 赜藏主编，萧萐父等点校：《古尊宿语录》卷四，中华书局1994年版，第57—58页。
② 慧能：《付嘱品》，《六祖坛经笺注》，第384页。
③ 同上书，第385页。

动,而是"仁者心动"①。慧能认为,风吹幡动等一切事物都是假象,如果以为这些假象是实在,那就是"迷"。只有破除这些假象,才能显出心的本来面目。

破除一切假象,认识万法尽在自心,这同觉悟到自性是佛是一回事。在禅宗看来,只是一个心,"迷即迷自家本心,悟即悟自家本性"②。迷与悟是同一个心的两种境界。马祖说:

> 心,生灭义。心,真如义。心,真如者。譬如明镜照像,镜喻于心,像喻诸法。若心取法即涉外因缘,即是生灭义。不取诸法,即是真如义。③

心取法,即执着"诸法"为实有,便随"因缘"而生灭,这就是"迷"。而一旦觉悟,不生妄念,"不取诸法",便立刻恢复心的"真如"本性。虽然也还是这个心,也还是有行住坐卧、应机接物等等活动,但这时便"立处即真"、"触类是道"了。

慧能以为,由"迷"而"悟",是一下子实现的,是"忽然悟解心开","从自心中顿见真如本性",即所谓"顿悟"。通常说禅宗南北之争,就是"顿"、"渐"之争。相传五祖弘忍选择继承人时,叫门人各写一首偈来阐明佛理。神秀作的偈是:

---

① 慧能:《行由品》,《六祖坛经笺注》,第 119 页。
② 道原:《景德传灯录》第 28 卷,顾宏义译注:《景德传灯录译注》,上海书店出版社 2010 年版,第 2253 页。
③ 同上注。

身是菩提树，心如明镜台，时时勤拂拭，勿使惹尘埃。[1]

神秀强调要用"勤拂拭"的渐修工夫，慧能以为此偈"未见本性"。
于是他自作一首：

菩提本无树，明镜亦非台，本来无一物，何处惹尘埃？[2]

这首著名的偈在敦煌本《坛经》中是：

菩提本无树，明镜亦非台，佛姓（性）常清净，何处有尘埃？
心是菩提树，身为明镜台，明镜本清净，何处染尘埃？[3]

在慧能看来，像神秀那样"时时勤拂拭"，还不是"心不取诸法"，还
不识"本来无一物"的道理。他以为，自性本自清净，本一切具足，
一旦彻悟，便"自见万法无滞，一真一切真"。他也并非不要修行，
不要旁人指点，而是以为本性是佛，不假外求，"若起正真般若观
照，一刹那间，妄念俱灭，若识自性，一悟即至佛地"[4]。

禅宗的这种"顿悟"说以为凭神秘的直觉可以立刻见性成佛，
当然是神学的说教。不过还是有值得注意的地方：

第一，它强调了主观能动作用，以为觉悟是自悟、自觉，要依

---

① 神秀：《行由品》，《六祖坛经笺注》，第 87—88 页。
② 慧能：《行由品》，《六祖坛经笺注》，第 99 页。
③ 李申合校，方广锠简注：《敦煌坛经合校简注》，第 33—34 页。
④ 慧能：《般若品》，《六祖坛经笺注》，第 163—164 页。

靠自力，不能依赖他力。读经、坐禅只是一些唤醒自觉的条件，弄得不好，反而会成为一种束缚。

第二，悟是顿然的，一刹那间实现的。马祖说："言下领会，更不历于阶级、地位、顿悟本性。"①这就是说，领会、觉悟，是认识过程中的突变、飞跃。

第三，马祖还说："一念返照，全体圣心。"②认为顿悟就是返观自己，一下使全体圣心明白起来。通常所谓"悟"，就是顿然间把握全体、获得全面性的认识，而有豁然贯通之感。从认识过程来讲，人的主观能动作用，特别表现在通过人的认识的飞跃而把握全面性的知识和具有融会贯通的意识，这是不能否认的事实。但禅宗把这一点夸大了，使之变成了直线，从这里导致唯心主义、神秘的直觉主义。

三、"对法"——相对主义反对烦琐哲学

从"有无（相性）"之辩来说，禅宗讲"本来无一物"，当然也是以虚静为世界的第一原理。慧能说：

> 心量广大，犹如虚空，无有边畔，亦无方圆大小，亦非青黄赤白，亦无上下长短，亦无瞋无喜，无是无非，无善无恶，无有头尾。③

---

① 《古尊宿语录》卷一，第4页。
② 同上注。
③ 慧能：《般若品》，《六祖坛经笺注》，第135—136页。

总之，方圆、青黄等感觉经验，是非、善恶等概念、判断，一律必须加以否定，所以慧能主张"无念"、"无相"、"无住"。但所谓"无念"，不是什么也不想，而是说无妄念，保持本心清静；所谓"无相"，也不是消灭一切色相，而是说即色是空。慧能说：

> 世界虚空，能含万物色像，日月星宿，山河大地，泉源溪涧，草木丛林，恶人善人，恶法善法，天堂地狱，一切大海须弥诸山，总在空中。世人性空，亦复如是。[1]

就是说，"空"和"色"、"性"和"相"是统一的。禅宗受了华严宗的影响，也用"理事无碍"来讲"空有（性相）"关系。如马祖说：

> 若立理，一切法尽是理，若立事，一切法尽是事……所作无碍，事理双通，如天起云，忽有还无，不留碍迹。[2]

永嘉玄觉说：

> 一性圆通一切性，一法遍含一切法，一月普现一切水，一切水月一月摄。[3]

这是后来朱熹用"月印万川"来比喻"理一分殊"的直接来源。

---

[1] 慧能：《般若品》，《六祖坛经笺注》，第 138—140 页。
[2] 道原：《景德传灯录》第 28 卷，《景德传灯录译注》第 5 册，第 2252—2253 页。
[3] 玄觉：《永嘉证道歌》，《中国佛教思想资料选编》第 2 卷第 4 册，第 145 页。

既然"无相"、"无念",真如本性非概念所能把握,也就非语言文字所能表达。所以禅宗主张"不立文字,直指本心"。但既然要指点别人,还是要说教。而且正如慧能自己所说:

> 直道不立文字。即此不立两字,亦是文字。①

那么究竟应如何来表达"佛法"呢? 慧能在临死时嘱咐十大弟子,向人说法要"出语尽双,皆取对法"②。他举了 36 对。例如,"问有将无对,问无将有对;问凡以圣对,问圣以凡对"③。这样来说明有无相因,非有非无,凡圣尽去,非凡非圣,就合乎所谓"中道"了。又如,他举了明与暗对:

> 设有人问:"何名为暗?"答云:明是因,暗是缘。明没则暗,以明显暗,以暗显明。来去相因,成中道义。④

这里所谓"明",是用明白的语言直指本心,所以说是"因";所谓"暗",是用暗示的语言给人启发,所以说是"缘"。后来慧能的再传弟子石头希迁⑤的《参同契》说:"本末须归宗,尊卑用其语:当明

---

① 慧能:《付嘱品》,《六祖坛经笺注》,第 354 页。
② 同上注。
③ 同上注。
④ 同上书,第 355 页。
⑤ 希迁(公元 700 年—790 年),俗姓陈,端州高要(今广东高要)人。先投慧能门下,慧能死后从青原行思(? —公元 740 年)。得法后,住南岳的南寺。寺东有大石,平坦如台,希迁就石上结庵而居,时人称为"石头和尚"。他和同时的江西马祖道一,称并世二大士。

中有暗，勿以暗相遇。当暗中有明，勿以明相睹。明暗各相对，比如前后步。"①也就是说，用语言来揭示禅宗的道理，应当明中有暗，暗中有明，就像前后脚不可缺一一样。

这样的"对法"，当然是相对主义的诡辩，不过我们也应把它放在当时历史条件下进行具体分析。马祖在说了"即心即佛"后，接着说"非心非佛"，就是用了这种对法。但他标榜"非佛"，对佛教起了破坏作用。马祖弟子百丈怀海②说："即心即佛"是"不遮语"、"顺喻语"，"非心非佛"是"遮语"、"逆喻语"，只有"割断两头句"，才是"量数管汝不得"③。这也是"对法"。但百丈说：

> 只如今求佛求菩提，求一切有无等法，是名运粪入，不名运粪出。只如今作佛见、作佛解，但有所见所求所著，尽名戏论之粪。④

他把"求佛求菩提"的活动以及"所见、所求、所著"的言论看作是将粪运进运出这般无聊。这些话就显得颇为激烈了。百丈的再传弟子、临济宗的创始人义玄说："你欲得识祖佛么？只你面前听法底是。"⑤这也是"即心即佛"的意思。但他又说：

---

① 道原：《景德传灯录》第 30 卷，《景德传灯录译注》第 5 册，第 2417 页。
② 怀海（公元 720 年—814 年），俗姓王，福州长乐人。幼年出家，师事马祖道一，为入室弟子。唐德宗兴元元年（公元 784 年），居洪州百丈山（今江西奉新），从学者甚多。一改向来禅僧多居律寺的习惯，始创设禅院，制定《禅门规式》，后称《百丈清规》。
③ 《古尊宿语录》卷一，第 12 页。
④ 《古尊宿语录》卷二，第 24 页。
⑤ 《古尊宿语录》卷四，第 57 页。

莫将佛为究竟,我见犹如厕孔,菩萨、罗汉尽是枷锁缚人底物。①

你欲得如法见解,但莫受人惑。向里向外逢着便杀,逢佛杀佛,逢祖杀祖,逢罗汉杀罗汉。②

这样"呵佛骂祖",动摇了佛教的旧的权威。

在唐代,法相、天台、华严各宗的教义都已烦琐之极,禅宗反对了烦琐的教条,对传统的教义作了革新,有一定的积极意义。不过,它用相对主义反对独断论和烦琐哲学,不可能是对佛教学说的真正的批判。它破坏了对旧的权威的信仰,正是为了挽救佛教的危机,恢复佛教的权威。

四、关于"传法"(传授世界观)的方式

禅宗之所以特别盛行,同禅师们注意"法嗣"的培养教育很有关系。所谓"传法",关键在于传授世界观。禅宗的世界观是一种主观唯心主义,从根本上说是错误的。但禅宗认真对待这个"传法"问题,也就是认真做了教育工作,因此也提供了理论思维的经验教训。

禅宗的著名高僧马祖道一(公元 709 年—788 年),因俗姓马,后人尊为马祖。汉州什邡(今四川什邡)人。曾师事怀让(公元 677 年—744 年)10 年,后在江西开堂说法。曾在佛迹岭(在今福建建阳)、龚公山(在今江西南康)等处传授禅法。慧能的后世,以马祖这一门最繁荣,禅宗至此而大盛。据记载,马祖有"入室弟子

---

① 《古尊宿语录》卷四,第 70 页。
② 同上书,第 65 页。

一百二十九人，各为一方宗主"，当时"江西法嗣布于天下"①。这个和尚可以说是个教育家了。他是怎样教育学生的呢？我们来看下面的记载：

> 问："和尚为什么说即心即佛？"师（马祖）曰："为止小儿啼。"
> 曰："啼止时如何？"师曰："非心非佛。"
> 曰："除此二种人来，如何指示？"师曰："向伊道：不是物。"
> 曰："忽遇其中人来时如何？"师曰："且教伊体会大道。"②

这里，马祖针对四种情况，作出了四种不同的回答，主张按对象进行教育，因材施教。前面三句话（"即心即佛"、"非心非佛"、"不是物"），也就是百丈所谓"三句教语"："说到如今鉴觉是自己佛，是初善。不守住如今鉴觉，是中善。亦不作不守住知解，是后善。"③这三句相连，也说明老师如何层层深入地进行诱导。最后一句"教伊体会大道"，则教学者不要停留在理解，而要联系实际，获得对"大道"的亲切体会。

就前面三句来说，最基本的还是"即心即佛"。《传灯录》记大珠慧海至江西初次参见马祖时的对话：

> 祖曰："来此拟须何事？"曰："来求佛法。"祖曰："自家宝藏

---

① 《古尊宿语录》卷一，第6页。
② 同上书，第5页。
③ 同上书，第15页。

不顾,抛家散走作什么? 我遮里一物也无,求什么佛法?"师遂礼拜,问曰:"阿那个是慧海自家宝藏?"祖曰:"即今问我者,是汝宝藏。一切俱足,更无欠少,使用自在,何假向外求觅?"①

马祖向学生指出:你这个发问的意识主体,即自我意识,本来具有一切宝藏。他用"即心即佛"的话来教育人,就在于向人指出:灵明鉴觉是你固有的,这点灵明就是佛性,由此激发你的自信心,鼓励你发挥主观能动性。

后来临济义玄特别强调自信、自主。他说:

> 如今学者不得,病在甚处? 病在不自信处。你若自信不及,即便茫茫地狗一切境转,被他万境回换,不得自由。②
> 你若欲得如法,直须是大丈夫儿始得。若萎萎随随地,则不得也。夫如甁嘎之器,不堪贮醍醐。如大器者,直要不受人惑,随处作主,立处皆真。③

在临济义玄看来,一个人要成为自由人,第一步就是要树立自信心。认识到自性具足一切,与祖佛没有根本的不同,于是相信自己是大丈夫,能靠自力来求解脱,这就是有了觉悟了。当然,要"随处作主",那就要求"一切时中更莫间断"④,也就是所谓"常惺

---

① 道原:《景德传灯录》第 6 卷,《景德传灯录译注》第 1 册,第 384—385 页。
②《古尊宿语录》卷四,第 57 页。
③ 同上书,第 62 页。
④ 同上书,第 58 页。

悟"。禅宗南宗讲顿悟，并不是说悟了再不需用功夫。沩山灵佑[①]说：

> 如今初心，虽从缘得一念，顿悟自理，犹有无始旷劫习气未能顿净，须教渠净除现业流识，即是修也。[②]

遇时节因缘，在老师指点下，一念顿悟，"方省己物不从他得，心法元自备足"[③]；但还有许多习气没有消除，要继续用功，以便"随缘消旧业"。所以，老师还要继续考验学生，学生要经常保持着警觉。禅宗著作中传述下来许多所谓"公案"，多半是这类老师考验学生的事例。而临济宗的"四宾主"[④]、"四照用"[⑤]、曹洞宗的"五位

---

① 灵佑（公元 771 年—853 年），沩仰宗的开创者。俗姓赵，福州长溪（今福建霞浦南）人。15 岁出家，先学习大小乘经律，继参江西百丈怀海，成为怀海的"上首"弟子。后住潭州（州治今湖南长沙）沩山，故被称为"沩山灵佑"。

② 道原：《景德传灯录》第 9 卷，《景德传灯录译注》第 2 册，第 556—557 页。

③ 同上书，第 555 页。

④ 四宾主：考察宾主问答中是否真正掌握禅理的方法。"宾"指参禅者或指不懂禅理者；"主"指禅师或指懂得禅理者。据《人天眼目》："宾看主"，参禅者掌握禅理，而禅师不懂装懂；"主看宾"，禅师掌握禅理，而参禅者不懂装懂；"主看主"，禅师和参禅者都懂禅理；"宾看宾"，禅师和参禅者都不懂禅理，但又互相弄乖。

⑤ 四照用：有两种解释。第一种解释是：据《人天眼目》卷一，"照"指对客体的认识，"用"指对主体的认识。根据参禅者对主体和客体的不同认识所采取的不同教授方法，目的是破除视主体和客体均为实有的世俗观点。"先照后用"，针对"法执"重者，先破除以客体为实有的观点；"先用后照"，针对"我执"重者，先破除以主体为实有的观点；"照用同时"，针对"法执""我执"均重者，同时都破除；"照用不同时"，对于"法执""我执"均已破除者，即可运用自若，"应机接物"。第二种解释是：据《五家宗旨纂要》卷上，"照"指禅机问答，"用"指"打"、"喝"等动作，纯属于接待参禅者的方法。"先照后用"，先向参禅者提问，后据其答对情况，或"棒"或"喝"；"先用后照"，如遇僧来师便打、便喝……然后提问："汝道是什么意旨"；"照用同时"，即在或"棒"或"喝"中看对方如何承当；"照用不同时"，或照或用，不拘一格，随机纵夺。

君臣"①等,也都是禅师用来指点学人、考验学人的一些方式。

　　一般地说,世界观的教育和理想人格的培养,要贯彻自愿原则和自觉原则相结合。这一点,先秦儒家有成功的经验,并作了理论的探讨。但自汉代儒术独尊以后,纲常名教借"天命"的名义要人们自觉遵守,自愿原则被抛弃了,这是不利于真实性格的培养的。嵇康有鉴于此,他向宿命论挑战,提出了"越名任心"的口号,他把自愿原则同自然原则结合起来,却忽视了自觉原则。而魏晋玄学的主流,也仍然是宿命论占支配地位。只有到了唐代,禅宗的大师复活了孟子的传统,才又重视自觉原则与自愿原则相结合。宗密把洪州禅(马祖一派)的主张概括为"触类是道而任心"②;认识"触类是道",领悟到一切所作所为皆佛性全体的作用,便具有高度自觉;而"任心"就是任运自在,随处作主,一切皆出于自愿和自然。禅宗不讲宿命论,一个"触类是道而任心"的领域,一种"随缘消旧业,任运著衣裳"的生活态度,使人感到(实际是一种幻觉)优游自得,似乎超脱了命运的束缚,这就是为什么中国许多士大夫在政治上不得志时总是"逃禅"以求安慰的缘故。而"触类是道"、"随处作主",一举一动、一草一木都体现道,也就是"自性"形象化了,成为直观对象。于是禅意成了诗境、画境,而把握

---

① 五位君臣:亦名"曹洞五位",曹洞宗的教义和教学方法。用"正"(体、空、真、理净)、"偏"(用、有、欲、事染)、"兼"(非正非偏,亦即中道)三个概念,配以"君"、"臣"之位,用来分析佛教真如与其派生之世界万有的关系,亦用作教授不同对象的方法,共有五种,但名目不很一致,据《人天眼目》卷三:(1)正位,即是君位,指真如本位,"本来无物";(2)偏位,即是臣位,指万有事相;(3)偏中正,即"臣向君",指唯见真如,不见事相,"舍事入理";(4)正中偏,即"君视臣",指唯见事相,不见真如,"背理就事";(5)兼带,即"君臣合道",指将体和用、真和俗、空和有,理事和净染等统一起来,不偏于一边。
② 宗密:《禅源诸诠集序》,第 175 页。

这种意境则在于妙悟。这也就是为什么后来许多人喜欢以禅说诗、以禅论画的道理。

但是，禅宗的理论终究是错误的。虽然它在教育人的方式上包含有重视自觉原则与自愿原则相结合的合理因素（因而注意树立自信心、因材施教、启发诱导等），但它的目的是要把人培养成为自觉自愿地接受现状、随遇而安的僧侣、顺民。禅宗虽不讲天命，但从必然和偶然关系问题来看，如果说郭象讲"安命"是把必然性降低到偶然性，因而是错误的；那么禅宗讲"任运"则是把偶然性夸大为必然性，把人的一举一动都说成是道（佛性）的圆满体现，这同样是错误的。禅宗指出精神具有灵明鉴觉的本质，有见于意识主体的能动作用，但它把主观能动性夸大了，说"自心是佛"、"一念顿悟，全体圣心"，就成了主观唯心主义。

这种唯心主义和孟子的哲学颇为相似。所以柳宗元说慧能是"其教人始以性善，终以性善，不假耘锄，本其静矣"[①]，但"不假耘锄"便容易流于空疏。后来许多禅师不学无术，有的专靠"棒喝"、说大话来吓唬人，被称为"狂禅"；有的胡诌诗偈，推敲前人的"公案"，成了"文字禅"；而"四宾主"、"四照用"、"五位君臣"等本来是用来应机接物的方式，后来也都成了公式和教条，成为僵死的东西了。

第五节　李筌论"盗机"

在隋唐五代，由于统治阶级的提倡，道教也很兴盛，但其势力

---

① 柳宗元：《曹溪第六祖赐谥大鉴禅师碑》，尹占华等校注：《柳宗元集校注》，中华书局2013年版，第444页。

次于佛教。这一时期著名的道教学者有成玄英[①]、王玄览[②]、司马承桢[③]、李筌、谭峭[④]等人。从哲学理论的发展来说,李筌提供了一点不容忽视的东西。

李筌,在新旧《唐书》中均无传,约为唐玄宗时的人。号达观子,陇西(今甘肃境内)人。他好神仙之道,曾隐居嵩山三峰之一的少室山。后来曾任荆南节度判官,最后做到刺史。[⑤] 他为《阴符经》[⑥]作了注疏。《阴符经》一书,按李筌说其内容为"上有神仙抱一之道,中有富国安人之法,下有强兵战胜之术"[⑦]。与《抱朴子》相似,既讲修炼神仙,又讲以名法治国,以权术用兵。李筌还研究

---

① 成玄英,生卒年代不详,生活在唐太宗至高宗时期。字子实,陕州(今河南陕县)人。隐居东海(今江苏沭阳、涟水以东,淮水以北)。贞观五年,召至京师,加号西华法师。据《唐书·艺文志》,他著有:注《老子道德经》二卷,注《庄子》30卷,《庄子疏》12卷。《庄子疏》收入《道藏》,并收入清代郭庆藩的《庄子集释》。《老子注》久已散失,近人蒙文通从《道藏》中辑出佚文,题为《老子义疏》。

② 王玄览(公元628年—697年),原名晖,广汉绵竹(今四川绵竹)人,著作有《玄珠录》,保存在《道藏》中。

③ 司马承桢(公元647年—735年),字子微,河内郡温(今河南温县)人。南朝著名道士陶弘景的三传弟子(陶传王远知,王传潘师正,潘传司马承桢)。受到唐睿宗李旦和玄宗李隆基的重视。早期住在天台山,唐玄宗为了召见方便,令他"于王屋山,自选形胜,置坛室以居"(见《旧唐书·隐逸传》)。主要著作有《坐忘论》和《天隐子》。《坐忘论》收于《道藏》内,《天隐子》有《道藏辑要》本。

④ 谭峭,生卒年代不详,五代时期人。字景升,泉州人。其父好黄老诸子及《穆天子传》、《汉武帝内传》和《茅君列仙内传》等道书。后随其父出游终南山,遂遍历名山。师嵩山道士10余年。著有《化书》6卷(收于《道藏》)。传说曾向南唐大臣宋齐丘求序,宋遂盗为己有而序之,故此书又名《齐丘子》,后人改题为《谭子化书》,其中可能有宋齐丘的增改处。

⑤ 关于李筌的官位说法不一,此据近人余嘉锡《四库提要辨证》卷十一的考证。

⑥ 《阴符经》:大概是南北朝时的作品。现存《道藏》中的《黄帝阴符经疏》署"少室山李筌疏",一般认为是可信的。近人刘师培的《读道藏记说》以为此书之"注"是李筌作的,而"疏"则不是。此说并无有力之证据。从理论内容看,《阴符经疏》中的注文和疏文是一致的。

⑦ 李筌:《阴符经疏序》,张海鹏校:《阴符经疏》,中华书局1991年版,第1页。

兵法，注《孙子》，并写了一部关于兵法的书——《太白阴经》①。这部书对军事学有贡献，但也包含有占星、望气、遁甲之类的迷信。

在"有无（动静）"之辩上，李筌继承了道家"有生于无"的传统观点。他说：

> 至道虚静，寂然而不神。此不神之中，能生日月阴阳，三才万物，种种滋荣，而获安畅，皆从至道虚静中来。此乃不神之中而有神矣。②

就是说，天地万物都是从虚静中产生的，"至道虚静"是世界第一原理。李筌认为：从无生有，产生阴阳；阴的精气下沉为地，阳的精气上升为天；阴阳生五子叫"五行"，阴阳加"五行"为"七气"；"七气"又生万物，万物为"七气"之子。这是传统的阴阳五行说的宇宙论。

李筌哲学思想的特点是有见于人和天、心和物的矛盾，强调了人能制服自然。他把五行叫做"五贼"，什么是"贼"呢？

> 贼者，五行更相制伏，递为生杀，昼夜不停，亦能盗窃人之生死。万物成败，故言贼也。③

---

① 《太白阴经》：有《墨海金壶》本，《守山阁丛书》本。本书的《太白阴经》引文均据《守山阁丛书》本。
② 李筌：《阴符经疏》卷中，第 9 页。
③ 李筌：《阴符经疏》卷上，第 2 页。

意思是,"贼"就是指五行互相生克。阴阳五行的气是互相矛盾的,彼此斗争,日夜不停;人的生死、万物的成败由五行的矛盾斗争而引起。对于原来《阴符经》中"天地万物之盗,万物人之盗,人万物之盗也"这几句话,李筌解释为:首先,动植物俱禀阴阳五行之气而生长,"从无形至于有形,潜生复育以成其体,如行窃盗"①。即是说,万物的生成,对阴阳之气都可说是盗窃,因窃了阴阳之气,才生长发育成为万物的形体。其次,"人于七气之中,所有生成之物,悉能潜取以资养其身,故言盗,则田、蚕、五谷之类是也"②。即是说,人能盗窃天地阴阳五行之气,来滋养自己。如种田、养蚕等等,都是人夺取七气所成之物,作为人的生活资料。第三,转过来,万物也盗窃人,造成种种祸患,如天灾、疾病等。李筌说:

> 上来三义更相为盗者,亦自然之理。凡此相盗其中,皆须有道。惬其宜则吉,乖其理则凶。③

就是说,天地、万物和人类之间存在着矛盾斗争而"更相为盗",这是自然规律。盗有其"道",人按规律盗窃才能吉利,否则要遭殃。

李筌将这种盗窃,叫作"盗机"。他解释说:

> 何名为盗机? 缘己之先无,知彼之先有,暗设计谋,而动

---

① 李筌:《阴符经疏》卷中,第 7 页。
② 同上注。
③ 同上书,第 8 页。

其机数，不知不觉，盗窃将来，以润其己，名曰盗机。①

如人类自己本来没有衣服，但人知道动物的毛皮可缝制成衣服，于是暗中设计谋，准备条件，使客观规律提供的现实可能性（机数）活动起来，如养羊取得毛皮，并进行裁剪，制成衣服，使可能性变成现实性，以满足人的需要。

李筌认为，要"盗"，就必须要"察理"；只有"知其深理"（内部规律），才能"合其机宜"，使事物提供的可能性转变为适合人的需要的现实事物。而人之所以能做到这一点，是因为人有"心"。他说：

人与禽兽草木，俱禀阴阳而生。人之最灵，位处中宫，心怀智度，能反照自性，穷达本始，明会阴阳五行之气，则而用之。②

就是说，人本是禀阴阳五行之气而生，而人具有灵明之心，能"反照"自己的本性，穷究万物的本始，这样也就认识了阴阳五行的法则，可以按法则行动。如果一个人真的"穷达本始"或"反始复本"，那就能"睹逆顺而不差，合天机而不失，则宇宙在乎掌中，万物生乎身上"。③ 照李筌所说，这样的人就成了神仙。

李筌关于"察理"、"盗机"的理论有一定的合理因素。例如，

---

① 李筌：《阴符经疏》卷中，第 10 页。
② 同上书，第 7 页。
③ 李筌：《阴符经疏》卷上，第 2 页。

他看到了自然界事物是彼此矛盾斗争的；看到了要征服自然界，就必须发挥人的主观能动性，设计谋，使有利于人的可能性变为现实性。李筌又以为人定胜天，他在《太白阴经》中说：

> 夫春风东来，草木甲坼，而积廪之粟不萌。秋天肃霜，百卉具腓，而蒙蔽之草不伤。阴阳寒暑为人谋所变，人谋成败岂阴阳所变之哉？[1]

在他看来，仓廪里的谷物在春天不发芽，被覆盖的草在秋天不遭霜打，这说明人谋可以胜过自然界的阴阳寒暑。李筌在这里强调的人为，具有科学精神。

但是，李筌把人的主观能动性夸大了，就导致唯心主义与宗教迷信。他根据"盗机"的理论，得出人可以成为神仙的结论，说："但设其善计，暗默修行……窃其深妙，以滋其性，或盗神水华池，玉英金液，以致神仙。"[2]以为设计修炼，把阴阳五行中最深妙的气盗窃来，以滋养其性，人就可以成仙。还说，既然鸟类可以鼓气上下飞翔，人又为何不能"盗机"来达到长生不死、遨游于天空的目的呢？这就成了神学的呓语了。

李筌和禅宗一样，都是从夸大主观能动性而导致唯心主义的。禅宗有见于精神在获得全面性的认识时具有豁然贯通的意识飞跃，但夸大了这一点，于是便导致"一念返照，全体圣心"的"顿悟成佛"说。而李筌则有见于精神能根据认识来制定行动的

---

① 李筌著，钱熙祚校：《神机制敌太白阴经》，中华书局 1985 年版，第 2 页。
② 李筌：《阴符经疏》卷中，第 10 页。

计划，通过行动来改变自然，使之适应人的需要。他也夸大了这一点，于是便导致一种具有唯意志论倾向的神学理论。李筌说：

> 夫人心主魂之官，身为神之府也。将欲施行五贼者，莫尚乎心。故心能之士有所图，必合天道。此则宇宙虽广，观览只在手中，万物虽多，生杀不出于术内。①

是说，这个作为身体的神魂的心，能够"施行五贼"。而真正能"用心观执五气而行"（认识和掌握五行更相制伏之道而付之实行）的人，其每个意图必定合乎天道，因此他法术无边，宇宙万物在他手掌中，如有所图则必定成功。这是唯意志论的观点。

李筌以为法术无边的神仙也就是善于治国、用兵的圣人。他说：

> 唯圣人能反始复本，以正理国，以奇用兵，以无事理天下。正者名法也，奇者权术也。以名法理国，则万物不能乱；以权术用兵，则天下不能敌；以无事理天下，则万物不能挠。②

在李筌这里，以名法治国，以权术用兵，以无事理天下，也就是"盗机"理论在社会历史领域的运用。既然圣王能够举动"皆合天道之机宜"，那么他就一定能"乘天之时，因地之利，用人之力"，使国富兵强；他不怕天灾地妖，在任何条件下都能"转祸为福，易死而

---

① 李筌：《阴符经疏》卷上，第3页。
② 李筌：《主有道德》，《神机制敌太白阴经》，第7—8页。

生"。尧时洪水九年,商汤时大旱七年,但天下太平,民无饥色。
"天时不能祐无道之主,地利不能济乱亡之国。"①所以,社会治乱
不能用自然界现象来解释。这是荀子"治乱非天也"思想的发挥,
有其合理之处。

但是,李筌把一切归之于人谋,而人谋又无非是用名法与权
术,这当然不可能正确地解释社会历史现象。一般人说,"秦人
劲,晋人刚,吴人怯,蜀人懦"等等,并把这种差异归之于地理的原
因。李筌反驳说:你讲吴人怯,但吴王夫差的军队曾"无敌于天
下";你讲蜀人懦,但诸葛亮的军队曾"窥兵中原"。

> 所以勇怯在乎法,成败在乎智。怯人使之以刑则勇,勇
> 人使之以赏则死。能移人之性,变人之心者,在刑赏之间,勇
> 之与怯于人何有哉?②

他以为,人的勇怯不能用地理的条件来解释,这也有其合理之处。
不过,李筌认为刑法能使人性变移,这就把暴力的作用强调过
分了。

李筌在《太白阴经》中对权术有不少的论述。他说:

> 夫道贵制人,不贵制于人。制人者握权,制于人者遵命
> 也。制人之术,避人之长,攻人之短;见己之所长蔽人之

---

① 李筌:《地无险阻》,《神机制敌太白阴经》,第4—5页。
② 李筌:《人无勇怯》,《神机制敌太白阴经》,第6页。

所短。[①]

在李筌的心目中，社会分为"制人者"与"制于人者"两部分，制人者"举事发机，皆合于道"，凭暴力和权术来制服别人，生杀皆在其术内。而制于人者则只能遵命行事，任凭制人者随意摆布。他还以为不仅在打仗时要讲诡道，在游说时要用"探心之术"，而且也可以用阴谋来颠覆别国。他说：对于敌国要"离君臣之际，塞忠说之路"，"令君子在野，小人在位，急令暴行，人不堪命。所谓未战以阴谋倾之，其国已破矣"。[②] 可见，李筌强调的"人谋"，就是封建专制统治者的"制人"之术，他的"盗机"理论和唯意志论观点，在政治上有其反动性。

第六节　韩愈、李翱：理学的先驱

隋唐五代时期，儒家在名教领域仍然处于支配地位。但从哲学的发展来看，那些自称儒家的人，如王通等，并无多大的贡献。只有到韩愈、李翱打着反佛的旗号而援佛入儒，才提出了一些新的见解，成为宋代理学的先驱。

一、韩愈：以儒排佛

韩愈（公元 768 年—824 年），字退之，河南南阳（今河南孟县南）人。河北昌黎是他家族的原籍，人们又称他为韩昌黎。幼为

---

① 李筌：《数有探心》，《神机制敌太白阴经》，第 20 页。
② 李筌：《术有阴谋》，《神机制敌太白阴经》，第 16 页。

孤儿,刻苦自学,25 岁中进士,31 岁开始做官。自称"布衣之士",
是庶族地主出身的官僚。在官场中几经沉浮,特别因谏阻宪宗迎
佛骨,被贬为潮州刺史。后官至吏部侍郎。与柳宗元同为唐代古
文运动的倡导者,抨击六朝以来的骈偶文风,提倡散体,其散文在
继承先秦、西汉古文的基础上,加以创新和发展,气势雄健,被列
为"唐宋八大家"之首。在文学上有杰出的贡献,在教育史上也有
一定的地位。死后谥文,也称韩文公。他的著作编为《韩昌黎
集》①。

　　在政治上,韩愈维护中央集权,反对藩镇割据,但并不赞成
"永贞革新"。他说:"以德礼为先,而辅以政刑。"②也主张对农民
阶级实行"仁政"和刑罚并举的两手策略。韩愈坚决反佛,是唐朝
站在儒家立场上反佛的著名人物,当时寺院经济畸形发展,许多
人为了逃避赋役出家,游惰坐食。韩愈反对僧侣地主破坏社会生
产,有其积极意义。他写《谏迎佛骨表》确实是一个勇敢的行为。
不过他主张"人其人,火其书,庐其居"③,企图用强迫僧尼还俗、烧
毁佛经、没收佛寺的粗暴办法来摧毁佛教,实际上并不能如愿。

　　在哲学上,韩愈力图恢复儒学唯心主义的传统。他站在世俗
地主的立场坚决反对佛教,却又模仿佛教的传法世系,为儒家编
造了一个"道统"。他说:

---

① 《韩昌黎集》:韩愈著作的全集,比较重要的校注本有:《四部丛刊》影印朱熹校本《昌黎先
　生集》,涵芬楼影印《五百家注本》。近人马通伯有《韩昌黎文集校注》(1957 年古典文学
　出版社出版),但存文去诗,是一种不全的集注校本。
② 韩愈:《潮州请置乡校牒》,马其昶校注,马茂元整理:《韩昌黎文集校注》,上海古籍出版
　社 2014 年版,第 771 页。
③ 韩愈:《原道》,《韩昌黎文集校注》,第 20 页。

> 斯吾所谓道也，非向所谓老与佛之道也。尧以是传之舜，舜以是传之禹，禹以是传之汤，汤以是传之文武周公，文武周公传之孔子，孔子传之孟轲，轲之死，不得其传焉。[1]

这个"道统"说渊源于《论语·尧曰》和孟子"五百年必有王者兴"之说。韩愈在《原道》中正式提出了这样一个儒学的传授系统，把荀子与杨雄排除在外，说"荀与杨也，择焉而不精，语焉而不详"，并俨然以孟子的继承者自居。韩愈以为历史上的一切制度、文化和"相生养之道"，都是圣人创造的，"如古之无圣人，人之类灭久矣"。[2] 而圣人的作为，则是出于"畏天命而闵人穷"[3]，所以"道统"说的理论根据是天命史观。后来，宋明许多理学家都讲"道统"说。这是韩愈的理论中对宋儒最有影响之点。

那么，韩愈所谓的"道"是什么呢？就是儒家说的仁、义、礼、乐，纲常名教。他说：

> 博爱之谓仁，行而宜之之谓义；由是而之焉之谓道，足乎己，无待于外之谓德。[4]
>
> 仁与义为定名，道与德为虚位。[5]

他区别了名称（概念）的特定内容与抽象形式（虚位），以为"道"与

---

① 韩愈：《原道》，《韩昌黎文集校注》，第 20 页。
② 同上书，第 17 页。
③ 韩愈：《争臣论》，《韩昌黎文集校注》，第 126 页。
④ 韩愈：《原道》，《韩昌黎文集校注》，第 15 页。
⑤ 同上书，第 19 页。

"德"作为抽象范畴,儒、道、释共同使用,但三者各"道其所道"、"德其所德",各自所说的"道"和"德"的含义是不同的。

> 凡吾所谓道德云者,合仁与义言之也,天下之公言也;老子之所谓道德云者,去仁与义言之也,一人之私言也。[1]

他以为,讲"道"、"德"要以"君臣之义"、"父子之亲"为内容,这才是"公言"。而佛老弃君臣、去父子、禁生养之道,只求个"清静寂灭"的境界,这是为自己的"私言"。

韩愈用"公"和"私"来区分儒家与佛老,这也是后来理学家的共同观点。当然,他所谓的"公",不过是维护地主阶级的统治罢了。他说:

> 传曰:"古之欲明明德于天下者,先治其国;欲治其国者,先齐其家;欲齐其家者,先修其身;欲修其身者,先正其心;欲正其心者,先诚其意。"然则,古之所谓正心而诚意者,将以有为也。今也欲治其心,而外天下国家,灭其天常;子焉而不父其父,臣焉而不君其君,民焉而不事其事。[2]

就是说,佛老讲"治心",儒家也讲"正心诚意",所不同的是:儒家强调为家、国、天下,而佛老则要毁灭纲常。他以为君臣、父子关系是"天常",只有在伦理关系中才能培养理想人格。这是儒家思

---

① 韩愈:《原道》,《韩昌黎文集校注》,第 15 页。
② 同上书,第 18—19 页。

想的根本特征。

二、韩愈：“学所以为道，文所以为理”

如何培养理想人格？这就牵涉到人性理论。

韩愈写了《原性》，重新提出了董仲舒的“性三品”说，并重新提出“性”和“情”的关系问题。他说：“上之性，就学而愈明；下之性，畏威而寡罪；是故上者可教，而下者可制也。其品则孔子谓不移也。”[①]显然，他同董仲舒一样，想用“性三品”说为封建等级制度和地主阶级两手策略作理论根据。不过韩愈更重视德教。他说：“夫欲用德礼，未有不由学校师弟子者。”[②]韩愈在教育史上是有积极贡献的，他不仅在潮州创办乡校，在京师曾任国子监祭酒等职，而且写了著名的《师说》，指出：

> 古之学者必有师。师者，所以传道受业解惑也。人非生而知之者，孰能无惑？惑而不从师，其为惑也终不解矣。生乎吾前，其闻道也固先乎吾，吾从而师之[③]；生乎吾后，其闻道也亦先于吾，吾从而师之：吾师道也，夫庸知其年之先后生于吾乎？是故无贵无贱、无长无少，道之所存，师之所存也。[④]

他正确地指出：教师的任务是“传道”、“授业”、“解惑”，而以“传

---

① 韩愈：《原性》，《韩昌黎文集校注》，第 24 页。
② 韩愈：《潮州请置乡校牒》，《韩昌黎文集校注》，第 771 页。
③ 此 5 字原本无，从朱熹说增补。——初版编者
④ 韩愈：《师说》，《韩昌黎文集校注》，第 47 页。

道"为核心。当然,他所谓"传道",是传仁义之道,也就是传授儒家的世界观和人生观。韩愈以为,人非"生知","道"是通过教育传授的,所以要从师学"道"。择师应以"道之所存"为标准,不论地位,不论年龄,谁掌握真理("道"),就拜谁为老师。他还说:"弟子不必不如师,师不必贤于弟子,闻道有先后,术业有专攻,如是而已。"①这些都是合理的见解。

韩愈的历史功绩尤其在于倡导古文运动。他说:"学所以为道,文所以为理。"②这里的"理"也就是"道",他以为受教育、写文章都是为了道:作为读者,学六艺之文与百家之编,"不惟其辞之好,好其道焉尔"③;作为作者,写诗、写文,则是"修其辞以明其道"④。如何以文明道?那就要了解文学艺术的特点。韩愈在《送孟东野序》中说:

> 大凡物不得其平则鸣……人之于言也亦然:有不得已者而后言,其歌也有思,其哭也有怀,凡出乎口而为声者,其皆有弗平者乎!
>
> 乐也者,郁于中而泄于外者也;择其善鸣者而假之鸣:金石丝竹匏土革木八者,物之善鸣者也。维天之于时也亦然,择其善鸣者而假之鸣;是故以鸟⑤鸣春,以雷鸣夏,以虫鸣秋,

---

① 韩愈:《师说》,《韩昌黎文集校注》,第49页。
② 韩愈:《送陈秀才彤序》,《韩昌黎文集校注》,第291页。
③ 韩愈:《答李秀才书》,《韩昌黎文集校注》,第196页。
④ 韩愈:《争臣论》,《韩昌黎文集校注》,第126页。
⑤ "鸟"下原有"兽"字,从方崧卿说删。——初版编者

以风鸣冬，四时之相推敓（夺）①，其必有不得其平者乎！其于人也亦然：人声之精者为言，文辞之于言，又其精也②，尤择其善鸣者而假之鸣。③

他以为"不平则鸣"是自然界和人类社会中的普遍现象，不论天籁、人籁，都是矛盾斗争（"不得其平"）的表现。而表现（"鸣"）又必须借助于一定的手段，即"择其善鸣者而假之鸣"。气的振动（"风"）借金、石等物而表现，寒暑四时的矛盾推移，表现于以鸟鸣春、以雷鸣夏等等。人类社会的矛盾运动，则表现于历代："凡载于《诗》《书》六艺，皆鸣之善者也。周之衰，孔子之徒鸣之，其声大而远……其末也，庄周以其荒唐之辞鸣。楚大国也，其亡也，以屈原鸣。"④《诗》《书》的作者，孔子、庄周、屈原，都可说是"时人之耳目"⑤，反映了他们所处的时代。不过，时代精神不是抽象的，它通过作者的个人遭遇和切身感受而体现出来。作者真切地感受到了时代的矛盾（"不平"），感到心中有"不得已者"，并借助一定的手段形象地把这种"不平"表现出来，这就是艺术。他用发问的口气说："（孟郊等）三子者之鸣信⑥善矣，抑不知天将和其声，而使鸣国家之盛邪？抑将穷饿其身，思愁其心肠，而使其自鸣其不幸邪？"⑦他从国家的命运和个人的遭遇相联系来说明作者的"郁于

---

① 方崧卿曰："敓"，古"夺"字。——初版编者
② 此句原无"又"字，而与下句"尤"字联为一句，作"其精也尤"，从朱熹说校改。——初版编者
③ 韩愈：《送孟东野序》，《韩昌黎文集校注》，第260—261页。
④ 同上书，第261页。
⑤ 韩愈：《争臣论》，《韩昌黎文集校注》，第126页。
⑥ 原本或无"信"字，或作"善鸣"，据方崧卿说校改。——初版编者
⑦ 韩愈：《送孟东野序》，《韩昌黎文集校注》，第262页。

中而泄于外"的"思"与"怀",并认为这"思"与"怀"是时代矛盾的反映,这在美学理论上发展了儒家的"言志"说,对以后的文学艺术有深刻影响。

从"文所以明道"的观点出发,韩愈强调作者首先要有关于"道"的修养。他在谈到自己学文的经验时说:

> 虽然,不可以不养也。行之乎仁义之途,游之乎《诗》、《书》之源,无迷其途,无绝其源①,终吾身而已矣。②

如何修养? 就在于努力实行仁义之道,培养作为《诗》、《书》之源的世界观。于是"处心有道,行己有方",表现于文字,那便自然显出"气盛"。正如他所说:"气盛则言之短长与声之高下者皆宜。"③韩愈的诗与文确实很有气势,具有阳刚、雄健的美。他说:

> 若圣人之道不用文则已,用则必尚其能者;能者非他,能自树立,不因循者是也。④

韩愈强调艺术上的独创性,反对因循守旧,这同他要求"气盛"和表现时代精神,是一致的。韩愈的美学思想对后世的影响基本上是积极的,虽然他在创作上过分追求形式新奇的倾向,也起了一

---

① "源",原作"府",从朱熹说校改。——初版编者
② 韩愈:《答李翊书》,《韩昌黎文集校注》,第 190 页。
③ 同上书,第 191 页。
④ 韩愈:《答刘正夫书》,《韩昌黎文集校注》,第 232 页。

些消极作用。他把表现时代精神，作"时人之耳目"归结为"畏天命而闵人穷也"[1]，则是唯心论观点。

总起来看，韩愈的哲学思想具有明显的两重性：他在美学和如何培养世界观的问题上提出了新见解，但他的"道统"说、天命论和"性三品"说，却是适应封建专制主义需要的糟粕，致使他成了理学唯心主义的先驱。

三、李翱:《复性书》

理学唯心主义的另一个先驱是李翱。

李翱（公元 772 年—841 年），字习之，陇西成纪（今甘肃秦安东）人。韩愈的学生。"家贫多事"，以后中了进士，做过国子博士、中书舍人、山南东道节度使。是唐代古文运动的积极参加者，文风平易，在文学史上有一定的地位。死后谥文。其著作编为《李文公集》[2]。

李翱同韩愈一样，以儒家思想排斥佛教。他的主要哲学著作是《复性书》三篇。这一论著发挥了《中庸》和孟子的性善说，他说：

> 人之所以为圣人者，性也；人之所以惑其性者，情也……性者，天之命也，圣人得之而不惑者也；情者，性之动也，百姓溺之而不能知其本者也。[3]

---

① 韩愈:《争臣论》,《韩昌黎文集校注》,第 126 页。
②《李文公集》:有《四部丛刊》本、汲古阁本。
③ 李翱:《复性书》上,《李翱集》,第 6 页。

妄情灭息,本性清明,周流六虚,所谓之能复其性也。^①

这是说,"性"出于"天命",无有不善;人之所以有不善,是由于溺于情欲而惑其性。就像水之性本是清澈的,有了泥沙,就混浊了;水如果能够长久不动,泥沙自沉,就回复清澈之体。同样,人能做到"妄情灭息",回复性之本体,就是圣人。但也不能说圣人无情,圣人寂然不动,感而遂通天下之故,"虽有情也,未尝有情也"。也不能说常人无性,百姓之性和圣人之性并无差别,差别在于"觉"和"惑","觉则明,否则惑,惑则昏"②。

李翱发挥了《中庸》的"诚则明"的思想,说:

知本无有思,动静皆离,寂然不动者,是至诚也……视听昭昭,而不起于见闻者,斯可矣。无不知也,无弗为也,其心寂然,光照天地,是诚之明也。③

精神本体的寂静,不是与动相对的静,而是动静皆离的绝对的静。圣人的智慧不是从见闻、思虑得来的,本性清明,便自能照见天地万物。

李翱还发挥了《大学》"致知在格物"的思想,说:

物者,万物也。格者,来也,至也。物至之时,其心昭昭

① 李翱:《复性书》中,《李翱集》,第13页。
② 李翱:《复性书》上,《李翱集》,第6页。
③ 同上书,第10页。

> 然明辨焉，而不著于物者①，是致知也，是知之至也。②

以为心能明辨事物而又"不著于物"，不为物所累，就是"致知"。知至故意诚，意诚故心正，以至身修、家齐、国治、天下平。

以上所说，当然都是儒学唯心主义的发挥，但显然也吸取了不少佛学的思想。李翱说："诚者，定也，不动也。"③他讲"诚明"和天台宗讲"定慧"（"止观"）没有多少差别，而他说圣人昭然明辨而不著于物，虽有情而未尝有情，这同《坛经》说的"无相者，于相而无性，无念者，于念而无念"，也是一样的意思。因此，李翱的儒学唯心主义便带有浓厚的僧侣主义色彩。他叫人去寻求绝对宁静的境界，对情感与欲望持完全否定的态度，说："情不作，性斯充矣。"④韩愈没有以情为恶，他认为应该使七情合乎中道。而李翱则以为复性在于摆脱情欲的束缚，叫人采取禁欲主义的态度。虽然他同韩愈一样维护纲常名教、仁义礼乐，但他以为圣人制礼作乐，也在于使人们"视听言行，循礼而动，所以教人忘嗜欲而归性命之道也"⑤。这个"忘嗜欲而归性命之道"的口号，到宋代理学家那里，就变成"存天理，灭人欲"的说教了。

李翱的"复性"说为宋明理学所直接继承，程、朱、陆、王都讲"复性"、"复其初"、"复如旧"、"复心之本体"等等。"复性"说包含着理学唯心主义者回答"人能否成为圣人和理想人格如何培养"这一问

---

① "不著于物者"，原作"不应于物者"，据《佛祖历代通载》卷十六校改。——初版编者
② 李翱：《复性书》中，《李翱集》，第 11 页。
③ 同上注。
④ 李翱：《复性书》上，《李翱集》，第 6 页。
⑤ 同上书，第 7 页。

题的基本观点,它同韩愈的"道统"说一样,成为宋明理学之先声。

第七节　柳宗元、刘禹锡:"天人不相预"与"天人交相胜" ——对"力命"之争的唯物主义的总结

在唐代,尽管宗教唯心主义泛滥,但是哲学仍然在发展着,尤其是这个时期出现了柳宗元、刘禹锡两位重要的哲学家。他们继承和发展了传统的气一元论和荀子的"明于天人之分"的思想,提出"天人不相预"和"天人交相胜"的论点,使唯物主义重新登上了哲学的"王座"。

从社会历史发展来看,从唐中叶以后经五代到宋初,中国封建社会经历了一次从前期向后期的转变(我们在下一章将谈到这一点)。韩愈、李翱、柳宗元、刘禹锡正处于这个转变的开始。韩愈、李翱之所以能成为理学的先驱,柳宗元、刘禹锡之所以能在更高阶段上向荀子的"明于天人之分"的思想复归,是同这种特定的历史条件相联系着的。

柳宗元(公元 773 年—819 年),字子厚,河东解县(今山西运城解州镇)人。世称柳河东。贞元进士,授校书郎,调蓝田尉、升监察御史里行。著作被编为《柳河东集》[①]。其中《天说》、《天对》、《非国语》、《贞符》、《答刘禹锡天论书》等篇为他的哲学代表作。

---

① 《柳河东集》:原是刘禹锡编辑,在宋朝已经有五百家注本。现存比较重要的有:宋廖莹中辑注本,即上海蝉隐庐影印宋世綵堂《河东先生集》;宋潘纬辑注本,即增广注音辨《唐柳先生文集》,收入《四部丛刊》内;明蒋之翘辑注本,即《柳河东全集》,收入中华书局《四部备要》内;清何焯批校本,即批校《增广注释音辨唐柳先生集》;清武英殿《全唐文》本以及中华书局 1979 年校释本《柳宗元集》。

刘禹锡（公元 772 年—842 年），字梦得，洛阳（今属河南）人。贞元间擢进士第，登博学宏词科。授监察御史。著作被编为《刘宾客集》[①]，又叫《刘梦得集》。其中《天论》三篇为其哲学代表作。

柳宗元和刘禹锡是好朋友，哲学观点也基本一致。两人都是"永贞革新"[②]的骨干，主张抑制兼并，反对藩镇割据和宦官，以维护唐王朝的中央集权。"永贞革新"失败后，他们都经受了长期的贬谪生活，对人民的疾苦有所了解。他们的某些著名作品，如柳宗元的《捕蛇者说》、《种树郭橐驼传》，刘禹锡的《竹枝词》等，都是只有深入民间，才能创作出来的。

柳宗元、刘禹锡和韩愈也是好朋友，在倡导古文运动方面，韩、柳齐名。不过在哲学上，柳、刘不赞成韩愈以儒排佛，也不赞成他的唯心主义。

一、对儒、道、释的分析批判态度

柳宗元、刘禹锡之所以能使唯物主义重新登上哲学的"王座"，这既同他们的政治实践和比较了解民间疾苦有关，也同他们重视科学有联系。柳宗元的《天对》反映了唐代天文学水平，《封建论》是史学的名篇，刘禹锡则对医药学颇有研究[③]。

而从哲学本身的演变来看，我们尤其需要注意他们对儒、道、

---

① 《刘宾客集》：现存的本子主要有清刊本和《四部丛刊》本。上海人民出版社 1975 年出版标点本，称《刘禹锡集》。

② 永贞革新：公元 805 年（唐顺宗永贞元年），以王叔文、王伾为代表的中下层地主阶级革新派为反对藩镇、宦官和官僚贵族集团的腐朽统治而发动的一次进步的政治改革，不久即失败，史称"永贞革新"。

③ 见刘禹锡《答道州薛郎中论方书》。

释各家采取分析批判的态度。柳、刘并不像韩愈那样独尊儒术并以继承"道统"自居，而是主张以儒为主，对佛、老和诸子百家采取兼收并蓄的宽容态度。柳宗元《送元十八山人南游序》说：

> 太史公尝言："世之学孔氏者则黜老子，学老子者则黜孔氏，道不同不相为谋。"余观老子，亦孔氏之异流也，不得以相抗，又况杨、墨、申、商、刑名、纵横之说，其迭相訾毁抵捂而不合者，可胜言耶？然皆有以佐世。太史公没，其后有释氏，固学者之所怪骇舛逆其尤者也。
>
> 今有河南元生者，其人闳旷而质直，物无以挫其志，其为学恢博而贯统，数无以踬其道。悉取向之所以异者，通而同之，搜择融液，与道大适，咸伸其所长，而黜其奇衺，要之与孔子同道，皆有以会其趣。①

这篇《序》中所说的元生的为学态度，其实也就是柳宗元自己的态度。他不是把佛、老、诸子看作与儒学水火不相容，而是主张经过分析批判，吸取各家之"所长"，剔除其"奇斜"（不正）的部分，这样融会贯通，就看到了佛、老、诸子皆有其与孔子同道之处。韩愈在读了这篇《序》后，不以为然，还写信批评柳宗元"不斥浮图"。于是，柳宗元在《送僧浩初序》中作了解释，说：

> 浮图诚有不可斥者，往往与《易》、《论语》合，诚乐之，其

---

① 柳宗元：《送元十八山人南游序》，《柳宗元集校注》，第 1657 页。

于性情奭然①，不与孔子异道……退之所罪者其迹也。曰：
"髡而缁，无夫妇父子，不为耕农蚕桑而活乎人。"若是，虽吾
亦不乐也。退之忿其外而遗其中，是知石而不知韫玉也。②

这是说，韩愈排佛，没有进行具体分析。他反对佛教徒不讲礼教、
不从事生产，这是正确的；但他只知搬走石头，却不知石头中蕴藏
着"玉"。什么是"玉"呢？柳宗元讲了两点：第一，佛教教义"往往
与《易》《论语》合"。这时的佛学已经儒学化了，所以柳宗元说它
"不与孔子异道"。第二，柳宗元还说："且凡为其道者，不爱官，不
争能，乐山水而嗜闲安者为多。吾病世之逐逐然唯印组为务以相
轧也，则舍是其焉从？吾之好与浮图游以此。"③即认为，和尚不做
官，不追求名利，这是可取之处。柳宗元作为地主阶级的改革派，
在政治上失意后，便与僧侣为友，寻找精神寄托，这是可以理解
的，但也说明他有软弱性的一面。

　　虽然柳宗元（以及刘禹锡）对佛教的看法并不完全正确（下面
我们将会说明这一点），但值得注意的是，他赞成百家争鸣。柳宗
元一方面主张对佛、老、诸子持具体分析的态度，另一方面也不迷
信儒家经典。他写了许多富于批判精神的文章，如在《非国语》
（上、下共六十七篇）中批评了《国语》的许多"诬淫"之说；在《时令
论》中指斥《礼记·月令》"苟以合五事，配五行，而施其政令，离圣

---

① "奭然"，中华书局影印本《文苑英华》作"昭然"，此从中华书局《柳宗元集》1979 年
　本。——初版编者
② 柳宗元：《送僧浩初序》，《柳宗元集校注》，第 1680—1681 页。
③ 同上书，第 1681 页。

人之道，不亦远乎？"①并说其中有一些迷信的话，"特瞽史之语"。又如在《六逆论》中具体分析了《左传》的"六逆"之说，指出："少陵长、小加大、淫破义"三者确是"逆"，"然其所谓'贱妨贵、远间亲、新间旧'，虽为理之本可也，何必曰乱？"②意思是说，要治理国家，就得任人唯贤，打破贵贱门第、亲疏关系和论资排辈的观念，所以在提拔人才时，就应该"贱妨贵，远间亲，新间旧"。在《六逆论》的最后一段，柳宗元批评了"拘儒"的教条风气：

> 噫！古之言理者，罕能尽其说。建一言，立一辞，则虺③硊而不安，谓之是可也，谓之非亦可也，混然而已。教于后世，莫知其所以去就。明者慨然将定其是非，则拘儒瞽生相与群而咻之，以为狂为怪，而欲世之多有知者，可乎？④

就是说，古书上讲的道理，很少能讲得全面、透彻；提出一个主张，发表一个论点，往往显得动摇不定，是非含混，使后世人不知何所适从；明白事理的人想要判定它的是非，而那些拘守教条的儒生和盲从者便群起而攻之，骂他们是狂人怪物。这样，要想世界上多有一些知者又如何可能呢？

这是同王充、嵇康、范缜等一脉相承的唯物主义者的批判精神，然而赋予了新的时代意义。唐代哲学的演变是儒、道、释相互

---

① 柳宗元：《时令论》，《柳宗元集校注》，第 248 页。
② 柳宗元：《六逆论》，《柳宗元集校注》，第 272 页。
③ "虺"，原作"颫"，据元《增广注释音辨》本、明蒋之翘辑注本、明游居敬校刻本及清武英殿《全唐文》本改。——初版编者
④ 柳宗元：《六逆论》，《柳宗元集校注》，第 273 页。

作用而趋于合流的过程，佛学儒学化和李筌折衷儒、道，都是趋于合流的表现；然而哲学在佛教、道教学者那里，总是这样或那样地受着宗教的、即出世间的形式的束缚。随着科学和文艺的发展，哲学要求挣脱这种束缚，使儒、道、释在理论上的融合取得非宗教的即世俗的形式。而这又可以有两种选择：一是像韩愈、李翱那样在维护儒术独尊传统的前提下吸取佛、老的成分，使儒学取得理学唯心主义的形式；二是像柳宗元、刘禹锡那样，对儒、道、释都采取实事求是的分析批判的态度，使哲学重新取得唯物主义的形式。柳、刘试图在唯物主义的基础上来对儒、道、释进行批判的综合，故作出了超越前人的历史功绩。

二、对气一元论的发展

在天道观上，柳、刘又突出地把气一元论提了出来，试图对"有无（动静）"之辩作朴素唯物主义的解决。

柳宗元在《天对》开头说：

> 本始之茫，诞者传焉。鸿灵幽纷，曷可言焉？曶黑晰眇，往来屯屯，庞昧革化，惟元气存，而何为焉！①

这是对战国时屈原提出的"遂古之初，谁传道之？ 上下未形，何由考之？"这一问题的回答。柳宗元指出：关于天地开始以前的茫无根据的说法，是荒诞的人传下来的。那些巨神开天辟地的说法，

① 柳宗元：《天对》，《柳宗元集校注》，第 917 页。

混乱不清,有什么可说呢? 明暗、昼夜的交替,万物从蒙昧状态中变化出来,都是元气的自然变化,哪里有谁造作呢? 这里,他明确地反对了"创世说",否定了"本始之茫",即否定世界有一个"有生于无"的开始,而肯定世界统一于元气,天地万物出于元气的自己运动。

肯定世界统一于元气,就是主张"崇有"论,反对"贵无"说。那么,所谓"空"或"无"是指什么呢? 刘禹锡提出了这样一个看法:

> 空者,形之希微者也。为体也不妨乎物,而为用也恒资乎有,必依于物而后形焉。[①]

这是说,"空"不是没有,也不是精神实体;"空"就是空间,这个空间中存在着"希微"的物质,"空"即"形之希微"(用现在的话讲是空间的物质性或物质的广延性),是眼睛看不见的;空间的存在并不妨碍物体,它的作用总是通过有形的物体表现出来的。如造房子,就有高、厚的空间包含在里面;造器物,就有圆、方这样空间的形式体现在其中。虽然眼睛看不见"空",但用理智是可以把握它的,因为"以目而视,得形之粗者也;以智而视,得形之微者也"[②]。天地间其实并没有"无形者"。刘禹锡又说:

> 古所谓无形,盖无常形尔,必因物而后见尔。[③]

---

① 刘禹锡:《天论》中,卞孝萱校订:《刘禹锡集》,中华书局1999年版,第71页。
② 同上注。
③ 同上注。

在他看来，所谓"无"、"空"，是没有固定的形态，并非一无所有，世界上没有不依赖于物质的"无形"。柳宗元对刘禹锡的这一论证很赞同，在《答刘禹锡天论书》中说："所谓无形为无常形者甚善。"[1]这一说法也为后来唯物主义者所接受，张载讲"虚空即气"，即渊源于刘禹锡。

柳宗元、刘禹锡认为天地万物是出于元气的自己运动，也就是主张"莫为"说，反对"或使"说。柳宗元说：

> 夫雷霆雪霜者，特一气耳，非有心于物者也。[2]

他认为自然界现象是元气的变化，不是有意识的活动，所以反对那种天能"赏功罚祸"的说法。韩愈曾经对柳宗元说：人穷而呼天，其实是"不能知天"，因为人的活动是对元气阴阳的破坏，所以人的繁息是"天地之仇"，而残害人则正是"有功于天地"；如果天听了人的怨呼进行"赏功罚祸"，那正好和人的愿望相反。这当然是"有激而云"，不能当真的，但其中包含有天能赏罚的意思。对此，柳宗元加以批评：

> 子诚有激而为是耶？则信辩且美矣，吾能终其说。彼上而玄者，世谓之天；下而黄者，世谓之地。浑然而中处者，世谓之元气；寒而暑者，世谓之阴阳。是虽大，无异果蓏、痈痔、草木也。假而有能去其攻穴者，是物也，其能有报乎？繁而

---

① 柳宗元：《答刘禹锡天论书》，《柳宗元集校注》，第 2053 页。
② 柳宗元：《断刑论》下，《柳宗元集校注》，第 263 页。

　　息之者，其能有怒乎？天地，大果蓏也；元气，大痈痔也；阴
　　阳，大草木也，其乌能赏功而罚祸乎？功者自功，祸者自祸，
　　欲望其赏罚者大谬。呼而怨，欲望其哀且仁者，愈大谬矣。①

　　总之，自然界既不会因人呼怨而有"哀且仁"，也不会对人进行"赏功罚祸"。功者自功、祸者自祸，元气、阴阳和天地万物的变化都是自己运动，无所谓"报应"，并没有"怒者"。

　　那么，自然界运动变化的原因是什么呢？柳宗元在回答《天问》中"阴阳三合，何本何化？"这一问题时说：

　　　　合焉者三，一以统同。（自注："《谷梁子传》：独阴不生，
　　独阳不生，独天不生，三合然后生。王逸以为天、地、人，非
　　也。"）吁炎吹冷，交错而功。②

　　就是说，"阴"、"阳"、"天"三者，统一于元气，元气自然（因而称之为"天"），它缓慢地运动就造成炎热，迅速地吹动则造成寒冷，寒暑交错，阴阳二气相互作用，就形成万物的变化。但他所谓的"功"，并非"有为"、"造作"的意思，所以《天对》下文又着重指出这个世界是"无营以成"、"无功无作"等等。可见，柳宗元所说的"吁炎吹冷，交错而功"，有了物质本身的矛盾是运动源泉的思想，比之王充提出的"气自变"的理论以及郭象、范缜主张的"独化"说（以为运动的原因是实体本身），又前进了一步。

---

① 柳宗元：《天说》，《柳宗元集校注》，第 1090 页。
② 柳宗元：《天对》，《柳宗元集校注》，第 917 页。

　　刘禹锡则在《因论·儆舟》中提出了辩证法的"矛盾"概念。他说：

　　　　祸福之胚胎也，其动甚微；倚伏之矛盾也，其理甚明。[1]

　　在中国哲学史上，把"矛盾"作为形式逻辑概念提出来的是韩非。在此之前，《老子》早就有祸福互为倚伏的思想，但未用"矛盾"一词。刘禹锡在这里第一次从辩证法意义上使用"矛盾"一词。他所谓的"矛盾"就是指事物包含有（伏着）自己的对立面，例如鸡蛋包含有否定自己的"胚胎"，胚胎就是现实的可能性，胚胎的合乎规律的运动促成事物向反面转化，所以"矛盾"是运动的源泉。

　　根据矛盾是运动的源泉这一观点，柳宗元、刘禹锡把自然界描绘成一幅永恒流动变化的图景。柳宗元说：

　　　　况天地之无倪，阴阳之无穷，以涳洞鏒轕乎其中，或会或离，或吸或吹，如轮如机，其孰能知之？[2]

　　就是说，天地无边无际，阴阳二气无穷无尽，纵横交错地弥漫其中，聚合而又离散，吸引而又排斥，就像轮子和机械那样反复运动，有谁在主宰着呢？刘禹锡也说：

---

① 刘禹锡：《因论·儆舟》，《刘禹锡集》，第 81 页。
② 柳宗元：《非国语·三川震》，《柳宗元集校注》，第 3140 页。

> 万物之所以为无穷者,交相胜而已矣,还相用而已矣。①

正是由于自然界充满着矛盾,各种力量互相斗争、互相作用,所以构成了"恒动而不已"的无穷的宇宙。

柳宗元、刘禹锡多次讲到了宇宙的无限性。他们否定"有生于无",否定物质世界有一个开端,也就是肯定了物质运动的无限性。柳宗元在《天对》中说:"无极之极,漭弥非垠"②,"茫忽不准,孰衍孰穷?"③即是说,宇宙没有边界,广阔无边;宇宙茫茫,深远难测,哪里有什么差距和尽头? 还说:"无中无旁,乌际乎天则?"④意思是,天没有中心和边缘的差别,怎么能划分出天的边际来呢?总之,宇宙在时间和空间上都是无限的,这一观点前人虽然已经有了,但柳宗元讲得更为明确。

三、在更高阶段上向"明于天人之分"的论点复归

柳宗元和刘禹锡又将"天人"关系的问题突出地提了出来。他们对"天人"之辩(特别是"力命"之争)作了唯物主义的回答,是在更高阶段上向荀子的"明于天人之分"论点的复归。

柳宗元主张"天人不相预"。他说:

> 生植与灾荒,皆天也;法制与悖乱,皆人也。二之而已,

① 刘禹锡:《天论》中,《刘禹锡集》,第 71 页。
② 柳宗元:《天对》,《柳宗元集校注》,第 917 页。
③ 同上书,第 921 页。
④ 同上书,第 918 页。

其事各行不相预。①

当然，他也很重视人力的作用，说："变祸为福，易曲成直，宁关天命？ 在我人力。"②但他更多的是强调"天人不相预"。这是因为，唐代帝王自武则天以后大讲"祥瑞"、"符命"，柳宗元写《天说》、《天对》、《贞符》、《非国语》等篇，正是为了反对这种神学迷信。柳宗元指出，帝王不是受命于天，而是受命于人（民）；国家兴盛的依据并不是祥瑞，而是帝王的道德。（"受命不于天，于其人；休符不于祥，于其仁。"③）所以，"惟人不仁，匪祥于天"。"未有丧仁而久者也，未有恃祥而寿者也。"④这种说法虽然没有超出唯心史观，但是反对了"君权神授"说和天人感应论。柳宗元在用"天人不相预"的观点解释自然与社会的关系时，就是反对用宗教天命论来解释历史，反对用自然现象来说明社会治乱。

刘禹锡认为，柳宗元的《天说》"非所以尽天人之际"，故写了《天论》"以极其辩"，力求更深入地来论述天人关系。他以为"世之言天者二道焉"：一派讲天"昭昭"（有意识），"天与人实影响"，天能赏功罚祸；另一派讲天"冥冥"（无意识），"天与人实刺异"，天道自然无为。刘禹锡认为这两派都有片面性。他在肯定唯物主义的前提下提出"天与人交相胜"的论点，说：

---

① 柳宗元：《答刘禹锡天论书》，《柳宗元集校注》，第 2053 页。
② 柳宗元：《愈膏肓疾赋》，《柳宗元集校注》，第 177 页。
③ 柳宗元：《贞符》，《柳完元集校注》，第 78 页。
④ 同上书，第 79 页。

> 天之所能者,生万物也。人之所能者,治万物也。①
>
> 天之能,人固不能也;人之能,天亦有所不能也。故余曰:天与人交相胜耳。其说曰:天之道在生植,其用在强弱;人之道在法制,其用在是非。②

是说,天的职能在于生长、繁育万物,而人的职能则在于治理万物。天道表现在"阳而阜生,阴而肃杀";人道表现在人能"阳而艺树,阴而挈敛"③。阴阳对立的力量互相斗争,互为消长,是自然的作用。而组成社会,建立法制,区别是非、善恶,以进行赏功罚祸,则是人的作用。所以,他认为,一方面,"天人不相预":"天恒执其所能以临乎下,非有预乎治乱云尔;人恒执其所能以仰乎天,非有预于寒暑云尔"④。另一方面,"天与人交相胜":

> 天非务胜乎人者也。何哉? 人不宰则归乎天也。人诚务胜乎天者也。何哉? 天无私,故人可务乎胜也。⑤

就是说,天不是有意识地要胜过人,当人不能支配自然时,自然力量就自发地起作用;而人则确实力求胜过天,因为自然界并无私意,所以人可以有意识地利用规律来战胜自然。

柳宗元、刘禹锡关于"天人不相预"和"天人交相胜"的思想,

---

① 刘禹锡:《天论》上,《刘禹锡集》,第 68 页。
② 同上书,第 67—68 页。
③ 同上书,第 68 页。
④ 同上书,第 69 页。
⑤ 刘禹锡:《天论》中,《刘禹锡集》,第 70 页。

仿佛是向荀子的复归。荀子的"明于天人之分"包含以下一些内容：自然界和人的各种运动统一于物质，物质离开意识而独立存在；自然界与人类各有其职能；人有其治，能制天命而用之。柳、刘的基本思想也还是这些。不过，应当看到，自汉以来，唯心主义的天命论长期占支配地位，到魏晋，"力命"之争作为"天人"之辩的一个侧面而突出了，而在唐代，又出现了像禅宗、李筌那样的重视人的主观能动作用，并将其夸大从而导致主观唯心主义的哲学思想。韩愈也强调主观能动作用，但又把"天命"抬了出来，用它作为"道统"说的根据。柳宗元、刘禹锡在这种情况下向荀子的"明于天人之分"的思想复归，从唯物主义观点对"力命"之争作了批判的总结，自然有其重要意义。

　　特别值得注意的是，柳宗元、刘禹锡比前人更深入地分析了宗教迷信的根源。他们从主观力量与客观规律之间的关系来考察宗教天命论产生的原因，提出了新的见解。柳宗元说：

> 力足者取乎人，力不足者取乎神。所谓足，足乎道之谓也。[1]

是说，鬼神迷信是人力不足的表现，如果人掌握了道（规律和规范），使人力足以支配自然，那么人就不会有宗教迷信了。那么，所谓天人感应（如传说郡守施仁政而"蝗不为灾，虎负子而趋"等等），有没有根据呢？柳宗元同王充一样，用偶然联系来解释："子

---

[1]　柳宗元：《非国语·神降于莘》，《柳宗元集校注》，第3146页。

欲知其以乎？所谓偶然者信矣。"①他又说："古之所以言天者，盖以愚蚩蚩者耳。"②就是说，宗教天命论本来就是统治者用来愚弄人民的。不过柳宗元不反对圣人用神道设教教育愚民，反映了他的剥削阶级的偏见。

刘禹锡在《天论》中更详细地分析了宗教天命论的起源问题，提出"理昧而言天"的论点。他举操舟为例：船在小河里划行，快、慢、停、航都由人掌握，即使搁浅或翻船，人们也知道其原因。在这样的条件下，"舟中之人未尝有言天者，何哉？理明故也"③。反之，船在大海里航行，当狂风遮日，波涛汹涌时，船的快、慢、行、止都不能由人支配，船中的人对自己能否顺利航行产生了怀疑，于是只好祈求上天保佑。在这种情况下，"舟中之人未尝有不言天者，何哉？理昧故也"④。就是说，人们迷信天和鬼神，是因为"理昧"，即没有掌握自然规律的缘故。这是从认识根源来分析的。

刘禹锡也注意到宗教迷信的社会原因，指出：

> 生乎治者，人道明，咸知其所自，故德与怨不归乎天；生乎乱者，人道昧，不可知，故由人者举归乎天。⑤

他以为"人之道在法制"，人建立了社会制度和订立了法律规范，使得人能胜乎天。但法的实行，可以有三种情况：一是"法大行"，

---

① 柳宗元：《褋说》，《柳宗元集校注》，第 1129 页。
② 柳宗元：《断刑论》下，《柳宗元集校注》，第 264 页。
③ 刘禹锡：《天论》中，《刘禹锡集》，第 70 页。
④ 同上注。
⑤ 刘禹锡：《天论》上，《刘禹锡集》，第 69 页。

即坚持法制，使是非清楚，赏罚分明，这时"人道明"，人们就不会把赏罚、祸福归之于天。二是"法大弛"，即社会混乱，这时"人道昧"，是非赏罚都颠倒，人们就会把祸福归之于天。三是"法小弛"，即是非混乱，为善不一定得赏，为恶不一定受罚，这时人们对"天、人"关系问题的看法也混乱。虽然，刘禹锡不可能全面地从认识论根源和阶级根源来考察宗教迷信的本质（那只有马克思主义者才能做到），他说的"是非"、"赏罚"也是以封建的法律、纲纪为标准的，有局限性；但他从"明于天人之分"的观点出发来考察产生宗教迷信的根源，指出宗教迷信与人能否掌握自然规律以及所处的社会政治状况有很大关系，这是可贵的见解。

刘禹锡在批判宗教天命论时，着重阐明了人的主观能动性和客观规律性的关系。他认为，"人力胜天"，在于"明理"；而"明理"在于认识"势"中之"数"。所以他在《天论》中考察了"数"与"势"的范畴。刘禹锡说：

> 夫物之合并，必有数存乎其间焉。数存，然后势形乎其间焉。[1]

在他看来，事物互相结合（如水与舟相结合），就一定存在着"数"，即必然的规律性的联系；"数存而势生"[2]，规律是在事物发展趋势中表现出来的。一切运动变化都是"当其数、乘其势"[3]，都是合乎

---

① 刘禹锡：《天论》中，《刘禹锡集》，第 70 页
② 同上书，第 71 页。
③ 同上书，第 70 页。

必然规律地表现为现实的趋势。

刘禹锡认为,天体的运动也有其"数"与"势":"周回可以度得,昼夜可以表候,非数之存乎?恒高而不卑,恒动而不已,非势之乘乎?"[1]即是说,天体运行的周期是可以度量的,昼夜的长短是可以测定的,这就是"数"。而天空相对于地来说,则"恒高"而又永远作圆周运动(刘禹锡是主张"浑天说"的),这就是"势"。他又说:"势之附乎物而生,犹影响也。"而"音之作也有大小,而响不能逾;表之立也有曲直,而影不能逾。非空之数欤?"[2]意思是,势附于物,可比作影之随形,响之随声,而声音与其相应的回声,标竿与其相应的影子,都存在着空间上的数量关系,有规律可循。可见"数"即寓于"势",一切事物都不能"逃乎数而越乎势"。

他进而指出,这"势"中之"数",是要靠人"以智而视"去把握的。故又说:

> 倮虫之长,为智最大。能执人理,与天争胜。用天之利,立人之纪。[3]

这是说,人类是倮虫之长,具有最高的智力,能用"人之道"与天争胜,按照自然规律来利用自然资源,并建立人类社会的法纪。这就是人的能动作用。

---

[1] 刘禹锡:《天论》中,《刘禹锡集》,第71页。
[2] 同上注。
[3] 刘禹锡:《天论》下,《刘禹锡集》,第72—73页。

四、柳宗元论历史演变的"势"

柳宗元还运用"势"的范畴来说明历史的演变。他在《封建论》中总结了自秦汉以来关于郡县制与分封制的争论，将分封制的产生、发展以至衰亡而为郡县制所取代，看作是：皆"非圣人之意也，势也"[1]。明确地指出人类历史有其客观必然的"势"，并用"势"来解释历史事件。这是柳宗元在历史观上的一个重要贡献。

柳宗元继承了荀子的"治乱非天也"的思想，力求从社会本身来说明国家制度的起源。他说，人类处于原始阶段时，生活在森林中，与野兽共处，没有锐利的爪牙与毛羽，不能靠自己天生的器官来寻食、抗寒和自卫。所以，正如"荀卿有言，'必将假物以为用'者也"[2]。而"假物以为用"便必然会发生对"物"的争执，一旦争执不下，"必就其能断曲直者而听命焉"[3]，于是就产生了最初的首领和用以"断曲直"的政令、刑法。随着人群规模的扩大，群与群之间的相争也越来越大，于是，就产生了诸侯、方伯，以至天子，形成了国家制度。以上所述基本上是荀子的理论。

但柳宗元进一步阐述了分封制的起源和演变。他指出，从最高的天子到乡里的长官，只要他们对百姓有德政，在他们死后，人们就一定会拥护他们的子孙继续作首领，这样，国家制度就采取了世代相袭的分封制形式。据此，柳宗元说：

---

[1] 柳宗元：《封建论》，《柳宗元集校注》，第 189 页。
[2] 同上书，第 185 页。
[3] 同上注。

故封建非圣人意也,势也。①

彼封建者,更古圣王尧、舜、禹、汤、文、武而莫能去之,盖非不欲去之也,势不可也。②

就是说,在最初形成国家时便实行分封制,这是由当时人类社会的客观形势造成的,而后来经唐虞三代都未能废除它,也是由于形势所不允许。柳宗元又指出:随着形势的发展,到了东周,分封制的种种弊端就暴露了,导致诸侯过于强盛而尾大不掉,周天子只剩了空名,所以最后为秦所灭。秦始皇统一了中国,用郡县制代替分封制,于是中央集权,"摄制四海运于掌握之内,此其所以为得也"③。"得",就是因为适应了形势的发展。汉初曾经部分地恢复分封制,但很快就发生诸侯王叛乱事件,于是汉景帝、武帝就根据谋臣建议,采取了一系列削藩的措施。"秦制之得,亦以明矣。继汉而帝者,虽百代可知也。"④柳宗元还对周、秦的制度进行了对比,又考察了自秦、汉至唐代一千多年的历史经验与教训,论证了郡县制的优胜,驳斥了种种颂扬分封制的错误观点,为当时维护中央集权、削弱藩镇势力的进步主张,提供了理论根据。

当然,柳宗元的这种历史观还不能说是科学的。因为如果进一步问:历史的势是由什么决定的? 他的回答是:"夫天下之道,

---

① 柳宗元:《封建论》,《柳宗元集校注》,第 186 页。
② 同上注。
③ 同上书,第 186 页。
④ 同上书,第 187 页。

理安斯得人者也"①；帝王"受命于生人之意"②，即认为"势"是由生民之意决定的。可见他并没有超出唯心史观。

不过，有两点值得我们注意：

第一，用"势"的观点来解释国家的起源和社会政治制度的演变，这就否定了过去唯心主义者的各种天命史观（如董仲舒的"三统"说、邹衍的"五德终始"说等），也超过了过去唯物主义者（如韩非、王充等）试图用人口、天时等条件来解释社会治乱的理论。正是运用了这种重"势"的历史观，使得郡县制取代分封制的历史事实，从必然性的高度得到了阐明，于是关于"封建"问题的长期争论得到了批判的总结。正如苏轼所说："宗元之论出，而诸子之论废矣。虽圣人复起，不能易也。"③

第二，柳宗元还觉察到历史发展的客观趋势与参加历史活动的个别人物的主观动机之间的矛盾。他说：

> 夫殷、周之不革者，是不得已也……夫不得已，非公之大者也，私其力于己也，私其卫于子孙也。秦之所以革之者，其为制，公之大者也；其情私也，私其一己之威也，私其尽臣畜于我也。然而公天下之端自秦始。④

从主观动机来说，殷、周之君搞分封，是要诸侯为自己效力并保卫

---

① 柳宗元：《封建论》，《柳宗元集校注》，第 187 页。
② 柳宗元：《贞符》，《柳宗元集校注》，第 77 页。
③ 苏轼：《论封建》，张志烈等主编：《苏轼全集校注》第 10 册，河北人民出版社 2010 年版，第 524 页。
④ 柳宗元：《封建论》，《柳宗元集校注》，第 188 页。

王室的子孙后代,然而结果却走向了反面,造成诸侯强盛而尾大不掉的局面。而秦始皇之所以变分封为郡县,私心是想要树立个人权威和使所有的臣民服从,主观动机是为他一家一姓的私利,然而客观上却反映了历史发展的必然趋势,所以是"公之大者也"。当然,柳宗元所说的"公天下"是地主阶级的"公",是要"使贤者居上,不肖者居下",以便使地主阶级的统一国家能长治久安。但柳宗元在这里指出了人们的主观动机后面隐蔽着客观的必然趋势,这就触及了偶然与必然的矛盾问题。

恩格斯说:"无数的个别愿望和个别行动的冲突,在历史领域内造成了一种同没有意识的自然界中占统治地位的状况完全相似的状况。行动的目的是预期的,但是行动实际产生的结果并不是预期的,或者这种结果起初似乎还和预期的目的相符合,而到了最后却完全不是预期的结果。这样,历史事件似乎总的说来同样是由偶然性支配着的。但是,在表面上是偶然性在起作用的地方,这种偶然性始终是受内部的隐蔽着的规律支配的,而问题只是在于发现这些规律。"①柳宗元受历史条件的限制,不可能发现这些规律。不过他确实已有了这样一种认识:在人们的主观动机("圣人之意"、秦皇的"私心"等)背后有一种必然的力量("势")在起作用;个人的主观动机是偶然的东西,虽然指导着行动,但对人们活动的总的结果只有从属的意义;因而表面上是偶然性占统治地位,实际上这种偶然性受着隐蔽着的必然性的支配。柳宗元这种对必然与偶然关系的认识,确实超越了前人(包括王充、王弼、

---

① 恩格斯:《路德维希·费尔巴哈和德国古典哲学的终结》,《马克思恩格斯选集》第4卷,第247页。

郭象等）。

柳宗元在历史观上的杰出贡献，不仅是哲学本身发展的必然结果，而且也是同当时史学的繁荣分不开的。中国古代文化被范文澜称为"史官文化"，其历史典籍之丰富在世界上是无与伦比的。到了唐代，出现了两部带总结性的史学著作：一是刘知几①的《史通》②，二是杜佑③的《通典》④，都试图贯通古今，从史观的高度来探讨"历代沿革"之故。二书都反对天命史观，都谈到了"势"的范畴。例如，刘知几说："夫论成败者，固当以人事为主，必推命而言，则其理悖矣。"⑤认为把一切诿之于天命，不能真正说明历史的发展，也不能使人从中吸取有益的历史教训。他还说："古今不同，势使之然也。"⑥杜佑也反对"冥数素定"之说。他用"在昔制置，事皆相因"⑦的观点来解释分封制与郡县制各有其历史条件，

---

① 刘知几（公元 661 年—721 年），唐史学家。字子玄，彭城（今江苏徐州）人。永隆进士，历任著作佐郎、左史、左散骑常侍等职。兼修国史，并参与编制《则天皇后实录》。后被贬为安州都护府别驾。平生专攻史学，通览各史，能分析其利弊得失，认为史家须兼"史才"、"史学"、"史识"三长，而尤重史识。著史强调直笔，提倡"不掩恶，不虚善"，"爱而知其丑，憎而知其善"的态度。著有《史通》。

② 《史通》：唐刘知几撰，我国第一部史学评论的专书，对历代史书及其体例评论尤详。凡 20 卷，49 篇，成书于公元 710 年。内篇 36 篇，多论史书源流、体例和编撰方法；外篇 13 篇，多论史官建置沿革和史书得失。注本有清浦起龙《史通通释》，新标点本又附录《史通补释》、《史通通释补》和《史通增释序》3 种。

③ 杜佑（公元 735 年—812 年），唐史学家。字君卿，京兆万年（今陕西长安）人。历任岭南、淮南等节度使。王叔文进行改革时，充度支盐铁等使，主持财政，封岐国公。用 35 年时间著成《通典》一书。

④ 《通典》：唐杜佑撰，我国第一部记述典章制度的通史，凡 200 卷。撰于公元 766 年—801 年间。记载历代典章制度的沿革，上起传说中的唐虞，下迄唐肃宗、代宗时。综合群经诸史和历代文集、奏疏等，分类编纂，于唐代叙述尤为详备。

⑤ 刘知几：《史通·杂说上》，浦起龙通释，王煦华整理：《史通通释》，上海古籍出版社 2009 年版，第 433 页。

⑥ 刘知几：《史通·烦省》，《史通通释》，第 245 页。

⑦ 杜佑：《职官典十三》，《通典》，中华书局 1984 年版，第 177 页。

指出,条件既已变化,要恢复古制,则"势莫能遵"[1]。当然,刘知几和杜佑的上述观点没有柳宗元那么完整,但可以说是柳宗元重"势"的历史观的先驱。

五、柳宗元关于"成人"(培养理想人格)的理论

关于如何培养理想人格的问题,柳宗元与韩愈有不少共同的见解。

柳宗元强调要通过教育来培养人的世界观。他写了《师友箴》,说:

> 不师如之何,吾何以成? 不友如之何,吾何以增……道苟在焉,佣丐为偶。道之反是,公侯以走。[2]

就是说,"成人"、"增善"要依赖师友的教育和帮助。道之所在即师友之所在,决不能看贵贱等级。这和韩愈《师说》中的见解颇为相似。虽然因为所处地位关系,柳宗元回避师名,但他"取其实而去其名"[3],对许多后学作了教导,而且对韩愈"抗颜而为师"是赞赏的。

柳宗元也主张"文以明道"。他说:

> 文者以明道,是固不苟为炳炳烺烺,务采色、夸声音而以

---

① 杜佑:《职官典十三》,《通典》,第 177 页。
② 柳宗元:《师友箴》,《柳宗元集校注》,第 1339 页。
③ 柳宗元:《答韦中立论师道书》,《柳宗元集校注》,第 2178 页。

为能也。凡吾所陈，皆自谓近道。①

正是这种主张，使他和韩愈共同成为古文运动的倡导者。当然，同中有异，两人文章的风格和所要明的"道"的内涵都有差异，但"文以明道"的基本论点是一致的。韩愈说："行之乎仁义之途，游之乎《诗》、《书》之源。"②柳宗元也主张"文以行为本，在先诚其中"③，并说"作者抱其根源"④，要先读六经、《论》、《孟》等。韩、柳都强调六经是"文"之源，都以为"文"不限于诗赋之类，应包括六经、诸子、《史记》等。柳宗元说：

> 文有二道：辞令褒贬，本乎著述者也；导扬讽谕，本乎比兴者也。著述者流，盖出于《书》之谟、训，《易》之《象》、《系》，《春秋》之笔削，其要在于高壮广厚，词正而理备，谓宜藏于简册也。比兴者流，盖出于虞、夏之咏歌，殷、周之风雅，其要在于丽则清越，言畅而意美，谓宜流于谣诵也。⑤

这里触及了理论思维与形象思维的关系问题，指出：著述要求"词正而理备"，以理论思维为主；而诗赋要求"言畅而意美"，以形象思维（运用比兴）为主。由于二者不同，所以作者往往有所"偏胜"而不能兼至。但柳宗元认为，二者都属于"文"，都不能"阙其文

---

① 柳宗元：《答韦中立论师道书》，《柳宗元集校注》，第 2178 页。
② 韩愈：《答李翊书》，第 190 页。
③ 柳宗元：《报袁君陈秀才避师名书》，《柳宗元集校注》，第 2200 页。
④ 柳宗元：《杨评事文集后序》，《柳宗元集校注》，第 1462 页。
⑤ 同上注。

采"，而从功用来说，褒贬、讽谕，都是为了明道，为了"成人"。

柳宗元基本上复活了先秦儒家关于"成人"①的学说。如何"成人"？他强调，首先要"志于道"，说自己"学圣人之道，身虽穷，志求之不已"②。而学了孔子之道，又必须力行；也要运用文艺的手段；也要师友的帮助，包括在犯了错误时，"当自求暴扬之，使人皆得刺列（批评），卒采其可者以正乎己"③。这样既"敏以求之"，又"为之不厌"，经过持久的努力，就能不逾矩而"纵心"，达到"安乐"的境界。柳宗元说："道苟成，则憼然尔。久则蔚然尔，源而流者岁旱不涸。"④这同孟子说的"原泉混混"是一个意思。

柳宗元也主张性善说，强调圣人与我"同类"。不过他和孟子又有所不同。他写了《天爵论》一文，说：

> 仁义忠信，先儒名以为天爵，未之尽也。夫天之贵斯人也，则付刚健、纯粹于其躬，俾为至灵。大者圣神，其次贤能，所谓贵也。刚健之气，钟于人也为志……纯粹之气，注于人也为明……举斯二者，人伦之要尽是焉。故善言天爵者，不必在道德忠信，明与志而已矣。⑤

孟子称仁义忠信为"天爵"，意谓仁义道德是天赋的人性。柳宗元以为自然界赋予人的是"刚健之气"和"纯粹之气"，也就是意志

---

① 柳宗元在《报袁君陈秀才避师名书》中也使用了"成人"一词。
② 柳宗元：《报崔黯秀才论为文书》，《柳宗元集校注》，第2214页。
③ 柳宗元：《与杨诲之第二书》，《柳宗元集校注》，第2137页。
④ 柳宗元：《报袁君陈秀才避师名书》，《柳宗元集校注》，第2200页。
⑤ 柳宗元：《天爵论》，《柳宗元集校注》，第236页。

（志）与理智（明）两种能力；用理智力"敏以求之"，靠意志力"为之
不厌"，就能不断提高道德水平。所以他说："道德与五常，存乎人
者也；克明而有恒，受于天者也。"[1]

　　前已讲过，嵇康著《明胆论》，说："明胆殊用，不能相生。"[2]他
未免把理智与意志（胆量）割裂开来了。柳宗元则强调理智与意
志的相互作用。他说：

> 　　故人有好学不倦而迷其道挠其志者，明之不至耳；有照
> 物无遗而荡其性脱其守者，志之不至耳。明以鉴之，志以取
> 之，役用其道德之本，舒布其五常之质，充之而弥六合，播之
> 而奋百代，圣贤之事也。[3]

意思是说，一个人凭意志力而孜孜好学，乐善不倦，但若"明之不
至"，也要迷失道路而使意志遭受挫折。一个人凭理智力而明察
事物，鉴照无隐，但若"志之不至"，也会失去操守而使理智流于放
荡。所以一定要"明以鉴之，志以取之"，二者相互促进，也就是自
觉原则与自愿原则相结合，才能使道德之本（即刚健、纯粹之气）
发展为五常（仁、义、礼、智、信）之质，造就理想的人格（圣贤）。
　　那么，"明"与"志"作为人的天赋，又是怎样获得的呢？

> 　　或曰：子所谓天付之者，若开府库焉，量而与之耶？曰：

---

① 柳宗元：《天爵论》，《柳宗元集校注》，第 236 页。
② 嵇康：《明胆论》，《嵇康集校注》，第 428 页。
③ 柳宗元：《天爵论》，《柳宗元集校注》，第 236 页。

否，其各合乎气者也。庄周言天曰自然，吾取之。①

柳宗元试图贯彻气一元论，用禀受自然之气来说明人性有求善和知善的能力，以为只要充分发展"明"与"志"，就能成为圣贤。在他看来，圣人之所以异于常人，就在于"能求诸中，以厉乎己，久则安乐之矣"②。这也无非是孟子"自得之，则居之安"，"反身而诚，乐莫大焉"的意思。可见他同王充等一样，用气禀解释人性，也不可避免地陷入了先验论。柳宗元的"明以鉴之，志以取之"的观点，包含着自觉原则与自愿原则统一的思想，这是由禅宗的实践而被唤醒的先秦儒家的优秀传统。柳宗元可能正是在这一点上看到了"浮图诚有不可斥者，往往与《易》、《论语》合"，"不与孔子异道"。

但可能也正是为此，柳宗元、刘禹锡就和佛教唯心主义划不清界限。柳宗元写《曹溪第六祖赐谥大鉴禅师碑》，说：

> 其道以无为为有，以空洞为实，以广大不荡为归。其教人，始以性善，终以性善，不假耘锄，本其静矣。③

他学佛三十年，对佛教理论很有研究，这几句话把禅宗的教义概括出来了。讲慧能"以无为为有，以空洞为实"是对的，但唯心主义者说的"无"和唯物主义者说的"无"意义是不同的，柳宗元将两

---

① 柳宗元：《天爵论》，《柳宗元集校注》，第 236 页。
② 柳宗元：《与杨诲之第二书》，《柳宗元集校注》，第 2132 页。
③ 柳宗元：《曹溪第六祖赐谥大鉴禅师碑》，《柳宗元集校注》，第 444 页。

者混淆了。他所说的"始以性善，终以性善"，也合乎事实，表明佛学已儒学化了，但是用孟子的"性善说"来肯定佛学，也就肯定了佛学的唯心主义的教义。刘禹锡也同样，他在《大唐曹溪六祖大鉴禅师第二碑》中说："父乾母坤，独肖元气。一言顿悟，不践初地……能使学者，还其天识，如黑而迷，仰见斗极。"[①]"元气"本来是唯物主义的概念，但在这里却与唯心主义混淆了；"初地"，是指佛教修养的第一阶梯，"天识"即天赋观念。显然刘禹锡是在替佛教宣传先验论了。

　　总起来看，柳宗元和刘禹锡对儒、道、释都采取了比较实事求是的分析批判态度，使唯物主义重新登上了哲学的"王座"。他们提出"天人不相预"和"天人交相胜"的论点，是对荀子的"明于天人之分"的思想的发展，也是对魏晋以来的"力命"之争的批判的总结。在天道观上，他们为"有无（动静）"之辩的唯物主义解决开辟了道路，对宗教天命论的根源作了比较深入的探讨。在人道观上，柳宗元运用"势"的范畴解释历史，向真理迈进了一大步；他复活了先秦儒家关于"成人"的学说，在当时也有其积极的意义。不过，柳宗元、刘禹锡在某些问题上未能和佛学唯心主义划清界限，而对隋唐佛学各宗派关于意识活动和认识过程的多方面考察，也未能加以批判地总结。要克服这些弱点和不足之处，将有待于唯物主义的进一步发展。

――――――――

① 刘禹锡：《大唐曹溪六祖大鉴禅师第二碑》，《刘禹锡集》，第 52 页。

本卷征引文献要目

（先秦诸子典籍的点校通行本较为普及，这里不再列出）

《马克思恩格斯选集》，北京：人民出版社，1995 年。

《列宁选集》，北京：人民出版社，1995 年。

列宁：《哲学笔记》，北京：人民出版社，1990 年。

《毛泽东选集》，北京：人民出版社，1991 年。

陆贾著，王利器校注：《新语校注》，北京：中华书局，2012 年。

贾谊著，阎振益、钟夏校注：《新书校注》，北京：中华书局，2000 年。

刘安等著，何宁校释：《淮南子集释》，北京：中华书局，1998 年。

董仲舒著，钟肇鹏等校释：《春秋繁露校释》，石家庄：河北人民出版社，2005 年。

司马迁：《史记》，北京：中华书局，1963 年。

杨雄著，司马光集注，刘韶军点校：《太玄集注》，北京：中华书局，2013 年。

杨雄著，汪荣宝疏证，陈仲夫点校：《法言义疏》，北京：中华书局，1987 年。

王充著，黄晖校释：《论衡校释》，北京：中华书局，1990 年。

班固：《汉书》，北京：中华书局，1962 年。

班固编撰，陈立编著，吴则虞点校：《白虎通疏证》，北京：中华书局,2007 年。

赵在翰辑,钟肇鹏、萧文郁点校:《七纬》,北京:中华书局,2012 年。

赵爽注,甄鸾重述,李淳风注:《周髀算经》,北京:中华书局,1985 年。

张衡:《灵宪》,严可均辑:《全上古三代秦汉三国六朝文》,上海:上海古籍出版社,2009 年。

王明编校:《太平经合校》,北京:中华书局,1960 年。

王符著,汪继培笺,彭铎校正:《潜夫论笺校正》,北京:中华书局,2011 年。

曹操著,中华书局编辑部编:《曹操集》,北京:中华书局,2013 年。

徐干撰,孙启治解诂:《中论解诂》,北京:中华书局,2014 年。

嵇康著,戴明扬校注:《嵇康集校注》,北京:中华书局,2014 年。

刘徽注,李淳风注释:《九章算术》,北京:中华书局,1985 年。

王弼著,楼宇烈校释:《王弼集校释》,北京:中华书局,1980 年。

陈寿:《三国志》,北京:中华书局,1982 年。

郭象:《庄子注》,郭庆藩著,王孝鱼点校:《庄子集释》,北京:中华书局,2012 年。

杨泉:《物理论》,北京:中华书局,1985 年。

陆机著,金涛声点校:《陆机集》,北京:中华书局,1982 年。

裴颁:《崇有论》,房玄龄等:《晋书·裴颁传》,北京:中华书局,1974 年。

鲁胜:《墨辩注序》,《晋书·隐逸传》,北京:中华书局,1974 年。

欧阳建:《言尽意论》,严可均辑:《全上古三代秦汉三国六朝文》,上海:上海古籍出版社,2009 年。

葛洪著，王明校释：《抱朴子内篇校释》，北京：中华书局，1985年。

葛洪著，杨明照校注：《抱朴子外篇校笺》，北京：中华书局，1991年。

袁宏著，周天游校注：《后汉纪校注》，天津：天津古籍出版社，1994年。

杨伯峻撰：《列子集释》，北京：中华书局，2011年。

僧肇著，张春波校释：《肇论校释》，北京：中华书局，2010年。

谢灵运著，李运富编注：《谢灵运集》，长沙：岳麓书社，1999年。

范晔：《后汉书》，北京：中华书局，1973年。

刘义庆撰，杨勇校笺：《世说新语校笺》，北京：中华书局，2006年。

沈约：《宋书》，北京：中华书局，1974年。

范缜：《神灭论》、《答曹舍人》，僧祐撰，李小荣校笺：《弘明集校笺》，上海：上海古籍出版社，2013年。

刘勰著，黄叔琳注，李详补注，杨明照校注拾遗：《增订文心雕龙校注》，中华书局，2012年。

皇侃著，高尚榘校点：《论语义疏》，北京：中华书局，2013年。

慧皎撰，汤用彤校注：《高僧传》，北京：中华书局，1992年。

陈宏天等主编：《昭明文选译注》，长春：吉林文史出版社，1994年。

贾思勰著，石声汉校释：《齐民要术今释》，北京：中华书局，2009年。

吉藏疏：《中论·百论·十二门论》，上海：上海古籍出版社，2011年。

房玄龄等：《晋书》，北京：中华书局，1974年。

姚思廉：《梁书》，北京：中华书局，1973年。

李延寿：《南史》，北京：中华书局，1976 年。

王通著，张沛校注：《中说校注》，北京：中华书局，2013 年。

道宣著，郭绍林点校：《续高僧传》，北京：中华书局，2014 年。

玄奘著，韩廷杰校释：《成唯识论校释》，北京：中华书局，1998 年。

慧立、彦悰著，孙毓棠、谢方点校：《大慈恩寺三藏法师传》，北京：中华书局，2000 年。

窥基：《成唯识论述记》，台北：新文丰出版公司，1974 年。

慧能著，丁福保笺注：《六祖坛经笺注》，上海：华东师范大学出版社，2013 年。

慧能著，李申合校，方广锠简注：《敦煌坛经合校简注》，太原：山西古籍出版社，1999 年。

刘知几著，浦起龙通释，王煦华整理：《史通通释》，上海：上海古籍出版社，2009 年。

李筌著，张海鹏校：《阴符经疏》，北京：中华书局，1991 年。

李筌著，钱熙祚校：《神机制敌太白阴经》，北京：中华书局，1985 年。

德辉编，李继武点校：《敕修百丈清规》，郑州：中州古籍出版社，2011 年。

韩愈著，马其昶校注，马茂元整理：《韩昌黎文集校注》，上海：上海古籍出版社，2014 年。

李翱著，郝润华点校：《李翱集》，兰州：甘肃人民出版社，1992 年。

刘禹锡著，卞孝萱校订：《刘禹锡集》，北京：中华书局，1990 年。

柳宗元著，尹占华等校注：《柳宗元集校注》，北京：中华书局，2013 年。

宗密著,邱高兴校释:《禅源诸诠集都序》,郑州:中州古籍出版社,2008年。

赞宁撰,范祥雍点校:《宋高僧传》,上海:上海古籍出版社,2014年。

道原著,顾宏义译注:《景德传灯录译注》,上海:上海书店出版社,2010年。

司马光著,胡三省注:《资治通鉴》,北京:中华书局,1976年。

苏轼著,张志烈等主编:《苏轼全集校注》,石家庄:河北人民出版社,2010年。

颐藏主编,萧萐父等点校:《古尊宿语录》,北京:中华书局,1994年。

章太炎著,沈延国等点校:《章太炎全集》,上海:上海人民出版社,1982—1994年。

鲁迅:《鲁迅全集》,北京:人民文学出版社,2005年。

石峻等编:《中国佛教思想资料选编》,北京:中华书局,1980年。

黑格尔著,贺麟译:《小逻辑》,北京:商务印书馆,1980年。

达尔文著,谢蕴贞译:《物种起源》,北京:科学出版社,1972年。

索 引

（按汉语拼音顺序排列，外国人名按中译名）

初版整理后记

　　本书初版于 1984 年 10 月(上海人民出版社)。收入《冯契文集》时,对原书的内容未作任何改动,只校正了书中的引文差错和错别字。另外,原《中国古代哲学的逻辑发展》上、中、下三册合一个"索引",放在下册,现考虑到《冯契文集》体例上的一致以及读者查阅的方便,每卷都设一个"索引"。本卷"提要"由陈卫平撰写。

冯契先生遗著编辑整理工作小组
1996 年 4 月

增订版整理后记

　　《冯契文集》（10 卷）出版于 1996—1998 年。近 20 年来，冯契的哲学思想越来越受到国内外学术界的关注。为了给学术界研究冯契哲学思想提供更好、更完备的文本，华东师范大学哲学系发起并承担了《冯契文集》增订版的编辑整理工作。这项工作得到了华东师范大学出版社的大力支持。

　　此次增订工作主要有以下几项：1. 搜集、整理了原先没有编入文集的有关作品，编为《冯契文集》第十一卷；2. 订正了原书字句上的一些错漏；3. 对于先秦以后的典籍引文，尽可能参照近些年出版的整理点校本，加注了页码、出版社、出版年份（详见"本卷征引文献要目"）；4. 重新编制了人名、名词索引。

　　负责、参与各卷增订的教师，分别是：第一卷，郁振华；第二卷，晋荣东；第三卷，杨国荣；第四、五、六、七卷，陈卫平；第八卷，刘梁剑；第九卷，贡华南；第十卷，方旭东；第十一卷，刘晓虹。协助上列教师的研究生有：安谧、韩菲、胡建萍、胡若飞、黄家光、黄兆慧、蒋军志、刘翔、王海、王泽春、张靖杰、张瑞元、张腾宇、张盈盈、周量航。

　　刘晓虹负责第十一卷的文献搜集以及整理，相对其他各卷，工作更为繁重。这卷同时是他承担的上海市哲社项目"冯契文献整理"的部分成果。同时,本增订版是国家社科基金重大项目"冯契哲学文献整理及思想研究"的阶段性成果。本文集的项目编辑朱华华尽心尽责,对于确保增订版的质量起到了重要作用。

出版《冯契文集》增订版,是纪念冯契百年诞辰系列学术活动的重要内容。整个纪念冯契百年诞辰的学术活动,得到上海社会科学界联合会和上海社会科学院的资助,我们在此致以衷心的感谢!

冯契先生遗著编辑整理工作小组

2015 年 12 月

图书在版编目(CIP)数据

中国古代哲学的逻辑发展.中/冯契著.—增订本.—上海:华东师范大学出版社,2015.7
(冯契文集;5)
ISBN 978 - 7 - 5675 - 4002 - 6

Ⅰ.①中…　Ⅱ.①冯…　Ⅲ.①哲学史－中国－古代
Ⅳ.①B21

中国版本图书馆 CIP 数据核字(2015)第 184966 号

本书由上海文化发展基金会图书出版专项基金资助出版

冯契文集(增订版)·第五卷
中国古代哲学的逻辑发展(中)

著　　者　冯　契
策划编辑　王　焰
项目编辑　朱华华
特约审读　王　海
责任校对　王丽平
装帧设计　卢晓红　高　山

出版发行　华东师范大学出版社
社　　址　上海市中山北路 3663 号　邮编 200062
网　　址　www.ecnupress.com.cn
电　　话　021 - 60821666　行政传真 021 - 62572105
客服电话　021 - 62865537　门市(邮购)电话 021 - 62869887
地　　址　上海市中山北路 3663 号华东师范大学校内先锋路口
网　　店　http://hdsdcbs.tmall.com

印 刷 者　上海中华商务联合印刷有限公司
开　　本　890×1240　32 开
印　　张　12.25
插　　页　6
字　　数　263 千字
版　　次　2016 年 1 月第 1 版
印　　次　2025 年 3 月第 4 次
书　　号　ISBN 978 - 7 - 5675 - 4002 - 6/B·970
定　　价　58.00 元

出 版 人　王　焰

(如发现本版图书有印订质量问题,请寄回本社客服中心调换或电话 021 - 62865537 联系)